演出された「楽園」

バリ島の光と影

ADRIAN VICKERS

BALI
A Paradise Created

エイドリアン・ヴィッカーズ
中谷文美＝訳

新曜社

最初に著者をバリに引き合わせてくれた
ジョン・ペンローズに捧ぐ

ADRIAN VICKERS
BALI
A Paradise Created

First published by Penguin Books Australia Ltd,1989
Japanese translation rights arranged with
Penguin Books Australia Ltd., Victoria
through Tuttle–Mori Agency, Inc., Tokyo

日本語版の読者の方へ

この本を最初に書いたとき、これがいずれ日本語に翻訳されるとは思いもよりませんでした。私は西洋人（とくにオーストラリア人とヨーロッパ人）、そしてインドネシア人を読者に想定して書いていますから、日本人読者の方はこの本の内容についてなじみのある部分もあれば、違和感のある部分もあることでしょう。なじみがあるかもしれないのは、西洋によるバリ・イメージがいかに東洋《オリエント》のイメージ生成プロセスの一環を成したかという点です。というのは日本も、この東洋の偉大にして謎めいた勢力として重要な役割を演じたからです。

この本が日本語に訳されることになり、あらためて、私が日本人のバリ観についてほとんど何も知らないということに気づきました。マックフィーの『バリの家（邦訳　熱帯の旅人）[1]』から、私たちは一九三〇年代のバリに日本人の写真家や商店経営者がいたということを知っていますし、日本人とそして抵抗運動《レジスタンス》に協力したクトゥット・タントリ[2]の本は第二次世界大戦中のバリにかんする貴重な情報源です。しかし多くは記録されないままで、たとえばその同じ時期に〝慰安婦〟の一大収容所がデンパサールのウォンガヤにあったということをごく最近になって知ったくらいです。そしてこのことについていろいろ聞いていくなかで、日本時代にかんして年配のバリ人からさまざまな反応を引き出すことができました。ジェフリー・ロビンソンは一九二〇年代から一九六五年にかけてのバリの政治史にかんする仕事のなかで、この時代の主だった特徴についてすぐれた報告をしています。[4] けれども私たちは今なお、日本人の歴史家から日本人の視点とバリ人と日本人の交流についての詳細の両方を呈示してもらうことを待ち望んでいます。同様に、戦後のインドネシアにたいする日本資本の投下は、英語圏の読者にとってはいまだに膨大かつ未分析の領域として残っています。

この本の初版が出てからというもの、いろいろな反応がありました。オーストラリア人はどうしてもっとオーストラリア人のバリ観が扱われないのかと問い（じつはその主題を扱う章を書いてはいたのですが、結局本のなかに含めることはしませんでした）、バリ人からの反応は、満足だといったものから侮辱されたというものまで多岐にわたっています。バリ島の観光イメージが作り出す期待に添うために日々苦労を重ねているバリ人は、そのイメージがくわしく吟味されたことに満足し、他方、奴隷制のような過去の制度をもちだすことで近代バリの品性《リスペクタビリティ》に傷がつくと不満をもった人もいます。さらに自分たちや自分の家族の姿がゆがめて伝えられていると感じたり、あるいは自分たちの県に十分注意が向けられていないと思ったりした人もいました。

歴史とは人を喜ばせるために書くものではありませんし、少なくともそうすべきではないと思っています。しかし私の意図したことのひとつは、バリの歴史を単一のナラティヴとしてではなく、つねに多様なものとして描くことでした。その理由から、各章は非連続的で重複する語りから構成されています。そうすることで、私がおこなったバリの歴史の表象もまた、部分的でしかないことになります。バリの歴史はバリ人の数と同じだけのものがあり、すばらしい作品『真夜中の子供たち』を書いたサルマン・ラシュディほどの文才ももち合わせない私は単純化することしかできません。つまり複数の歴史の豊かさを正当に扱うことができないのです。同様に、この本は一般的な読者に向けて書かれていますから、研究者の皆さんはいくつかの議論を不十分なものと思われるでしょう。たとえば第2章のゲルゲル朝の歴史などはもっと綿密に史料にあたる必要があります[5]。

部分的であるばかりか、この本のような歴史記述はでこぼこのものでしかありえません。そしていろいろな意味でこの本のなかの強調点は私個人の学問的探求から生まれ出たものです。とりわけ最終章は、もっとも最近の発展の様子を描いていません。これを書いたのは一九八八年で、一九七〇年代終わりから一九八〇年代半ばにかけてのバリでの経験をもとにしていました。それ以来、バリの観光はどんどんふくらんできました。その経過をみていると、急速な観光発展の裏面である商業化の力や環境破壊について今では楽観的ではいられなくなっています。繁栄を求める欲望とその結果がもたらす災いとのあいだの葛藤が私の現在の研究のテーマです。

エイドリアン・ヴィッカーズ

謝辞

バリをテーマとする出版物はおびただしい数にのぼるが、一九三〇年代の作品の焼き直しや再版をもとにした一般的な、多くの場合一般的すぎるような、大衆向け読み物・紀行書のたぐいと、逆に近寄りがたい、端的にものを言おうとしない学問的業績とにはっきり分かれるきらいがある。そこで本書は、これらふたつのジャンルのあいだに橋渡しをし、バリにかんする近年の主だった学問成果をもっと広い読者層に紹介することを意図して書いた。

この課題に取り組むにあたって、まずはプロフェッサー・ジェームズ・A・ブーン、ドクター・ヘンク・シュルト・ノルドルト、ドクター・ミシェル・ピカールの諸氏にお詫び申し上げなければならない。バリ文化史の多種多様な要素をまとめあげようとして、この方々の持ち場《テリトリー》にあえて踏み込んでしまったからだ。紙面の都合上、この三人のほかには、バリ在住の、あるいはバリ研究に携わっている人々のうち私の仕事に影響を与えてくれた方々のごく一部にしか感謝を捧げることができない。それは以下の方々である。プロフェッサー・グスティ・ングラ・バグス、ドクトランデス・イ・プトゥ・ブディアストラ、ドクター・リンダ・コナー、プロフェッサー・アンソニー・フォージ、プロフェッサー・ヒルドレッド・ギアツ、ドクター・ジャン・グエルモンプレ、ドクター・H・I・R・ヒンズラー、ドクター・マーク・ホバート、ドクトランデス・B・ジョゼフ、イ・クトゥット・カントール、アナッ・アグン・コンピアン・グデ、ドクター・ダグラス・マイルズ、イ・ニョマン・マンデラ、マンク・ムラ、ラトゥ・ダラム・プマユン、イダ・バグス・ピダダ・カオッ、イダ・バグス・プトゥ・グデ、ドクター・ステュワート・ロブソン、ドクター・レイシェル・ルビンスタイン、ジョン・ストゥ、ドクター・デイヴィッド・ステュワート=フォックス、ジョン・ウィルキンソン、そしてピーター・ウォズレイ。残念ながら私のバリ観に深い影響を及ぼした六人の人物はすでに他界している。チョコルド・グデ・プマユン、イ・グスティ・マデ・ドゥブロ、イ・マデ・カンタ、パン・スカン、ダラン・クトゥット・リンド、イダ・バグス・マデ・トゴッである。

シリーズ・エディターとして私の学者特有のたいくつなスタイルを取り払い、この本の性格を形作ってくれたプロフェッサー・アルフレッド・マッコイには大変お世話になった。一九八八年にあらゆる助力を惜しまず、ずっと私を支援してくださったドクター・イアン・ブラック、プロフェッサー・ジョン・イングルソンにも感謝申し上げる。ニューサウスウェールズ大学歴史学科の数多いスタッフのなかでも、リビ・ニュージェント、シェイン・サラントスは執筆上重大な詳細部分を手助けしてくれ、マーク・ハッチンソンはコンピュータ関係のこまごました補助を提供してくれた。ドクター・キャシー・ロビンソンは関心を示し、激励してくれた。ヘイゼル・ヴィッカーズとエマ・ヴィッカーズは今までいつもそうだったように、忍耐強くサポートし続けてくれた。

この本で使った挿画、写真はニューサウスウェールズ大学の特別調査補助金に依っている。デボラ・ヒルは自身のバリ撮影旅行から図《プレート》19、26、27、30を提供してくれた。また、この本で用いた挿画・写真の著作権保持者である以下の個人・機関からいただいた援助にも感謝する。シドニー、ニューサウスウェールズ州立図書館ミッチェル・ライブラリーには、C. de Houtman, *Verhael vande Reyse... Naer Oost Indien,* Middleburgh : Barent Langhencs, 1597 の挿画（図1）、*Cornelis de Bruin, Voyages de Corneille de Brun...,* Amsterdam : Westein, 1718（初版は一七一一年）の挿画（図3）、F. Valentijn, *Nederlands Indië Oud en Nieuw,* Dordrecht : van Braam, 1724–26（図2）、ライデン大学の大学図書館には、バリ絵画の van der Tuuk Collection（Ors 3390–138, 3390–50）から図5と図7、デルフトのヌサンタラ博物館には、W・O・J・ニューウェンカンプが最初に収集し、アンソニー・フォージが撮影した図9、アムステルダムの熱帯博物館には図17、オランダ、ライデンの王立言語人類学研究所には、所蔵写真のなかから図4、6、10、13、エルンスト・ドゥリッセンにはジャワ、ガルットのスタジオ〝ルックス〟で撮影されたティリー・ウィッセンボルンの写真（図11、16、28）、ヴァルター・シュピース財団には図23、ロワス・ベイトソンにはベイトソン－ミード・コレクションからの絵画（図24、25）、メアリー・キャサリン・ベイトソンにはベイトソン－ミード・アーカイヴからの引用許可と G. Bateson, M. Mead, *Balinese Character : A Photographic Analysis,* New York : New York Academy of Sciences, 1942 から、イダ・バグス・マデ・ジャタスラの写真（図18）、アルフレッド・ノッフ社に M. Covarrubias, *Island of Bali,* New York : Alfred A. Knopf, 1937 からの挿画（185

頁、１８９頁)、ダブルデイにB. Hope and Bob Thomas, *The Road to Hollywood*, London : W. H. Allen, 1977からの写真(図29)、ルイーズ、ロバート・コーク夫妻に、L. Koke, *Our Hotel in Bali*, Wellington : January Books, 1987からのイラストと写真（１４４頁、１９４頁、図20、21、22）について、そしてヒュー・マベットにもコーク夫妻の本から借用した図にかんしての援助に感謝する。以下の作品の著作権保持者は不明である。Hickman Powell, *Bali : The Last Paradise*, London : Jonathan Cape, 1930（図15）; K. T. Satake, *Camera Pictures of Sumatra, Java, Bali*, Middlebrough : Hood, 1935（図12）; Tyra de Kleen with P. de Kat Angelino, *Mudras op Bali*, The Hague : Adi Poestaka, 1922（図8）; 〝トップレスの島〟からのイメージ、一九三〇年代の観光絵葉書（図14）; R. Goris and P. L. Dronkers, *Bali : Atlas Kebudayaan*, Jakarta : Ministry of Education and Culture, 1953?（１６１頁）。

目次

装幀＝山崎一夫

序章

イメージの島、バリ

バリ――そこは〝魔法をかけられた島〟、〝最後の楽園〟、世界有数のロマンティックな夢想郷。ゴーギャンがタヒチに惹かれたのは南洋特有の美しさと浜辺とトロピカルな気候があったからだ。インドは東洋の神秘とヒンドゥー教の力で旅人を魅了した。バリのイメージにはこうした魅力の数々が全部つまっている。南太平洋にはがっかりさせられるのがおちだ。旅行するには高くつくし、宣教師の手で西洋化が進んでしまっている。花輪《レイ》とカーヴァ酒よりほかには、これといった観光の愉《たの》しみもない。インドはあまりに広大で、圧倒されてしまう。アジアと太平洋はバリで出会うのだ。バリは今でも開放的で手軽にいけるし、こぢんまりしてもいる。そのうえ文化はみるからに豊かで、シドニーやパース、メルボルンから到着した観光客がカンタス航空のジェット機を降りればすぐに愛《め》でられる。

バリをめぐる考え方は、「きわめつけの豊穣さ、尽きせぬ美、そして住民の芸術性と魅力[1]」を誉めそやす文人たちが過去六〇年ものあいだに豊かにしてきたものだ。作家で民族音楽研究家でもあるコリン・マックフィーは、さまざまな顔をもつ自然の宝庫を一九三〇年代のバリにみい出している。マックフィーにとって、一日の移りゆく時間は刻一刻とこの島の特性を顕わすものだった。朝は「黄金のみずみずしさ」。そのとき島は、花屋のウインドウの箱庭さながらに「湿気がしずくとなってしたたり、輝きに満ちる」。真昼ともなれば、バリは「硬度を増し、即物的になる」。午後と夕べには島の特性がいっそう輝き、「時代がかったオペラの一場面のように現実離れした、豪奢で芝居がかったものになる[2]」。自然の豊かさと美しさとは、バリ文化の多産性と結びついているらしい。

一九三〇年代のもうひとりの作家、ヒックマン・パウエルは、バリの魅力をもっと肉感的にとらえた。パウエルは都市化と植民地化の進んだ北バリをあとにし、彼にいわせればほんとうのバリである南部に向かう旅について記している。南部に向かって車を走らせていると、ほんとうのバリが「われわれのほうに軽やかな足どりでやってくるひとりぼっちの娘」の姿で彼を迎えた。娘の「スカーフが肩からずれ落ちて、ブロンズ碗のような乙女の乳房がぴんと張り、いきいきした影を落とした」その瞬間、約束された島の官能が彼の眼前に立ち現われる。この娘はバリ島の隠喩《メタファー》となり、「どこまでも広がる不思議の国の一部、田園詩人の夢の実現」と化したのだった。南バリは「ふくよかな、身重の女であり、その眼は滅び去った帝国の残光になお燃えていた[3]」。

こんなところが、バリ島の栄華に満ちたイメージである。自然と調和のとれた暮らしを営む、芸術性豊かな人々。活気に満ちた、官能的な雰囲気。そしてエキゾティックな、古い古い歴史。そこはじつに美しい島だ。旅人がひとたび足を踏み入れれば、たちまちあふれんばかりの色や匂いや音が、暑い、湿った空気と同じくらいの迫力で迫ってくる。ほかのどんな熱帯の島よりも、バリは最高にエキゾティックな場所、東洋のあらゆる華麗さと太平洋の美しさを合わせもつファンタジーとみなされるようになった。過去三世紀にわたって、西洋はこの島をめぐる複雑できらびやかなイメージを構築し、そのイメージはついにバリ人自身の思考をも支配することになったのだ。

こうしたイメージは今でこそ確固とした、揺るぎないもののように思われるが、昔からずっとそうだったわけではない。一九世紀のバリは魅力がなかったばかりか、怖がられていたほどだった。あるオランダ人の渡航者はこう記している。「バリ人は荒々しく、野蛮で信用ならないうえ、好戦的な民である。どんな仕事もいやがり、農業まで嫌っている。それにバリ人はきわめて貧しい。肥沃なロンボック島で穫れる米に頼ってようよう生きている」[4]。この時代の文筆家たちのいうところでは、バリ人は危険でアムック［訳注　突然狂暴になること］に走りやすく、しかも寡婦を焼き殺すなどといった野蛮きわまりない習慣をもつ民族だった。一九世紀の人々がバリについて書く場合、そこは原住民が怠惰で、文明の度合いはヨーロッパに劣り、まともな統治制度など影も形もない世界の一地域ということになっていた。むろんそれは、ヨーロッパがこの島を植民地化すれば〝きちんとした〟政府が導入できるはずだということをいわんとしていたのだった。

この〝野生の〟バリを植民地主義がようやく飼い慣らしたのは、二〇世紀に入ってからである。バリ島全土が長く血なまぐさい闘いの末、ついにオランダの支配を受け入れたのは一九〇八年のことだった。しかし、バリ島を制覇していく過程で、オランダ人はバリ文化の価値を理解するようになった。バリを古代ジャワの古典的文化の博物館としてみるようになったばかりでなく、ごくありふれた農民の村落生活にも関心をもち始めた。

楽園の島バリ、というイメージがしっかりと根を下ろし始めたのは、一九二〇年代から三〇年代にかけてである。この島を征服した残忍なやり口を世界に忘れてもらいたい一心で、オランダ政府はバリを観光地として宣伝し始めた。このとき、バリについて何か書く場合は文化と村の生活とを中心にもってくるようにした。つまり過去にはみすごされていた側面に関心を移したわけだ。にわかにバリは、温和で魅力的な〝エデンの島〟となったのだった。

今日バリについていわれたり考えられたりすることの多くは、この時期に生まれている。それよりまえにバリがどう受けとめられていたかについてはきれいさっぱり忘れ去られてしまった。バリのイメージは、疲れきったヨーロッパが元気を取り戻し、精神的な調和をみい出すことのできる理想郷《ユートピア》となった。一九三〇年代には富豪や有名人がパリ、ベルリン、ニューヨークの社交場《サロン》の延長でバリに集った。とりわけ同性愛者の青年にとっては、この島の穏やかな気質は規律にうるさいヨーロッパとまるきりちがっていた。

早くも一九三〇年代には、バリの観光用の決まり文句《クリシェ》ができあがりつつあることに人々は気づいていた。だが、バリの楽園イメージが完全に定着したのは一九五〇年代のことである。トップレスの島などというバリのイメージを一掃するべく、文人たちは文化的、芸術的豊かさからなるもっと複雑なイメージを代わりに打ち出していく。やがてアメリカの映画産業も、一九三〇年代的バリのいろいろな要素を取り上げ、脚色していった。一九五〇年代の有名な映画、『南太平洋 *South Pacific*』では、バリはうるわしき「バリ・ハイ」――アメリカ軍人たちの夢の島、太平洋の密林の戦場から離れた、憩いの場に置き換えられている。地理的整合性など頓着しないハリウッドのこと、バリは南洋のありとあらゆる理想像をひとつにした、楽園のなかの楽園として描かれたのだった。

戦争の痛手を経たのち、一九五〇年代にはバリが再発見された。ただし、このときバリを発見したのはヨーロッパ人だけではない。インド初代の首相であり、あらたに台頭してきた非同盟諸国のヒーローでもあったパンディット・ネルーがバリを〝世界の曙〟と呼んだとき、彼はすでに山と積まれたこの島への賛辞のなかでももっとも印象深い言葉を思いついたことになる。バリのイメージは、もはやヨーロッパやアメリカといった大国の専売特許ではなく、世界的財産だった。

インドネシア人もこのバリ・イメージへの傾倒ぶりを下支えした。オランダ領東インドを構成する数千の島々と数百に上る文化をインドネシアという国に統一してみせたカリスマ政治家、スカルノ大統領の母はバリ人だった。だから彼がバリ文化に関心を寄せたのも自然のなりゆきだったといえるだろう。スカルノ下のインドネシアでは、一九二〇年代、三〇年代のバリ・イメージに新しい息吹が吹き込まれた。大統領はバリに豪邸を構え、定期的に謁見したが、そこではバリ人の踊り子がもてなしてくれ、壁面にはバリ絵画が飾られていた。外国人観光客がとくに歓迎されたわけではなかったが、一九五〇年代のバリは、この華麗なる大統領をみならってインドネシア人たちがめざす観光地となったのだった。

一九六〇年代終わりには、インドネシア共産党の終焉とスハルト将軍が率いる「新秩序」政府の誕生により、観光があらたな局面を迎える。まずやってきたのは〝アジア・ハイウェイ〟をたどるヒッピー旅行者たちだった。彼らは子ども時代にみた〝バリ・ハイ〟を再発見し、それから幻覚をうながす魔法《マジック・マッシュルーム》のキノコと極上のサーフィンを島のアトラクションに加えた。やがてホテルの数が増え、きちんとした計画が必要になってくる。インドネシア政府による開発五カ年計画はそうした観光プランを組み込み、バリをインドネシア観光の目玉にすえた。これらの要因はいずれも、楽園バリのイメージ強化につながっている。国際的な旅行業者はバリ島の魅力を書き綴ったガイドブックを作り、一九三〇年代にバリの住人だった外国人たちはバリについての本を書いたり、まえに書いた本を再出版したりした。観光産業としては、昔のイメージを利用するのが好都合だったのだ。新しい目的にぴったりマッチしたからである。旅行会社がくり出す言葉の世界では、これこそがほんとうのバリだった。

数十年にわたる観光宣伝や紀行書、学問的記述とさまざまなものが島にのしかかっていることを思うと、このイメージを問い直すなど、どだい不可能な気がしてくる。『ナショナル・ジェオグラフィック』誌、歴代の大統領・首相、あまたの人類学者、映画人たち、そして詩人——いちいち相手にするには数が多すぎる。バリはまさしく、豊かな古《いにしえ》の文化、「日焼けした女性がイブのいでたちをしている、忘れられた中世のコミュニティ、誰も先を急がない土地、そして何もかもが平和」[5]で、「ひとがこんなに幸せでいられるかと思うほど……憂いなき島民」[6]のスピリチュアルな共同体なのだった。ここでは出くわす相手はみな踊り手か芸術家である。日々は自然の輝かしさとともに始まって、終わる。そこは「天国のこちら側から詩人の夢にたどり着く近道」[7]なのだ。

イメージの生成

一九世紀にバリ北部の市場で短剣《クリス》を振りかざす戦士にすごまれた船員にしろ、二〇世紀にバリ・ビーチホテルですばらしい舞踊を鑑賞した観光客にしろ、真実のバリの何がしかを経験したことにまちがいはない。この二とおりの経験は、バリ島についてずいぶんちがったイメージを作っている。とはいえ、こうした経験をした人々がバリのことを書くときに、ただ筆の勢いで作り話をしたというわけでもあるまい。みなそれなりにバリの〝真実〟を語ろうとして書いたのだ。それにしても、バリの全体像がこれほど変わったのはどういうわけだろう。

ネルーがバリを訪れ、そこを〝世界の曙〟と呼んだとき、彼は何の先入観もなしに出かけたわけではないはずだ。ほかの人からバリのことをいろいろ聞いていただろうし、おそらく一九三〇年代の旅行者の書いたものを読んだりもしていただろう。バリに着いてからは、ホストであるスカルノ大統領の案内にしたがって、舞踊を鑑賞したり、名所の多いこの島のなかでも最高に美しい場所を見物したりした。そのあげくネルーが、その他おおぜいの意見にしたがわない見解をもったとしても驚くにはあたらない。

このようにして、個人的な見聞はより一般的なイメージの一部となっていった。バリをめぐる言説は口コミで、または書物を通じて伝わっていき、何千もの人たちの見方を積み重ねたものになった。一人ひとりの書き手は、バリについて何か目新しい考えを打ち出すつもりで筆をとる。だが結局は、ほかの連中とさほど変わらない作品を生産するにすぎない。それというのも、手に入る情報量があまりに多すぎて、バリについて既知のことがらのなかから新しいものを生み出すにはおのずと限界があるからだ。直接の体験さえも、バリはかくあるべしという期待のほうに組み入れられてしまうのである。

バリのロマンティックなイメージ形成にかんして驚くのは、そうしたイメージがゆっくりと、何層にも積み重なってできあがってきたという事実だ。新しい書き手はすでにある作品から何かを取り出し、それをふくらませて次なる層を重ねていく。なかでも文化的イメージを創り上げたり広めたりするにあたって、とくに影響力の大きい作家や芸術家、学者、政治家などはいつの時代にもいた。ほかの人々は、たぐいまれな人格を備えていたり、きわだった才能や社会的地位に恵まれたりしていたこれら個人の権威のまえにひれ伏したわけである。バリのイメージ形成の歴史には次のような重要人物がいた。今世紀中もっとも有名な人類学者のひとりで、バリを国際的な学徒に知らしめたマーガレット・ミード。かのスカルノ大統領も芸術の守護者《パトロン》であり、バリをインドネシアの母なる文化に祭り上げた。ヴァルター・シュピースは一九三〇年代のすぐれた、しかし薄幸の芸術家で、従来のバリ像にロマンティックな深みを加えた。そして、トマス・スタンフォード・ラッフルズ卿。この精力的なイギリス人行政官はオランダ領東インドを五年間統治したのち、一八一九年にシンガポールを創設した。彼はバリ文化を初めてまともに取り上げた人物でもある。

バリのイメージ生成の物語は、ここに挙げた人物やその他の人々が行使してきた影響力についての物語である。彼らの書いたものを読むと、あまりに個人的色彩が豊かなので、バリのイメージだけがただひとつの真実であるかのように思えてくる。なかには新しい要素を付け加える者もいれば、従来の意見を焼き直して広める者もいたが、しだいに個々人の考え方は混じり合っていき、ついには固まってしまった。だが、ひとかたまりになったバリ像を解きほぐしていくと、このイメージの成り立ちは複雑であることがわかってくる。こうしたイメージを一口に〝西洋的〟イメージと呼ぶこともできようが、じつはそのなかには多種多様の考え方、たとえば北ヨーロッパ特有のプロテスタンティズムや啓蒙主義的価値観、ドイツのロマン主義、あるいはアメリカの平等主義など多彩な要素が入り込んでいる。じかの経験さえもすべてこれらの影響をくぐって得られたわけで、つまり経験というものは、バリについて書いたり、語ったり、描いたり、あるいはほかの形でバリを世界に知らしめたりした人たち一人ひとりの背景との妥協の産物なのだ。

この本では、バリというパッケージをひもといてみようと思う。移り変わる西洋のバリ観を各章で検討しつつ、それをバリ人自身のもつ自画像と比較し、背景にある社会・文化的勢力をあきらかにしていく。こうしたバリ・イメージをめぐる相互作用――西洋のバリ・イメージ対バリ人のバリ・イメージ――の結果が、バリ人やそのほかのインドネシア人、そして全世界の人々が共通してもつバリの近代的イメージなのだ。

バリ人によるバリ像は、西洋人の描くバリ像とは質的に大きくちがっていた。バリ人のバリ・イメージは、何よりもまず社会秩序のイメージだった。王が頂点に立ち、高位祭司《ハイ・プリースト》たちとともにカースト制に君臨する。この社会秩序は宮廷生活のイメージに依っていた。そこには貴族階級が見目うるわしき王侯として登場し、政治目的を遂げるため色恋沙汰と戦《いくさ》をくり返し、忠実な臣下の親愛を受ける。こうした宮廷生活を支える思想は、祖先との絆のイメージであり、これは氏族《クラン》間の地位争いの点からも重要だった。カースト制、宮廷の栄華、そして家柄といった主題を取り上げる限り、農民層はつねに社会の最下層に置かれることになった。が、少なくともバリ人のイメージではこうした庶民の男女の生活がつぶさに描かれているのにたいし、西洋イメージでは、農民は現実的なアイデンティティをもたない、理想化された存在にされてしまっている。

個人としてのバリ人も、西洋史上の登場人物におとらずイメージの生成プロセスにひと役もふた役も買っている。両者にちがいがあるとすれば、バリ人の名前はそれほど頻繁に記録されなかったという点である。一六世紀に黄金時代を築いた王、バトゥレンゴン。その末裔で、オランダ人の将軍を暗殺させた東バリの〝処女女王《ヴァージンクイーン》〟。さらに、ウブッドの文化的中心を国際的な観光地にした中部バリ、スカワティの二人の君主。ここに挙げたバリ人のいずれもが、イメージの作り手であったアメリカ人やオランダ人やイギリス人たちと同等の注目を集めるに値する。

西洋とバリのもつバリ観は一致することもあれば、矛盾することもあった。一七世紀の時点では、オランダ人水兵にとってはバリを回教徒でなくヒンドゥー教徒の島とみることが重要だったのだが、それと同じように当時のバリ人からすれば、バリがジャワ島や東インドネシアの島々を含む大帝国の中心であることが大事だった。一八世紀にはオランダ人がバリを奴隷貿易のたまり場とみなしたのに対し、バリ人自身はいきおいづいた王子のもとで新王国を樹立することにかまけていた。イギリス人やオランダ人の植民地支配者の眼に映る一九世紀のバリは混乱と暴力のさなかにあったが、バリ人にとっては地位と位階秩序《ハイアーラーキー》をめぐる攻防が絶えない世界だった。二〇世紀に入ると、バリは世代を問わず、観光客にとって調和に満ちた、芸術的な場所となったが、バリ人の経験では危機にひんした島だった。

　こうして過去四〇〇年のあいだに、現在のバリを形作るさまざまなバリのイメージが輩出したわけだが、この期間はちょうど社会的・文化的変化の時期でもあった。オランダによる征服と支配はそうした変化に追い討ちをかけ、バリ人と西洋人のもつおのおののバリ観がかかわり合う頻度を増すことにもなった。オランダ植民地時代には、西洋によるバリ・イメージが当然優勢だった。それが植民地支配者の権力を補強したからである。そして植民地時代が終わってからは、イメージの複雑な交錯があらたな段階を迎えた。バリ人によるバリの楽園イメージの宣伝が始まったのだ。観光産業と現代世界の国際関係を背景に、バリ人によるバリ観と西洋人によるバリ観を区別することはますますむずかしくなってきた。したがってこの本の終わりのほうの章では、こうしたイメージ生成の最終段階を取り上げ、異なるタイプのイメージがどのようにからみ合ってきているかを検証してみたい。

結局のところ、唯一無二の〝真実の〟バリなどというものは存在しない。バリというパッケージがひもとかれたとき、私たちのまえに現われるのは政治抗争、個々人の栄光と苦難、楽観と不満などといったものを詰め込んだ、パンドラの箱もどきのもの、つまりは悪夢と〝夏の昼下がりの白昼夢〟がないまぜになったものだろう。

しかし、これほど多くのイメージを喚起するバリの、どこがそんなに特別なのだろうか。バリに備わる特殊な資質は、何世紀もかけてつちかわれてきたものである。たとえば高い人口密度や複雑な社会構造が芸術的多様性を増す素地となった。繁栄と社会的緊張をくり返すなかで文化に厚みが加わり、その厚みに絵画、彫刻、建築、詩歌、演劇や音楽の後ろ盾《パトロン》となった歴代の支配者がいっそう磨きをかけていった。

バリは小さな島だ。東西の直径が一四四キロメートル、南北が八〇キロメートルしかない。この面積にして、何世紀ものあいだ地球上でも有数の人口密度を保ってきた。一六世紀には一キロメートルあたり約四〇人だった人口密度が、今ではその一〇倍にもなっている。二〇〇〇年までにバリ島の人口は三〇〇万人になるという。

バリの中心は、現在の州都デンパサールが位置する南部にある。火山群からなる雄大な山脈を境に島は二つに分かれ、もっとも目につくアグン山を東に頂く。山々は唐突にそそり立っている。島南部の先端近くに飛行機が着陸すると、われわれの視界にまず飛び込んでくるのは平らなビーチである。

そこから椰子《やし》の木立のすきまを縫って、雲の垂れこめた山々をはるかにのぞむことになる。

バリの生態系にまつわる話も多い。これほど人口密度が高い以上、その人口を支えるためには効率の高い食料生産の方法が必要だった。アジアのほかの地域と同様、バリでも米が何千年にもわたる主食だった。南部に広がる低地は、山から流れてくる川を灌漑用水にし棚田を作るという込み入ったやり方で水稲耕作を営むのに適していた。

この環境は早くから文明を迎え入れた。紀元後一〇世紀に入るまでに、バリではすでに何人もの王がヒンドゥー教とともに伝わってきたインドの言葉、サンスクリット語で記した碑文を残している。バリ文化のほかの側面についてもいえることだが、ヒンドゥー教、サンスクリット語のいずれも、バリより大きな隣人、ジャワを通じて渡ってきたものである。

ジャワはやがてイスラーム化するが、バリはヒンドゥー教を守り続けた。ここではヒンドゥー教の信仰と仏教の教えとが混じり合い、さらに地元にもともとある儀礼とが融合して、独特の信仰の形と祭礼を創り出した。今では南インドのヒンドゥー教徒がバリにやってきても、自分たちの宗教と認められるものをみつけるのはむずかしいだろう。シヴァ神を主たる神として仰ぐ信仰や、インドのカースト制の亜種はバリにもあるが、祖先信仰が強いうえ、サン・ヒャン・ウィディと呼ばれる最高神への信仰も混在している。

経済的にもバリは外界に提供できるものが多かった。比較的近年まで、バリはシンガポールへのブタの主要な輸出元だった。以前には米、綿、コーヒーなども輸出していたが、一七世紀から一八世紀にかけては奴隷貿易がとくに重要だった。バリ人奴隷はオランダ植民地の中心だったバタヴィア（現在のジャカルタ）のほか、西インド、南アフリカや太平洋、インド洋の数多くの島々へと送られている。

一七世紀には、南部の都ゲルゲルにあってバリ全島を支配下に置いていた強大な王朝が没落した。かつて東ジャワからスンバワ島に至るまでの領域を支配したこの帝国は、一八世紀末までのあいだに、たがいに覇権を争いおのおの固有の文化的中心を抱える九つの小王国に分裂したのである。これら九王国に先立つゲルゲル王朝は、近代的なバリ文化が発展する基礎を築いた。のちに宮廷の数が増え、それぞれに祭礼や芸術、演劇や音楽の種類をいっそう洗練させ豊かにするにつれて、ますますその文化は深みを増していった。

これこそが、経済的利害とオランダ領東インドの支配版図を整えたいとの欲望に駆られたオランダが一九世紀になってついに征服したバリだったのである。オランダは一八四六年から一九〇八年にかけて、この島の支配権を獲得しようと奮闘した。バリの王たちをことごとく打ち破り、政治制度をようやく理解することができたのは、七回の武力遠征を経た末のことだった。

オランダによるバリ全土の統治は三四年しか続かなかった。やがて第二次世界大戦になり、つづいて一九四五年から四九年までインドネシア共和国誕生に至る長い道のりがあった。インドネシア革命のあいだ、バリはしばしオランダの手に戻ったが、一九五〇年には完全にスカルノ率いる新しい共和国の一部となる。この移行期間に島の内部にはさまざまな緊張が高まり、とくに若い革命家世代と、彼らが〝封建的〟と目した古い支配者層とが対立した。両者の対立は社会秩序、文化、そして権力をめぐるものへと変質していき、ついにはインドネシアの共産党支持者と国民党支持者の分裂という形でクライマックスを迎えた。一九六五年九月三〇日のジャカルタにおけるクーデタ未遂ののち、国民党員と軍隊はバリだけで推定一〇万人の共産主義者とその嫌疑をかけられた人々を殺害した。このとき川は文字どおり血の海となり、墓地から死体があふれ出たという。

この殺戮後、スハルト大統領の「新秩序」政府が発足して以来、バリは大衆観光《マス・ツーリズム》の中心となる。現政府はオランダおよびスカルノ前大統領から〝楽園バリ〟という思想を受け継ぐとともに、それを利用して歳入を増やし、スカルノが残した破綻経済を立て直そうとしたのだった。楽園としてのバリの役割はインドネシアの国家経済発展に欠かせないものだったといえる。一九八〇年代には年間約四〇万人の観光客がバリを訪れた――これは一六世紀のバリの全人口をしのぐ数である。その四分の一以上を占めるのは、クタ・ビーチで愉快にすごしたくて、あるいはバリのイメージに約束された豊かさを求めてやってきた、オーストラリア人たちだった。

第1章
野蛮なるバリ

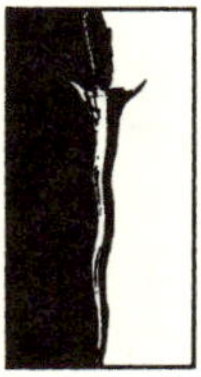

世界中にゆきわたったバリのイメージは、忘却のうえに築かれている。初期のヨーロッパ人の書き手の目に映ったかつてのバリは脅威に満ち満ちており、マレー世界特有の波状の懐剣、クリスに象徴されるように、盗みと人殺しの島だった。豊潤な楽園という、二〇世紀になってから登場したイメージもバリにかんする過去の記述に依拠してはいるが、引用するのはエデンの島という発想に矛盾しないものだけだ。初期の西洋人がバリについて記した文書のほとんどに共通してみられるような、否定的《ネガティヴ》な趣意は捨て去られたのだった。

一六世紀末に起きた、バリと西洋との最初の邂逅《かいこう》から二〇世紀前半の数十年までのあいだは、あるひとつのバリ・イメージが突出していた。バリ人は好戦的、というイメージである。このイメージができあがるまでには少なくとも三つの段階があった。まず一六世紀末以降に、バリは東方の恵みにあふれ、風変わりなヒンドゥー教がみられるエキゾティックな島だといった、とても肯定的な見方が作られた。一七世紀半ばからは奴隷貿易のおかげで、バリは気をそそると同時に恐ろしい所となった。役に立つ女たちを仕入れるにはおあつらえむきだったが、男の奴隷には反抗的にふるまう気質がみられたからだ。この時期、バリはいっそう危険な場所となり、荒っぽく野性的な土地、ヨーロッパ人が敬遠する島と化したのだった。一九世紀の初めには、奴隷貿易廃止に向けての動きが始まるとともにバリのイメージも転換した。あいかわらずヨーロッパの植民地支配に抵抗し、好戦的で恐ろしい存在ではあったが、その威嚇に〝開化された〟表情が加わった。そこでヨーロッパ列強は、野性のバリを飼い慣らすことが自分たちの使命なのだと決め込んだ。[1]

イスラーム世界の片隅にあるヒンドゥー世界

コルネリス・デ・ハウトマンは一五九七年に、オランダの第一回東インド遠征隊の隊長としてバリ島を発見した。むろん三〇万人のバリ人と東インド諸島の少なからぬ数の住民は、バリが存在すると聞いてもかくべつ驚きはしなかった。ポルトガル人船員と宣教師たち、そしてデ・ハウトマンよりも早くバリを訪れていた、イギリス人の私掠船［訳注　民間武装船］船長フランシス・ドレイク卿も同じである。[2]デ・ハウトマンがバリを発見した当時、ヨーロッパでは宗教戦争が起こっていた。その影響から、オランダ人や他のヨーロッパ人は、東インド諸島への勢力拡大を図る過程で起こる抗争をすべて宗教的な意味合いでとらえた。この時期にできあがったバリ・イメージは、おおむね当時のヨーロッパ人のこうした関心と政策の産物だった。

これらヨーロッパ人にしてみれば、バリは宗教性の強い島であり、イスラームの海に浮かぶヒンドゥーの前哨地だった。東インド諸島の熱帯の不思議に満ちたこの島は、武力と富をしたがえた華麗なる支配者の統治下にある。デ・ハウトマンはその頃探検家として絶頂期にあった人物で、香料諸島マルク相手の、実入りのいい香辛料貿易をオランダに開くという任務を負っていた。北ヨーロッパの人間らしく、生粋《きっすい》の新教徒でもあった彼は、カトリック教徒のスペイン人やポルトガル人にしてみれば仇《かたき》だった。新教徒の例にもれず、デ・ハウトマンはネーデルランド諸国を支配していた教皇主義者ばかりでなく、キリスト教信仰の敵、イスラームにも敵愾心をもっていた。このデ・ハウトマンの遠征をヨーロッパの他地域に紹介した本は多くの版を重ね、いくつもの言語に翻訳されている。これは当時の学問的手法に則って、アムステルダムの港から香料諸島への旅の途中に遭遇した諸民族、自然の産物や生態などを簡潔にまとめたものである。この本に描かれたイメージが、北ヨーロッパの人々が東インド諸島を思い浮かべるときの核になった。

この見聞記のなかで、バリは敵対的なイスラーム世界とはまったくちがう存在として描かれている。デ・ハウトマンの一行はその旅のあいだいくつものイスラーム王国に遭遇したが、やがて、ムーア人やトルコ人などのイスラーム王たちとは対照的な、友好的〝異教徒〟の王国を発見した、とその本は記している。ここでいう異教徒とは、ヒンドゥーの王国を指していた。ヒンドゥー教はアレクサンダー大王の時代からこのかた、ヨーロッパ人にとってなじみ深いものだった。この旅行記の初版には数葉だけ挿絵が入っていたが、そのうちの二枚には、スマトラのイスラーム王と、そしてバリの〝異教〟の、つまりヒンドゥーの王が描かれていた[3]。

バリの描写は富と贅《ぜい》のありようを語るものだった。当時オランダには正統な国王がいなかったため、オランダ人たちは国家における王制の役割というものについて独特の見解をもち合わせており、彼らはバリの王に魅せられた。前述の本の初版の挿画には、半裸の王が豪華な牛車に乗り、先が金でできた槍と吹矢筒で武装した護衛に囲まれている様子が描かれている。護衛たちの姿は、臣下の存在を誇示すると同時に、異国間の交流にはつきものの武力衝突の可能性をうかがわせるものでもあった。その絵の背景には、水田と熱帯の豊穣性が生み出す産物が描き込まれており、その満ちあふれんばかりの豊かさは、東インド諸島との貿易に乗り出す気持ちをそそった[4]。

バリのたたえる魅力はオランダに自国との比較をうながしもした。この島では潅漑が進んでおり、さらに重要なことに、隣接する島々に比べて人口密度が高いうえ、主要な貿易路にまたがる場所に位置していた。(しかし最後の点は今ではほとんど記憶に残っていないだろう。というのは、オランダがまもなくこの一帯の主要貿易路を変え、バリを貿易圏の周縁に置いたからだ[5])。オランダ人の眼にバリは有望な貿易相手と映った。王侯とその重臣たちは好意的だったし、そもそもムーア人ではなかったし、しかも貿易に適した物産がたくさんあった。この島のすぐれた軍事力とけたはずれの豊かさは、王の懐剣《クリス》の柄に象徴されていた。それは二ポンドもある金でできており、宝石をちりばめたうえに彫刻をほどこした代物で、従者の手で運ばれていた。この美しいオブジェこそが、のちにバリの富と野蛮性の象徴ともなる数々のクリスの最初にして最高の逸品だった。

寡婦を焼き殺す風習も、バリのヒンドゥー教にたいする興味を高めた。〈スティア〉、もしくは〝サティー〟と呼ばれるこの風習は、すでにインドを通じてヨーロッパ人には知られていたが、二〇世紀に入るまでのあいだ、バリをめぐる主題のひとつであり続けた。バリ版のサティーを呈示するのに使われたのは、オランダ人がインドでの寡婦殉死を初めて描いた挿画だった。が、文章の部分ではバリ特有の慣行についての説明が与えられた。

そうした記述のひとつに、バリの王妃の火葬で二二人の女奴隷が犠牲になったときのことがくわしく説明されている。それによると、儀礼用の供物が用意され、完全な白装束の奴隷たちが連れてこられると、彼女たちは押さえつけられ、死への準備をほどこされたという。死の執行にあたってはクリスが重大な役割を帯びていた。というのは、「とりわけ勇敢な者はクリスを自分たちに渡すようにと要求し、それを右手で受けとると、うやうやしく接吻してから左手にもち変えた」からだ。書き手はとくに一連の儀式のなかの流血場面《シーン》に着目し、これから死にゆこうとする者たちがいかに「自分の右腕を傷つけ、傷からほとばしった血を吸って唇を赤く染め、そして指先でぬぐった血で額にしるしをつけた」かを物語る。クライマックスは、女たちがクリスを執行人に返したのち「仮肋骨のあいだに最初のひと突きを受け、二突き目が肩から斜めに心臓に向かってぐさりと刺さった」ときであった。[6]

女たちが進んで自死するさまとそんな犠牲が払われる手順とは、オランダ人にとって嫌悪をもよおすより、むしろ魅力を感じる光景だった。自国でも、ヨーロッパの凄惨な戦争や非情な正義が行使される場面などでこうした恐ろしい情景を彼ら自身目の当たりにすることはあったはずだが、この女たちがこれほど喜々として死んでいくということが、〝異教徒〟の宗教にたいして彼らがおぼえた特殊な異国情緒《エキゾティシズム》と興奮とをいっそう高ぶらせたのだった。

火葬と寡婦殉死を目撃して、ヨーロッパ人の観察者たちはヒンドゥー教のもつ力というものを確信することになった。クリスなどバリの武勲を示すシンボルともあいまって、これほどの宗教ならオランダ人が敵のムスリムを打ち破るのに大いに役立つと思われたのだ。バリはまったくの異国ではあったが、それでも文明化されていたし、東インド諸島のいくつかの島々とちがって〝残忍な〟ところではなかった。だから、バリはオランダにふさわしい同盟国だったのである。

こうしてオランダ東インド会社は、この島に大きな期待を寄せた。が、その期待が満たされることはなかった。その後四〇年にわたって、貿易目的の遠征隊、宣教師の一団、使節団などがこの島に上陸したが、ムーア人に対抗して新教徒《プロテスタント》とヒンドゥー教徒のあいだに政治同盟を成立させる企ては、ついに実現しなかった。

一六三三年、ジャワのマタラム王国に抗する同盟関係を結ぶために派遣されたオランダの使節は、バリ人がただたんに宗教に基づいて政治関係を決定するわけではないという事実をつきつけられ、四苦八苦した。[7] それからの一六〇年間というもの、時折の書簡や贈り物の交換をのぞけば、バリ、オランダ間の政治関係はそれ以上のものに発展しなかった。金塊に記された書簡ですら、東インド会社がバリ島内の政治に首を突っ込む契機にはならなかったし、また島内政治自体、外部の観察者の眼にはますます複雑をきわめていた。こうして、かなりエキゾティシズムに満ちてはいたものの、おおむね肯定的なバリ・イメージがヨーロッパとバリの交流の幕開けをいろどったのだったが、これはしだいに否定的なイメージへと傾いていくことになる。ヨーロッパが再びバリに肯定的なまなざしを向けるのは、さらに二五〇年もあとのことであった。

暴君の退廃

一七世紀中葉まで、オランダ、バリともに経済状態はすこぶる良好だった。オランダは世界の経済大国として黄金時代を築いていた。バリのほうは奴隷が主要輸出品目となり、バリを世界的に知らしめる手段にもなる時代に入ったところだった。オランダ人の見方によれば、一六世紀末から知られていたヒンドゥー文明はこの期を境に、しだいに奴隷貿易をおこなう専制君主制に取って替わられていった。バリは今や、横暴で非道な行為が横行する島であり、農民が王侯や商人の利益のために売りとばされたり、さもなくば現地を覆うすさまじい戦禍から逃れなければならないところとして有名になった。かっとして狂乱《アムック》におちいりやすいという性向からも、バリ人のむら気がうかがえた。

この時期、ヨーロッパとアジアは貿易を通じてより密接に結びついた。一六〇〇年代の初めまでに、オランダ東インド会社はアフリカ南端から日本にかけて貿易目的の砦、〝在外商館〟のネットワークを作り上げており、ジャワの通商居留地であるバタヴィアが、この貿易帝国の中心となっていた。アムステルダムには世界最大の株式取引所があり、オランダの数多い中産階級の暮らしむきは豊かだった。オランダが東インド諸島での貿易を自分たちに都合よく組織し直した結果、香料諸島と呼ばれたマルク諸島との貿易におけるバリの役割は大幅に縮小された。こうして独占的掌握を強化する一方で、オランダはバリにたいしほかの可能性を開いた。奴隷貿易の拡大である。

バリは一〇世紀から自島および他の東インドネシアの島々からの奴隷を取引きしていたが、バタヴィアの創設とあらたな貿易条件のおかげで奴隷貿易はますます栄え、バリ人は年間二〇〇〇人もの男女、子どもを売りさばくまでになった。[8] 奴隷たちはバリからオランダの貿易ネットワークに沿って世界中に送られたが、とりわけバタヴィアにいく者が多かった。一七世紀のバタヴィアでは一万五〇〇〇人から一万八〇〇〇人の奴隷総人口のうち、八〇〇〇〜一万人はバリ人奴隷だったという。[9]

この貿易帝国の時代、厳密な植民地主義の観念はまだなかったので、バタヴィアの東インド会社のヨーロッパ人職員たちは現地の風習にしたがうことにほとんど抵抗がなかった。当時のバタヴィアは非常に混血度の高い社会だった。ヨーロッパのさまざまな国からやってきた商人、船員、兵士、事務員たちは、地元の女性と結婚し、ヨーロッパとアジアの要素が混在する家庭を築いたのである。[10]

バリ女性はもっとも人気が高かった。とりわけバリ人を妻に欲しがったのは、華人社会の人々だった。華人たちは利潤の大きい中国貿易にジャワをつなぐ起業家《アントルプルヌール》として、東インド会社にはなくてはならない存在だった。バリ女性の人気が高い理由ははっきりしていて、後年さかんになるバリ人の性行動についてのバラ色のイメージとはほとんど関係なかった[11]。つまり、華人がブタを好んで食べたのにたいし、豚肉を忌み嫌うムスリムの妻ではブタを料理することはおろか、夫と一緒に食べることもあり得ないという事情によるものだった。ブタにたいして洗練された嗜好をもつバリのヒンドゥー教徒であれば大丈夫、というわけだ。もっとエロティックな理由でバリ人がよい妻になるという考えは、彼女らの料理の腕前が潤色されて出てきたものだ。バリ人女性はオランダ人男性の妾となることもあり、低い地位の女性にたいするバリ語の呼称、〈ニアイ〉が、東インド社会ではオランダ人の妾になった現地女性を指すのに使われた。

奴隷商人と君主

ヤン・トゥルートという、東インド諸島でも名うての奴隷商人だった男は、バリが蛮行の島だというイメージの流布に貢献すること大であった。彼が遺したのはバリやバリ人奴隷についての総合的な叙述などではなく、東インド会社にたいする苦情の手紙と報告書だったが、なによりもトゥルートのバリでの死にざまがその名を不滅にしたのだった。トゥルートは香料諸島のアンボンで生まれた。他の〝自由市民《ビュルヘル》〟同様、彼はオランダ貿易帝国のなかで特殊な地位を占めており、ほかの現地人の上位に立つことをオランダ側も本人も承知していた。さらにオランダが最初に建設し、優遇した商館所在地アンボンの出だったことから、彼は東インド諸島を好きなように旅して回り、諸島全体を自分の交易圏として扱うことができた。また、この時代の起業家《アントルプルヌール》らしく数々の分野に手を出していたトゥルートは、奴隷ばかりでなく当時のアジア経済の重要な基盤だった布製品と磁器も取引きしていた。したがって各地域の事情に通じていること、現地の支配者と友好関係を築くことの両方が彼には大事だった。

一六六一年にトゥルートは、男のバリ人奴隷にかんするある苦情を東インド会社に送った。船一隻分の奴隷が〝アムック状態〟におちいったあげく、船を乗っ取って、トゥルートと船荷をスマトラ島に置き去りにしたというのである。[12] これはバリ人奴隷がアムックになる傾向について寄せられた数々の苦情の最初の一通だった。このことはオランダからすれば貿易そのものへの脅威だったが、バリ人の立場に立てば無体なこととはいえなかった。彼らは、だいたいが自分の意志に反して商品として売られていたのだから。

やがてこの種の報告が殺到したため、一六六五年に東インド会社は自社の職員がバリ人奴隷を所有することを禁じた。さらに一六八八年にはバリ人奴隷の輸入を全面禁止し、抵抗する可能性の低いほかの奴隷を入れることにした。[13] これでバリの奴隷貿易が根絶やしになったわけではない。だが、マレー〝人種〟はすべて、さしたる理由もなくアムック状態になりやすいのだというイメージをヨーロッパ人が作り上げるにつれ、バリ人の気ままな気性にまつわるこうした話が人々の記憶に残っていった。

そもそも〈アムック〉という言葉は土着の戦争形態を表わすもので、戦いの初めにくり返される小ぜり合いで両軍の主将たちが白装束に身を固め、自軍の先頭に立ってあばれ狂うありさまを指した。このように力と勇気を貴族らしく顕示するのは、敵をおびえさせ、できれば部隊本体を戦闘に巻き込まずに戦いを終結させるためだった。しかし、ときとともに正確な意味は失われ、英語でいう"amuck"［訳注 amokともいう］は狂気じみた殺人鬼のようなものを意味するようになった。

その当時のバリ人はやはり武力に長けており、一六六四年にはオランダ人船乗りのホールンベークと貿易商人アンドリース・ハーディがバリ人の吹矢に倒れている。東インド会社はこの事件をわりあい冷静に受けとめた。というのも、バリ北部に台頭してきたパンジ・サクティ王が遺憾の意を表し、会社側と良好な貿易関係を保つ姿勢をみせたので、損失に多少埋め合わせがついたからである。ただし、この二人の死は猛々しく好戦的なバリ人のイメージ強化にもうひと役買うことになる。

その頃にはまだ、バリの危険な面は貿易上の役割の二の次とみられていた。バリ人奴隷をめぐって苦情は寄せたものの、ヤン・トゥルートも事件のあとバリとの貿易をやめはしなかった。何人ものオランダ人商人と並んでトゥルートはパンジ・サクティ王と親しい仲であり、たがいに恩恵にあずかる関係を持続していた。

トゥルートは王を「兄上」と呼び、「彼はバリにくると必ず王の宮殿でもてなしを受けた」[14]。お返しにトゥルートは奴隷を売り買いしたばかりでなく、王にじゅうぶんな武器を供給した。パンジ・サクティは一六六〇年代後半にモッセルとミヒールというオランダ人の港湾専門家を二人雇い、西洋の技術にいたく関心を抱いていた。[15]彼はいうなれば〝成り上がり〟王で、奴隷貿易と西洋の軍事技術へのアクセスが権力の基盤だった。[16] トゥルートの船が二隻難破し、その積み荷を北バリの住民が海からの贈り物だとして略奪した際には（こうした習わしが一九世紀にはバリを窮地におとし入れるのだが）、王は損害賠償までしている。

王がこういう一件を認知したのはきわめて異例のことだった。ふつうなら船の難破は海の魔物のしわざで、船主と積み荷はツキがなかったとされるくらいがおちだったからだ。しかし一六七二年か一六七三年に、この豪傑王と、奴隷商人であり銃の運び屋でもある友人との関係は転機を迎えた。高位聖職者であり、一八世紀初頭の東インドについての主要な書き手でもあったフランソワ・ファーレンタインは、王の家臣が〝偽りの進言〟によって二人の関係を害したいきさつを、トゥルートの未亡人の口から聞いた。トゥルートは王の領土と生命に〝攻撃〟をしかけようとしたかどで、最後に島に戻ったときに残忍な殺され方をしたというのだ。[17]

ファーレンタインはこの話を頭から信じた。何しろそのことを語ったトゥルートの未亡人は、アンボンでの彼の大家だったのだ。彼はそれに、当時最高の聖書翻訳者でもっとももたしかな情報源だったヘンリク・レイデッカーからの補足情報も付け加えた。レイデッカーによれば、銀を重ね宝石を埋め込んだクリスを彼に贈ってくれた（このクリスはのちにファーレンタインに贈られた）パンジ・サクティ王は驚くべき女たらしのうえ、「たいへんな男色家」でもあって、異性装者を回りにはべらせていたという。[18]

トゥルートの物語は、ファーレンタインが編纂した東インド会社の貿易帝国最盛期の大辞典のなかに、りっぱな地図とバリの主だった場所やバリ音楽などの文化的特徴を長々と述べた箇所に並んで収録され、末代まで残った。ファーレンタインはとりわけ貿易に関心があったとみえ、バリ人奴隷の値段まで記している。当時の相場は男の非熟練者の場合、七〇〜八〇スペイン〝レアル貨〟(当時の国際通貨で、一枚あたり一九世紀の約一ポンドにあたる)、男の熟練者で一〇〇〜一五〇、そして女なら七〇〜八〇といったところで、女はとびきりの美人だったり織り仕事に長けていたりすれば値が一三〇まではねあがった。トゥルートの逸話を含む、バリ島についてのそれまでの見聞を網羅し要約することで、ファーレンタインはバリのイメージが、西洋が東インドにたいして抱いていたイメージの主流の一部になるようにした。バリ・イメージのこのヴァージョンでは、民衆がアムックになりやすいうえに、貴族階級は退廃的で不道徳な支配者ばかりだし、まったく信用がおけないばかりか独裁的である。ところが裕福ときている。この時期以降は、奴隷貿易に次いで、バリ人王侯の横暴さがオランダ人のバリ観の主要な特徴となっていった。

奴隷から王へ

バリがとても狂暴な土地だというイメージができあがったのは、ある男の評判に負うところが大きい。それはスラパティという名の奴隷であった。カリスマ性と戦闘能力とを兼ね備えていたおかげでまれにみる立身出世を遂げた彼は、奴隷から傭兵に、そして王の位へと上りつめた。彼の出自は謎につつまれているが、出典のほとんどはバリ生まれとしている。スラパティの物語からあかるみに出てくるのは、東インドの奴隷貿易を特徴づけていた緊張状態である。スラパティは若くして売られたのち、オランダ人にこきつかわれ非道な扱いを受けた。しかし彼は自由な精神を保ち、彼にまつわるさまざまな言い伝えによると、精神的修養を積み、そのおかげで指導者としての評判を高めることができたという。

若きスラパティは、バタヴィアの東インド会社の大商人に奴隷として仕えていた頃から不屈で反抗的だった。[19] バリ人は奴隷制に屈するくらいならアムックに走るという評判どおり、彼も逃亡しオランダ人に追われる身となる。だが東インド会社はその独立旺盛な精神と軍事的能力に使い道があると考え、彼とその一味を不正規軍に雇い入れた。しかしスラパティはこれでは飽き足りず、中部ジャワでスルタン［訳注　ジャワの王の称号］の王宮の護衛に加わる。複雑なたくらみのもとに彼は東インド会社から王宮に送られた使節を暗殺し、東ジャワのパスルアンに逃走した。そこで彼はみずから王となり、その息子たちとともに一七世紀末から東インド会社の悩みの種として名を馳せた。[20]

一七〇六年一〇月に東インド会社は、スラパティが彼らのジャワ支配を妨害していることへの不満を和らげるため、パスルアンにあるスラパティの王国に遠征した。スラパティ王国はこの攻撃をかわしたが、王本人は負傷し、それがもとで翌月世を去る。[21]

一八世紀に入ってからというもの、東インド会社はバリへの関心をしだいに失いつつあった。一七五五年までに、ジャワは正真正銘オランダの支配下に入った。首位の王国だったマタラムはすでに平定され、縮小されたうえ、ついには小公国に分割された。ほぼ一世紀にわたって、バリの諸王国はジャワの政治に介入したり、東インド会社のほかの敵と組んでジャワとマドゥラに混乱をもたらしたりする厄介者でしかなかった。

「東方の角」として知られた、東ジャワのバリ人支配地域では、南スラウェシ出身の背教者や東インド会社の支配を逃れてきたジャワ人の難民、さらに中国人やイギリス人の商人までもが自由に徘徊できた。こうした勝手な動きに加えて、軍事手段と経済資源の集中は、東インド会社の経済的・政治的利害をつねに脅かすものだった。一七六〇年代に入ると、会社はついに密輸業者や盗賊、海賊とみられる類《たぐい》を一掃し、このため地域全体の住民数は実質的に減少した。[22] それ以後はバリがジャワの政治に介入することはなくなったので、会社側もバリを気にとめなくなった。

残る一八世紀のあいだ、バリは主に、土着の主要なライフル銃製造元として知られていた。これは、のちにもっと穏便な名声をバリにもたらすことになる職人芸の表われである。[23] バリのクリスや吹矢にたいする興味にもすでに出ていた、バリ＝好戦的というヨーロッパ人の見方は、ライフル銃製造の評判によっていっそう定着した。

こうして一八世紀には奴隷制と戦乱が西洋のバリ・イメージを創り上げた。ヒンドゥー教のバリという、かつてのイメージの痕跡はまだ残っていたものの、オランダが宗教よりも貿易を重視するようになるにつれ、バリへの敬意の念も薄れてきたのである。強固な軍事力、寡婦殉死、そして贅《ぜい》の限りを尽くすさまといった印象は、バリの専制君主の退廃ぶりを象徴する要素として残されたのだった。

新しい時代、古いイメージ

一八世紀末に東インド会社を手こずらせていたのは、バリではなく会社そのものだった。汚職、市場の低迷、そして世界経済の根本的変化などを背景にイギリスが台頭し、カルカッタがアジア交易の中枢として名を上げる。東インド会社は破産し、オランダ政府が東インド経営を引き継ぐ羽目になった。

が、この事態も長くは続かない。オランダ本国はナポレオンの手に落ち、一八〇八年にはナポレオン新体制を代表して、精力的で一徹な〝鉄の司令官〟、ヘルマン・ウィレム・ダーンデルス総督(一七六二〜一八一八)が東インドに着任する。ダーンデルスは、合理化と進歩の概念を世界にもたらす、根本的な発想の転換から生まれたヨーロッパの姿勢をいち早く体現する人物だった。合理的な政府を実現するため、彼はそのあだ名のとおり、インドネシア人にもヨーロッパ人にも容赦なく接した。

かくして、会社の職員たちが雇用主の利益を横流しして私腹を肥やす時代は終わった。ダーンデルスはオランダ商館ネットワークをきちんとした植民地に転換する任務を徹底的に遂行した。寄せ集めの船員や貿易業者、冒険家や聖職者など、かつて会社に雇われていた連中は公務員に取って替わられた。

ダーンデルスはわずか三年間で計画を実行に移した。この間に彼はジャワの昔の道を主要道路に作り変え、コミュニケーションと管理能力を大幅に改善した。またオランダ東インド政府の体質を改善し、行政事務の基礎を築くとともに、会社の悪しき伝統ともいうべき習わし、つまり汚職や横領を追放するべく努めた。ダーンデルスはさらに東インド諸島の王やスルタンの面々と書簡をかわし、ヨーロッパの権勢を諸島の政治の中心にすえようとした。彼はその目的のため代理人《エージェント》をバリに送ったが、その男はむしろ南バリの諸侯に傭兵として雇われるほうが金になると踏んだ。

一八一一年にはロンドンに亡命中のオランダ政府に代わって、帝国主義国家のなかでも最大の成功を収めた国、イギリスが支配に乗り出した。五年間の統治のあいだ、イギリス人はダイナミックな植民地監督官を通じて帝国主義の新時代を確立したばかりでなく、ヨーロッパのバリ観に新しい要素を加えた。バリ人の狂暴性やバリ人支配者の独裁主義的性格といったイメージを維持する一方で、イギリス人がバリ・イメージに付け加えた新しい要素というのは、村落がバリ文化の基層にあること、そしてバリの文明が古代ジャワから継承されたものであることなどだった。

イギリスは前途有望な弱冠三〇歳の男を副総督に任命し、東インド運営にあたらせた。これこそが、のちに交易都市シンガポールを建設するトマス・スタンフォード・ラッフルズ卿（一七八一～一八二六）である。ラッフルズはダーンデルスに輪をかけて（そんなことがありうるならの話だが）エネルギッシュな合理主義者で、この任命をきっかけに大きな転機を迎える。彼はイギリス東インド会社の組織内でとんとん拍子に出世し、カルカッタで上司の眼にとまったときには、現マレーシアのペナンに新設されたイギリス商館での任期を終えたところだった。
ラッフルズの通商経験は、当時のイギリスでもっとも刺激的な思想の源だった、「ポリティカル・エコノミスト」として知られる学者グループの理論への熱烈な関心と結びついた。アダム・スミスに代表されるこれらの思想家たちは、厳密かつ自由な管理経済こそが繁栄する社会の基礎を作るという説を打ち立てようとしていた。こうしたポリティカル・エコノミストたちの発想と、それぞれの労働に応じて得られる、あらゆる人々の開化された能力のうえに立った自由な財の交換を推進する考え方が植民地建設にあたってのあらたな合理主義の背景にあったのだ。彼らは〝進歩〟の概念をヨーロッパの語彙に加え、その進歩を世界の科学的知に照らして定義した。その知によって、あらゆる非合理的な要素、とくに貿易の自由なプロセスを妨げるようなものは乗り越えられるはずだった。そのような障害が取り除かれさえすれば社会は向上し、人々もいっそう幸福になるはずだったのである。[24]
東インドに赴任の折、ラッフルズは、多くのオランダ人が抱いていたような、原住民はみな怠け者だなどといった偏見には染まっていなかった。こうした考えをイギリス人がもち始めるのは、そののちマラヤでのことだった。ラッフルズは啓蒙時代の申し子として東インドに到着し、現地民については潜在的に進取の気性に富むものと考えていた。彼にとっては東インドの昔ながらの政治構造こそが、財の自由交換を妨げる封建的障害だったのだ。
むろん、すべての植民地イデオロギーがそうであるように、実践は理論ほどたやすくなかった。とりわけ、ラッフルズがその労働力を高く評価した農民層にかんしては問題が多かった。彼は領主への伝統的な貢租に代えて、新しい形態の〝地代〟もしくは税制を導入したが、その結果、農民は収穫の約五〇パーセントにあたる額をイギリス人に支払うことになった。他方、彼のとなえる〝自由貿易〟のおかげでイギリスの諸会社は東インド諸島の通商圏の中心的存在となり、オランダ領東インドの経済は大英帝国への依存度を高めた。一〇年後に彼が去ったときには植民地全体が、カルカッタにある二つのイギリスの会社に質入れされているような状態だった。

ラッフルズが東インドの退廃的な〝封建〟君主に抱いた嫌悪の情は、インドや中東での経験をふまえてできあがった、東洋の専制君主制にたいするこれまでのヨーロッパ人のイメージからくるものでもあった。ラッフルズはいくつか重要な概念をインドから東インド諸島にもち込んでおり、なかでもとくに根強かったのは、社会の基礎を形作るのは自治的な村落だという考え方だった。そこで〝封建的〟貴族層は、アジア社会のそういう現実に外側から付け加わったものとみなされたわけである。[25]

ラッフルズにとって、バリ人は高貴な野蛮人であり、「隣人の誰より一段と気高い精神性、独立心、雄々しさを有して」いた。「よそ者の眼に彼らの作法はぶしつけで無礼で粗野で不快と映るが、知己が深まればたいして気にならなくなり、むしろ彼らの飾り気のない率直さはわれわれの信頼と尊敬に値する」と彼はバリ人のために弁明さえしている。ポリティカル・エコノミストとしてラッフルズがもっとも好んだのは、バリ人が「ジャワ島の住民にみられるような無気力さや怠惰と無縁である」点だった。バリでは「個々人が生来の雄々しさや蛮国の熱い気性をまったく失わずにいる[26]」。

ラッフルズは熱心な楽観主義者の眼でバリ人を観察し、支配階級でさえジャワの支配者ほどは専制的でないと考えた。彼はバリ人のなかに、新時代にふさわしい民衆像をみい出したのだ。「専制君主制によって堕落したり、ものぐさ癖によって無気力におちいったりすることがないため、彼らはどの隣国よりも文明のさらなる発展とりっぱな政府を実現する見込みがありそうだ」[27]と。

ラッフルズの世界観に照らせば、バリの人々の性質には起業と成功を可能にする素地が備わっており、専横な政府とは一線を画していた。ポリティカル・エコノミストのすぐれた洞察力があれば、人々の眼をのぞき込んだだけでたちどころに経済発展の能力をみきわめることができる、といったところだろう。その伝でいくと、進歩の成就は文明や文明を獲得する能力とかかわっており、さらにそれはヨーロッパ人が〝人種〟と定義するものの〝品性〟に左右されるということになった。

ラッフルズはバリの文明をジャワの古代文明に結びつけた。その古代文明にみられた有望性とは裏腹に、今日のジャワ人は堕落あるいは腐敗した存在だと暗にいおうとしたのだった。このようなラッフルズの見解は、中部および東ジャワで彼が調べた、ヒンドゥー寺院のりっぱな遺跡への強い関心や、バリで入手したいくつかの古ジャワ語の文献などに裏打ちされていた。同時代のほかのヨーロッパ人同様、彼はイスラームを脅威的で野蛮な宗教とみなしており、代わりにヒンドゥー教をもち上げた。バリのヒンドゥー教は貴重だ、なぜなら「ジャワではヒンドゥー教は古代にしかみることができないが、ここでは今なお、おこないの生きた源であり普遍的な行動原則である。しかるにバリの現況は、いわばジャワの土着民たちの古《いにしえ》の状況をつまびらかにするものと考えられる」からだ[28]。皮肉なことに、ラッフルズはバリの博物館的価値の評価とその発展への可能性にたいする関心をないまぜにした。この矛盾した態度は、やがて二〇世紀の数々のバリ研究者に受け継がれていくことになる。

バリで保存されていたヒンドゥー教やヒンドゥー文学にラッフルズが抱いた古物研究的興味は、他のオリエンタリストにも共通するものだった。東洋の高貴な過去のほうが、堕落したとみられる現在よりも関心を引いたのだ。[29] 最初にヨーロッパの著述家を魅了した、寡婦焼死の野蛮なイメージを踏襲はしたものの、ラッフルズはそれがバリの本質的なイメージであるとは考えなかった。むしろ、粗野な雄々しさや、もはやジャワでは失われた偉業がバリに引き継がれていることのほうが重要だった。

ラッフルズの見解からは、彼がバリについての固有の考えをいかに経済活動の枠組みや人種の観念にあてはめたかがわかる。一般概念としての〝人種〟は、一八世紀のヨーロッパで啓蒙主義の暗部という形で発達したにすぎない。ラッフルズのような人々にとっては、(われわれが今日生態と呼ぶものも含めた)経済的条件と人種との関係性こそが、民族の存在を作り上げるものだったのである。

ラッフルズ再訪

ラッフルズのバリ観は一九世紀後期の批評家にとって重要ではあったが、それは彼がバリ人の気質を高く評価したからではない。約七〇年後にオランダが肯定的なまなざしをバリに向ける段になってから想起されたのは、ジャワ文化の博物館としてのバリ・イメージだった。

一八一六年にラッフルズが東インドを去ると、彼のバリ・イメージである〝高貴なる野蛮人〟のうち、〝高貴なる〟という部分はすぐに退けられた。オランダが一八一八年に返り咲いてのち最初にバリ島に送られた使節のひとりで、尊大なH・A・ファン・デン・ブルークも、バリ人の気質について詳述し、個々のバリ人をこと細かに描写してみせた。しかし彼は、〝手に負えない〟バリという昔ながらのイメージに回帰してしまう。それというのも、王たちが政治関係をめぐる彼の提案をことごとく無視し、言い逃れをするばかりだったからだ。さらにまずいことに、この横柄なオランダ役人が苦情を申し立てたところによれば、ある都を訪問したとき、自分がこづかれたりののしられたりしたにもかかわらず、無礼者のほうはおとがめなしだったというのだ。[30] また、あいかわらずバリ人は好きなように自分の貿易相手を決めていたのだが、オランダ側はこれを密輸行為とみなし、バリ人が東インド諸島中の〝海賊〟どもにバリの港を拠点として使わせていると非難した。

宣教師たちの眼には、バリは土着民の改宗が可能な場所と映った。ところがバリ人はヒンドゥー教を捨てることを拒み、熱心なキリスト教徒たちを失望させ続けていた。一九世紀のあるイギリス人宣教師は、バリがたんに異教の国だというだけでなく反ヨーロッパ的でもあると説いて、バリの悪名をいっそう広めた。いわく、「過去十五回もバリを訪れたことのある船長の話では、何度もクリース（クリス）を突きつけられたことがある、とのことだ」。この史料によれば、これらの攻撃は貿易業者たちの落ち度からくるものではなかった。彼らは「ごまかしの多い商品の計量の仕方に抗議していた」だけだという。これはたぶん、バリ人には東南アジアの他地域同様独自の交易方法があり、それがイギリス人の望む〝自由貿易〟にそぐわなかったということを意味するのだろう。件《くだん》の宣教師はこの話を次のようなコメントで締めくくり、彼自身の思惑を露呈している。「私も無作法な拒絶に合ったり、無礼なののしりを受けたりしたが、こうした扱いをヨーロッパの植民地下の土着民から受けたことはない[31]……」。察するに、バリも植民地化されるべきであり、そうすればバリ人に作法を学ばせ、ヨーロッパ人の貿易業者や宣教師の思いどおりにできるというわけだ。ヨーロッパ人が当然値すると思っていただけの敬意を彼らに払わなかったというのが、バリ人の犯した罪である。

自由な通商と、貿易・宗教・人種の気質がどんな関係にあるかということがラッフルズの関心事であり、それは一九世紀前半以降の書き手にとっても関心の的であり続けた。ヨーロッパによる東インド支配という点で目的が一致していたとはいえ、ラッフルズの見解は当時のオランダが示した、貿易を独占し強情な土着の支配層と敵対する方針にはそぐわなかった。だがラッフルズ後一〇年のあいだに、イギリス人の書き手はオランダの否定的なバリ観を受け容れるに至った。バリが公明正大なふるまいをせず、また増大しつつあったヨーロッパの東南アジア関与を歓迎しなかったためである。

イギリスが他の西洋列強を説得して奴隷制をやめさせようとしていた頃、バリ人は奴隷貿易の中止を拒みさえしているのだ。このことでオランダ人とヨーロッパ人の見解は固まった。おおかたの非ヨーロッパ人と同じく、バリ人も野蛮なのだ、と。一八二〇年代後期は、イギリスが世界的列強に名を連ねるうえで奴隷貿易はもはや必要なかった。というのも、本国ではすでに産業革命をなしとげ、またアヘンというもう少し体裁のよい商品の取引きを手がけていたからだ。むろん、こんな事情が論争にもち出されることはなかった。反奴隷制はあくまでも人道主義的課題とされた。当初オランダは、イギリスが奴隷制を嫌っても意に介さず、一八二〇年代後期には奴隷を買い集めてジャワでの戦争用の兵隊を調達しようとしたほどだった。その当時はまだフランス植民地のブルボン（モーリシャス）とのバリ人奴隷貿易がさかんで、バリ人奴隷のなかには他のフランス植民地やオランダ植民地に送られる者もいた。バリはバタヴィアに代わって東インドの主要な奴隷集散地となっていた[32]。だがしだいにオランダも、啓蒙主義によれば全人の権利であるはずの基本的自由を奴隷制が著しく侵害するものと認めるようになった。そして一八三〇年代にはオランダが全面的に奴隷貿易をとりやめたが、バリでの奴隷売買は一八六〇年代まで継続した[33]。

オランダ人の考えを変えるのに、オランダの代理人《エージェント》でアラブ人商人のパンゲラン・サイード・ハッサンが書いたようなリポートがひと役買ったことはまちがいない。サイード・ハッサンはバリでフィリピン南部からの海賊船を九〇隻発見し、奴隷貿易の栄えるさまも目撃した。その様子を彼はお涙ちょうだい的な逸話を交えて描写している。たとえばブレレンのラジャ［訳注　王のこと］が六歳と九歳の兄妹をフランス人船長に売ったときのことだ。船長が「年のせいで」兄妹の母親を一緒に買うことを拒否した（母親は四〇歳くらいだった）ので、王は「子どもたちを連れていくように命じた。だが子どもたちは母親から離れたがらず、首の回りにかじりついていた。母親も自分の子どもを手放すことができず、母と子は抱きあって声高く泣き叫んだ」。ヨーロッパ人水夫たちが彼らを力ずくで引き離し、子どもたちを船に連れていった。このときになって、「母親は浜辺に倒れ伏し、死んだように一時間あまりも横たわっていた。夜になると女は子どもたちを捜して泣き叫んだ……彼女はその後何日もそういう状態のままだった……」。サイード・ハッサンは最後にこう付け加えている。「この女をこんな目に合わせた者どもの心は、鉄よりも頑《かたく》なだった」[34]。

こうした報告は、人間の苦難をもたらした共犯者への非難を他の植民地主義者やバリ人自身に転嫁するものだった。そこでオランダ側は、奴隷制や自分たちの監督が行き届かないような関連の経済諸活動、たとえば〝密輸〟(オランダの港市を経由しない他島とジャワとのあいだの貿易)や〝海賊行為〟を駆逐することが急務となったのである。

一八二〇年代と一八三〇年代にバリは貿易量を飛躍的に拡大した。とくにイギリス植民地のシンガポールとの貿易が増え、オランダはこれをうらやむと同時に神経をとがらせた。バリは諸侯の下に独立を維持していたため、その増大していく貿易の相手がどこであろうとオランダには口の出しようがなかった。また、いつなんどきイギリスが独立したバリに手を出さないとも限らない。オランダはまずバリ南西海岸のクタに通商居留地を置こうとした。そのうちのひとつはデュボアというフランス人が運営するもので、彼は地元の事情に明るくなることと、地元の競争相手からの物理的攻撃を避けることにほとんどの時間を費やしていた。

オランダは国際法を制定し、それを有効に利用した。自由貿易はオランダにとってはけっこうな代物だが、おきて破りの土着の諸侯は法で拘束し、取り締まることができたほうがいい。一八四〇年代になると、オランダはバリの王侯すべてがオランダ政府との条約に署名するよう図った。この条約の中身は主に貿易の原則をうたい、オランダによる独占を保証するものだったが、オランダ側はこれを統治権にかかわる条約といいくるめた。

条約調印はオランダ政府にとって生やさしい課題ではなかった。当時バリには八人の王がいたが、オランダとすれば、ジャワのマタラム王国との条約締結時の先例にならって、王のひとりがほかを代表して調印に応じてくれることが望ましかった。さいわいバリの諸王国には位の差があり、東方のクルンクン王国が首位を占めていた。バタヴィアの専門家諸氏のあいだではクルンクン王国の高い位が実際上何を意味するのかについて議論がくり返されたが、政府は条約の便宜上、クルンクンが「高位王および高位祭司」として他の王国に君臨しているということにした。これで、一世紀半にわたってジャワ島全土を手渡す署名をマタラム前王国の支配者がしたのと同じように、クルンクンもバリをオランダに明け渡したことになるはずだった。[35]

だが、条約に署名したクルンクンの王もバリの他の王たちも、それが主権の譲渡につながるとは思いもよらなかった。王たちはあとになって、強制力があるとオランダが主張するような契約に署名した覚えはないと申し立てた。オランダの書き手によればそんな否定は責任逃れの企てにすぎないということになるが、じつはよくよくみれば、条約そのものにもうさんくさいところがあった。どうもオランダ政府の代理人《エージェント》であったフスクス・コープマンが、結果を急ぐあまり、王お抱えのマレー人筆記者を買収したらしいのである。そこで、バリがオランダ東インド政府の所有下に入るという点について述べた肝心な箇所で、オランダ語版とマレー語版とでいい回しが異なる、二種類の条約ができあがったというわけだった。[36]

オランダは相手がなかなか手ごわいとみた。代理人たちはいっこうに目にみえる成果を上げなかったし、バリ側はやたら無理難題をふっかけた。その一例がサイの要求である。クルンクン国の高位王がある儀礼をとりおこなうため、生きたサイが必要になった。そこでオランダに黒馬を贈った。この馬は自分たちが乗り回しているような類《たぐい》のものだったが、これで公平な交換ができると考えたらしい。オランダは何ヵ月もかけて一頭のサイを手に入れ、さらに長いことかかってそれをスラバヤからクタの代理人のもとへ船で運んだ。そこからクルンクンへの運搬もたいへんだった。クタの地元民にとっては自分たちの王以外の王への贈り物など、どうでもよかったからだ。この大騒動の末かかった費用は、精確にはじき出された出費、八六九・二五ギルダーに加え、少なからぬ量の欲求不満だった。[37]こうした事情からオランダは、バリの支配者たちがわがまま勝手なアヘン中毒の暴君であるとの感をますます強めることになった。

繁栄の地と文化の中心

オランダにとっていっそう腹立たしいことに、バリでもっとも成功しているヨーロッパ人貿易業者は、デンマーク人の私商人だった。いわばバリの「ジム卿 Lord Jim」〔訳注 コンラッドの同名の小説の主人公。船員時代に難破し、乗客を見捨てた償いとしてマレー半島で献身的活動をおこなった〕、マッヅ・ランガ（一八〇六～五六）である。一八三九年に南バリに居を定めて以来、彼はこの地域で最大の成功を収めた資本家のひとりとなった。冒険と富を追い求めつつ、現地の事情にも精通していたランガは、一九世紀半ばのバリにはうってつけの人物だった。ラッフルズ流に経済至上主義を信奉してはいたが、ラッフルズとちがってランガの場合、それは政治情勢にたいするばか正直《ナイーヴ》な姿勢に転化した。丸顔の、物語の主人公にしてはとりたてて美男でもないランガは、知性の点でもおそらく鬼オラッフルズの足元にもおよばなかっただろう。彼は、東インドが領土拡張政策の〝最後のフロンティア〟ともいうべき存在だった時代に、私商人、もしくは当時の呼び方で〝地方商人《カントリートレーダー》〟といわれるものだった。

ランガは実際的な人間だったが、バリでひと財産築いたおかげで裕福な生活を営み、南バリの文化的生活や社交に関心を注いだ。クタにある、砦まがいの屋敷で玉突き台など近代的な備品に囲まれ、優雅に仕事をこなした。そこでヨーロッパ人の客やバリ人貴族らをもてなしたり、バリ人の高官のようないでたちでペットのダルメシアンを散歩に連れ出したりした。金もうけの種を鋭く嗅ぎつけると、よくわからぬままに大事件に首を突っ込んだりもしている。そして彼は、オランダによる最初のバリ征服の企ての立役者だった。ランガは以前、南シナ海でジャーディン・マセソン商会のために仕事をしたことがあった。それから米のよく穫れるロンボック島に移り成功したが、やがてイギリス人の競争相手、ジョージ・キングもろとも現地の政治抗争に巻き込まれた。一八三八年に、キングのついた側に有利な形で政治状況が収束すると、ランガはバリ島に逃れざるをえなかった。

ランガは東インドではどういうふうに仕事をすればいいかわかっていたが、同時に運とタイミングに恵まれてもいた。彼は南バリで貿易の仲介を手広くやっていた中国人と手を組んだ。とりわけ羽振りのよかった業者の娘を妻にしたほどだ。そしてこのデンマーク人はバドゥン王国の問題の多い王族のなかで、最大勢力となりつつあったクシマンの君主と同盟関係を結ぶ。ランガはクシマンに自分の命運を賭け、クシマンのほうは、その時点でシンガポール、香港その他と交易できるヨーロッパ人商人を抱えることを有利とみたのだった。王はランガを自分の〝家来〟にする。もっとも、のちにその働きを買い、宮廷の大臣に取り立てた。

ランガにとって有利だったのは、彼が絶好のタイミングでバリにやってきたことだった。ちょうどその頃、バリはジャワへの一次産品供給地として急成長しつつあった。中国貿易とのつながりを利用して、彼はバリの島内取引きの主通貨であった中国銅銭の供給を一手に引き受けた。さらに、海外貿易とバリの市場経済を結びつけることが大事と承知のうえで、バリ島内部の通商を牛耳っていた有力一族出身の女性たちと取引きした。[38]

最初の征服

ランガがこうして財を築いていた頃、オランダ東インド政府は計画を練っていた。ランガの本拠で仕事中の学者たちからバリ文化にかんする知識がもれ伝わってきたが、政府は興味を示さなかった。植民地法規と経済的利害をないがしろにする狂暴なバリ人どもに直接支配をおよぼすことが、もっぱらの関心事だったのである。

難破船問題こそはオランダが待ち望んでいた口実だった。当時のしきたりでは船が難破した場合、現地住民は積み荷ごと難船を海神バルーナからの賜物として自分のものにする権利があったが、オランダの条約はこの権利を否認していた。バリ人があいかわらずこの条約違反を続けていたことへの憂慮は、イギリスがバリの所有権を主張するのではないかという不安とないまぜになった。バリ人のパトロンと命運をともにするランガがそういう自覚をもっていたかどうかはあやしいが、オランダはランガを自分たちの代理人《エージェント》とみなしていた。

一八四六年、オランダ東インド政府は北部バリの国、ブレレンの王を相手に、難破船をめぐる権利問題の決着をつけるため、〝遠征〟なるものに乗り出した。オランダは、バリ人があきらかに国際法を犯している以上、勝利の公算は自分たちの側にあると自信満々だった。

蓋をあけてみると、オランダ側は面目を失い、バリの戦闘的イメージがますます強まる結果となった。ブレレンの主将、グスティ・クトゥット・ジュランティックがオランダにたいし猛烈な抗戦を敷いたからである。この時代にほんものの物語の英雄がいたとすれば、このジュランティックこそがその名にふさわしい。ブレレンが南部に領土を広げようとしていた時期に、この果敢で意志強固な戦士が率先して幾多の戦力を導いたおかげで、王は大いに助けられたのだった。しかしこうした攻撃的な資質は、最終的にはジュランティック本人、そして彼の仕える王とそのいとこであるカランガスム王を滅ぼすことになる。

オランダはジュランティックとなんとか折衝しようと、彼の気性をまず研究した。敵方の描写によると、ジュランティックの風貌は「堂々として、端正な卵型の顔に、整った、あまり広くない鼻を備えて」いた。気質は、「その顔つきから今にも屈するようにみえながら、じつは強固な意志と強靱な精神があらわになって」いた。それは彼の行動にはっきり裏付けられてもいた。「その目つきは抜け目がなく、挙動は闊達であった」[39]。

ジュランティックはクリスを手に交渉するのみ、といい放ったので、オランダはバリに最初の攻撃をしかけた。まずブレレンの王宮を爆撃したが、これがかえってジュランティックの抵抗心をあおり、また王の臣下の、オランダにたいする態度を硬化させることにつながったのだろう、グスティ・ジュランティックはバリの伝統的戦闘の基礎から戦法を編み出した。どの戦いの場面でも、まず、ライフル銃で最大の武装をした軍隊の先頭に立ってアムック状態になる突撃部隊が送り込まれた。この部隊が狂気的攻撃を終了すると、槍部隊が大軍団を率いて出る。このような軍隊構成は古代ジャワの軍事的伝統にまでさかのぼるものだった。敵軍が最初の攻撃でやられてしまわない場合は、両軍が血みどろの至近戦をくり広げることになった。ジュランティックは難攻不落の要塞を北部バリの山のふもとに築き、自軍の突撃部隊を援護した。かくして、彼の率いる軍隊は大胆不敵であった。

オランダも舌を巻かざるをえなかったグスティ・ジュランティックの戦略は功を奏し、オランダ軍はランガが交渉を助けた協定だけを手土産に、すごすごと引き上げた。だがブレレンの王と同盟国とはその後もことごとくこの協定を無視したので、同じような戦闘が一八四八年に再度起こった。が、オランダはまたも敗北を喫した。一八四九年、オランダは全勢力を結集し、名誉挽回を期してバリに立ち向かった。

この三度目の闘いで、グスティ・ジュランティックと彼の率いる軍隊は、北部バリの首都の東にあるジャガラガに立てこもった。オランダが攻撃を開始したとたん、隣国バンリの王も自国の領土を北方へ拡張する絶好の機会とにらんで、ブレレンにたいし戦線を張った。このとき、二〇人もの土着の戦士がオランダ側からジュランティックのもとに寝返りもした[40]。が、オランダはなんとか弱点をつかみ、バリの防御陣を東の王国カランガスムまで追いやるに至った。この戦闘の勝敗を分ける要因となったのは、もう一方の敵、ロンボックのバリ人王が抱いていた、カランガスムを自国に併合しバリの首位に立つクルンクン王国の地位を奪おうとの野心だった。オランダにとっての主要な敵であったグスティ・ジュランティック、ブレレンの王、そしてカランガスムの王はみな、ロンボック軍に討ちとられた。彼らは最後に寺院に立てこもり、そして果敢にもみずからの死に向かって行進したのだった。

しかし、これで戦いが終結したわけではなかった。バリで最高位を誇る王国、クルンクンがしぶとく抵抗したのだ。カランガスムの同盟国であるクルンクンは、バリ全島を掌握しようとするロンボックの要求には断固として抗《あらが》った。クルンクンの君主たちはオランダを退けるというより、ロンボックの侵攻をくい止めるために態度を決めねばならないと一八四九年の時点で覚悟したのだった。ロンボック勢は大攻勢をかけるに足る強固な拠点を東バリにもたなかったため、カランガスムを支配下に入れるだけで満足せざるをえなかった。またオランダがクルンクンの沿岸にあらたな前線を展開したときには、その遠征隊を指揮していた将軍が夜討ちにあって戦死した。この将軍はオランダのスマトラ征服の際に活躍した人だったので、オランダ側の士気にいっそうの打撃を与えた。

この時点で、クシマンを含むバリのほかの王侯がクルンクンで一堂に会し、三万三〇〇〇人からなるバリ人の軍団を結成した。オランダはクルンクンの王の権力を剥ぎとろうとする微妙な政治抗争が進行中だということがわからないまま、軍事力に任せて泥沼に入り込んでしまったのである。マッヅ・ランガが自分の利害を守るため平和協定を結ぶ交渉に乗り出さなければ、結束したバリ軍の向かい討ちにあい、オランダはまたもや手痛い敗北をこうむるところだった。オランダはこの平和協定をクルンクン側の敗北とみなし、バリはオランダの敗北と解釈した。そして両者とも面子《めんつ》を保ち、戦いに終止符を打ったことで満足していた。三つの戦争に関与したオランダ人による報告書や書物では、グスティ・ジュランティックの狡猾さと残忍性が非常に強調されている。もっともこのジュランティックは、バリ人の戦争譚《たん》では英雄扱いだった。バリに戦勝をもたらした要因はいうまでもなく彼らのアムックであり、バリの民衆は「王への深い畏敬と隷属」の念からオランダと戦ったものとされた。[41] これらの戦争とそれにともなってオランダが強いたバリとの貿易禁止令のために、一八三〇年代のバリの繁栄は終わりを告げた。そこでマッヅ・ランガの貿易帝国も同じ運命をたどった。[42]

宣教師と行政官

一八四九年以後、オランダはできれば当分のあいだ、バリとはかかわりたくないところだった。戦争の余波として、オランダはバリの山脈の北部一帯に相当する前ブレレン王国に加え、その従国で人口の少ない西部のジュンブラナを支配下に置いた。当初オランダは、バリ島の中部山岳地帯を治めるバンリの王に征服地を任せていた。

だが一八五一年、ランガや他の情報提供者の助言により、オランダは一七世紀に名を馳せたブレレンの君主、パンジ・サクティの末裔を登用し、バンリに代わってこの領土の運営にあたらせることにした。ところが、ランガがおそらく毒を盛られて南バリで没する二年前の一八五六年には、オランダが北部バリの領土の直接支配に乗り出さざるをえなくなった。オランダの代行統治を務めることになったブレレンの王がオランダに〝反逆〟し、領民を抑圧しているというのがオランダ側の主張であった。そこでその年に、バリ最初の官僚にして最初のオランダ人行政官、P・L・ファン・ブルーメン・ヴァーンデルスが到着し、ブレレンとジュンブラナをオランダ領東インドに組み入れる任務を負うことになった。彼はほんものの公務員ともいうべき新世代の一員で、私腹を肥やすことに汲々とするより、政府への献身を重んじた。彼の指揮下で、バリは合理的な（すなわちオランダ流の）やり方で運営されることになり、奴隷制や寡婦殉死などといった〝蛮習〟はもはや許されなかった。このファン・ブルーメン・ヴァーンデルスは、北バリの運営にあたっては凡庸な方策をとった。彼のように想像力の欠如した人間にとって、自文化とまったく異なる文化にしたがって動いている国を相手にするのは生やさしいことではなかった。

バリを治めるにはその社会のしくみを知る必要があるが、初めのうちファン・ブルーメン・ヴァァーンデルスは何がどうなっているのかほとんどわかっていなかった。バリ島北部・西部の支配は名ばかりのもので、オランダによる統治は首都シンガラジャの境界の外へはほとんどおよばなかった。意気消沈したファン・ブルーメン・ヴァーンデルスは次のように記している。「ブレレンには秩序正しい行政などといったものは影も形も見当たらない……住民たちはしたい放題で、政府の打ち立てる原理原則などおかまいなしの状況を生み出している」[43]。たしかにブレレンは無法状態で混乱のきわみにあったが、それは植民地為政への移行過程の一部であり、やがて二〇世紀に起こるバリ社会の大異変を予見させるものでもあった。

ファン・ブルーメン・ヴァーンデルスは予想以上の困難に直面し、北バリの統治方法を改革する試みのほとんどで挫折を味わった。当時の帝国主義者らしく、彼の自説は、アジアの国家は〝原住民〟自身よりヨーロッパ人の手で運営したほうがずっとうまくいくというものだった[44]。だが現実には、バリ人で彼に協力する気のある者はほとんどなく、協力者がいたところで、彼の意図を理解していたとはいえなかった。

バリ人はオランダ統治に抵抗し続けた。一八五八年と一八六八年には、さらに二度にわたって遠征隊が北バリに派遣され、地区長官《プンガワ》だったイ・ニョマン・グンポルとイダ・マデ・ライによる反乱を収めなければならなかった。これらの反乱は、オランダが現地人行政官を軽んじたことにたいする直截な反応である。バリの統治のしくみの詳細についてファン・ブルーメン・ヴァーンデルスがもち合わせていた知識は、お世辞にも完全とはいえなかった。

しかし、ファン・ブルーメン・ヴァーンデルスもいくつかの点では改革に成功している。彼はヨーロッパのバリ・イメージ生成の中心にあった奴隷制と寡婦殉死を禁止した。奴隷制については、所有者は奴隷を〝解放〟するよう命じられ（バリ島外への奴隷の輸出は少し前から止まっていた）、補償金をオランダ東インド政府から受けとった。多くの場合、解放された奴隷たちにはゆくあてもなかった。大昔に郷里から引き離されたうえ、長年主人に依存する身のうえだったからである。そうはいっても、オランダはこれを進歩的な措置と受けとめ、約束された自由によって南バリの〝専制的な〟王国からバリ人たちを誘い出せるのではとの読みもあった。後世の記述では、慈悲深いオランダの統治下にあるバリと、専横的で無秩序な独立諸王国がつねに対比されている。

さて、バリに住んだ最初のオランダ人、ファン・ブルーメン・ヴァーンデルスは、この島にかんする知識を高めるのに大きな貢献をした。自分が島をみて回った見聞記に始まって、バリの歴史、法律、慣習などをくわしく扱った記述をいくつも残している。

同じ頃に、バリで最初の宣教師、ルトヘル・ファン・エックも仕事に着手した。ファン・エックは同僚や後継者からはあまり好かれていなかったらしい。彼らは、ファン・エックの学問的業績やエックが〝マレー語くずれ〟を話すバリ人と親しく交わっていた様子をわざわざけなしているからだ。[45] 何しろ彼は熱狂的な伝道組織の一員だったにもかかわらず、改宗者をたったひとりしか出せなかったのだ。しかも改宗したその男は、のちにファン・エックの後継者を殺害し、そのあおりでバリ島での一切の宣教活動が五〇年にわたって禁止される事態を招いたのだった。ただ少なくとも、ファン・エックはバリの歴史、社会、言語、文学についての知識に多大な貢献をした。彼の書き物は、バリの王侯が個人的に虫の好かない、悪しき統治者で、とりわけ平民男女にとってはオランダ支配のほうが得るものが多い、との見解を言外に支持することが多かった。

倫理的侵攻

一九世紀末の時点では、植民地地図はまだ穴だらけだった。バリ南部ばかりでなく、そのほかのインドネシア諸島の広大な内陸部が、帝国主義的思考からすればいまだ手つかずで尋常でない状態にあった。わけてもロンボックは、帝国版図上でオランダが塗りつぶしたいと考えた最初の標的のひとつだった。東南アジアでも有数の米の産地であるこの島の肥沃な水田に、長年目をつけていたのだ。さらに鉱物資源に富んでいる可能性が高いとの報告が、オランダの熱意をいっそうかき立てた。密輸問題と、ムスリムのサザック人がバリ人統治者たちに反逆ののろしを上げたことがオランダに軍事介入の口実を与えた。一八九四年のことである。[47]

ブレレンのときと同様、血みどろの戦いとアムック状態とが再度くり広げられた。ロンボックの支配者たちは大軍隊を擁し、降参する意志などまったくなかった。だが、今回はオランダの軍事技術のほうが勝っていたうえ、オランダ軍は北スマトラ、アチェで長引いたゲリラ戦をついに勝ちとって、そこから多くを学んだあとだった。オランダ領東インドの歴史では、ほとんどの場合イスラームはオランダの大敵であり、とりわけ先のアチェではそうだった。ところがロンボック戦争のいくつもの皮肉なめぐり合わせのひとつは、オランダがムスリムの援護を買って出たことだ。アチェ戦争で学んだ教訓のひとつとは、分割し、征服せよというものだった。敵方にくさびを打ち込んで、打ち負かすというわけである。そのためにムスリムのササック人をうまく使い、さらにカランガスムの統治者、グスティ・グデ・ジュランティックまでも味方につけた。

ロンボックの王侯にたいし、近親相姦と圧政を告発する形で始まったこの征服戦争は、〈ププタン〉により終わった。〈ププタン〉とは、皇太子《クラウン・プリンス》が命を賭けた闘いである。皇太子とその一族とが白装束に身をつつみ、まっしぐらに行進してオランダに討ちとられたのだった。これは王国の〝終焉〟を告げる古来のしきたりで、〈ププタン〉という言葉はまさしく〝終わること〟を意味した。〈ププタン〉によって他の王侯に自国の終末を知らしめるのだが、同時にこれは、戦《いくさ》で逝った魂を解放する手立てでもあった。つまり、バリ人にとっては栄光のうちに死を迎えることが大切だったのだ。だから〈ププタン〉に加わった家臣たちの役目は、主人が即死を遂げなかった場合、クリスで介錯をおこなうことだった。オランダ人は〈ププタン〉について、一九世紀前半の戦争記録から多少の知識があった。一八四九年の戦争時のある記述によれば、それは「世界にまたとない、この国独特のもので、アモックの別形態」とされていた。[48] この〈ププタン〉は、その後一五年間にわたってオランダの思考にのしかかることになる。

一八九四年のロンボック征服に続いて、オランダは軍事的にも外交的にも一気にバリになだれ込んできた。一八九五年になって、カランガスムの王がロンボックなしでは主要な収入源も権力の源も失われたようなものと悟り、自国の統治権をオランダに譲渡した。その代償として、彼はオランダによる間接統治下で現地人首長《レヘント》として残ることを許された。バリ南部を回って〝好意的な〟王侯と交渉をもつようにと送られたオランダ人の代理人《エージェント》は、シュワルツという地区行政官だった。彼は現地の為政者の宮殿の様子や行政についてくわしい報告を送った。それはあきらかにオランダが新行政を敷くのに役立てることを意図した報告だった。[49] バリの中央部に位置する王国ギアニャールも、一九〇〇年にカランガスムの先例にならった。その存続はすでに危うく、ギアニャールの王にとって国を守る方法はただひとつ、周辺で最強の勢力、オランダに味方することだったからだ。そこでシュワルツは、ギアニャールのラジャのもとにいささかおちつかない居を構えた。

次の段階はそれほど容易ではなかった。カランガスムやギアニャールとはちがい、ほかのバリ諸王国が粘りをみせたからである。ことにクルンクンは、オランダと一切のかかわりをもつことを拒否し、王はオランダ使節との謁見にさえ応じようとしなかった。一九〇六年に、オランダは南バリでの難破船をめぐる案件を蒸し返した。ある華人商人が、バドゥン王国のサヌール海岸沖で難破した自分の商船『スリ・クマラ』の船荷の償還を要求したのである。この要求にたいして王がいかなる責任も認めなかったことが、オランダに絶好の口実を与える結果になった。そしてオランダは、またしても法にそむいた専制君主の征伐に乗り出したのだった。

バドゥンの王とその盟友で隣国でもあるタバナンの王がオランダに抵抗したことで、必然的に同年九月の軍事遠征を迎えることになった。オランダ軍はサヌールの海岸にやすやすと上陸し、そこからまずクシマンに向かって進んだ。だがクシマンの王はすでに反逆者の手で暗殺されていた。そこでオランダ軍は、バドゥンの首都デンパサールに歩を進めた。

九月三〇日の朝、王とその一族、そして何千もの武装した家来たちが全員白装束に身をつつみ、戦いで命を散らす覚悟を決めて、オランダ軍めがけ行進していった。臣下を率いる貴族戦士たちは次々にアムック状態になり、身体が銃弾をはね返すとでもいうように行進を続ける。オランダ軍は「槍やクリスなどの武器を手にしたり、子を胸に抱いたりしながら軍に向かって行進し、死を求める女たち」に向かって発砲した。オランダ側にも、この〈ププタン〉を締めくくるのは死をもってほかにないということがわかった。降伏はあり得なかった。「相手側の武装を解こうとすると、当方の死傷が増えるばかりだった。生存者には武器を棄てて降伏するよう呼びかけたが、無駄であった」[50]。王、一族郎党、従者の面々は、自刃したり、接近してきたオランダ軍を手当たりしだいに殺しながら、まっしぐらに突き進んでいった。のちにオランダは死亡人数を隠蔽しようとした。だが、オランダ側の被害がかなり軽かったのに比べ、バリ人の死者はゆうに千人を超えた[51]。

これでオランダは、まだ独立を保っているクルンクンとバンリも観念するだろうと考えたが、クルンクンは王の尊厳のしるしに、誇り高い抵抗をみせた。一九〇八年に、バドゥンでの場面がそっくり再現された。ただしこのときは、町の砲撃に始まりしかもフライングで開始されたため、死への行進がいよいよ実行されたときには、犠牲者は三人を残して王の男性近親者全員を含む三〇〇人だけだった。バンリのラジャは一族の者たちをクルンクンの支援に送っていたが、彼は賢明にも無条件降伏した。

一九〇六年と一九〇八年に起こった虐殺、二件の〈ププタン〉は、植民地侵攻をもっともらしく正当化しようとしたオランダの面目をつぶし、国際的にまずい立場に置くことになった。まさかバリ人が、オランダ支配に服従する代わりにあんな自殺行為に出るとは思わなかったとオランダ側は弁明したが、〈ププタン〉という習わしがすでに文献に詳述されていたことを思えば、これはおかしないいわけだった。

〈ププタン〉は、それまでバリのイメージをいろどってきたさまざまなモティーフ、つまり古代の栄華、猛々しいアムックに象徴されるような戦いへの盲目的献身、そして女性を供儀に捧げること、といったものすべてをひとつの劇的な終末のなかに収めた。なぜなら、いろいろな意味で〈ププタン〉とは、王の死に際して寡婦を殉死させる行為の拡大版ともいえるものだったからだ。こうして野蛮なバリは、野蛮な終わり方をしたというわけだった。

だからこれこそは自由なバリの最期を告げる偉大なしるしであり、一九〇八年の全面的な植民地支配への移行を刻印する死の行為だった。これに直面してオランダはなんとか事態の収拾に努めようとするばかりだった。やがて彼らはこの島の文化を保護するという名目で、徐々に〝博物館バリ〟の構想を暖めてゆく。その後の数十年間に、保護政策はさらに形を変え、ヨーロッパ勢力によるあらたなバリ支配、すなわち観光を生み出した。

一九〇八年に至るまでのバリのイメージの歴史は、植民地主義の名の下に集積したさまざまな思考の歴史だ。一九世紀に入るまではバリにたいする一貫した、一枚岩の姿勢などなかった。バリをめぐる知見は、イスラームへの敵意、奴隷貿易の経済的必要性などといった、ほかの関心事にともなう副産物としてできてくる程度でしかなかった。一九世紀に帝国主義が発展し、政策や行動に具現化するようになると、バリ島を征服するためにそれ以前のバリ観がバリ人を非難する手立てとして用いられた。同時にバリ・イメージのあらたな局面も出てくる。ラッフルズとその取り巻きはバリを科学的に知ろうとするなかで、帝国主義侵攻を進めるとともに肯定的なバリ観をあと押しする役割も果たした。ある意味で、学術知識は植民地主義の付随品ともいえた。ある土地を手に入れ支配するには、その土地についてくわしく知る必要があったからだ。だがバリについて学者がみつけ出したことのすべてが植民地政府の政策決定に役立ったわけではない。学者たちはただバリ文化を文化として尊重し、あがめもしたのだ。二〇世紀の前半には、こうした植民地体制下でのイメージ生成の肯定的側面が、バリを野蛮とみなす考え方を全面否定するようになった。

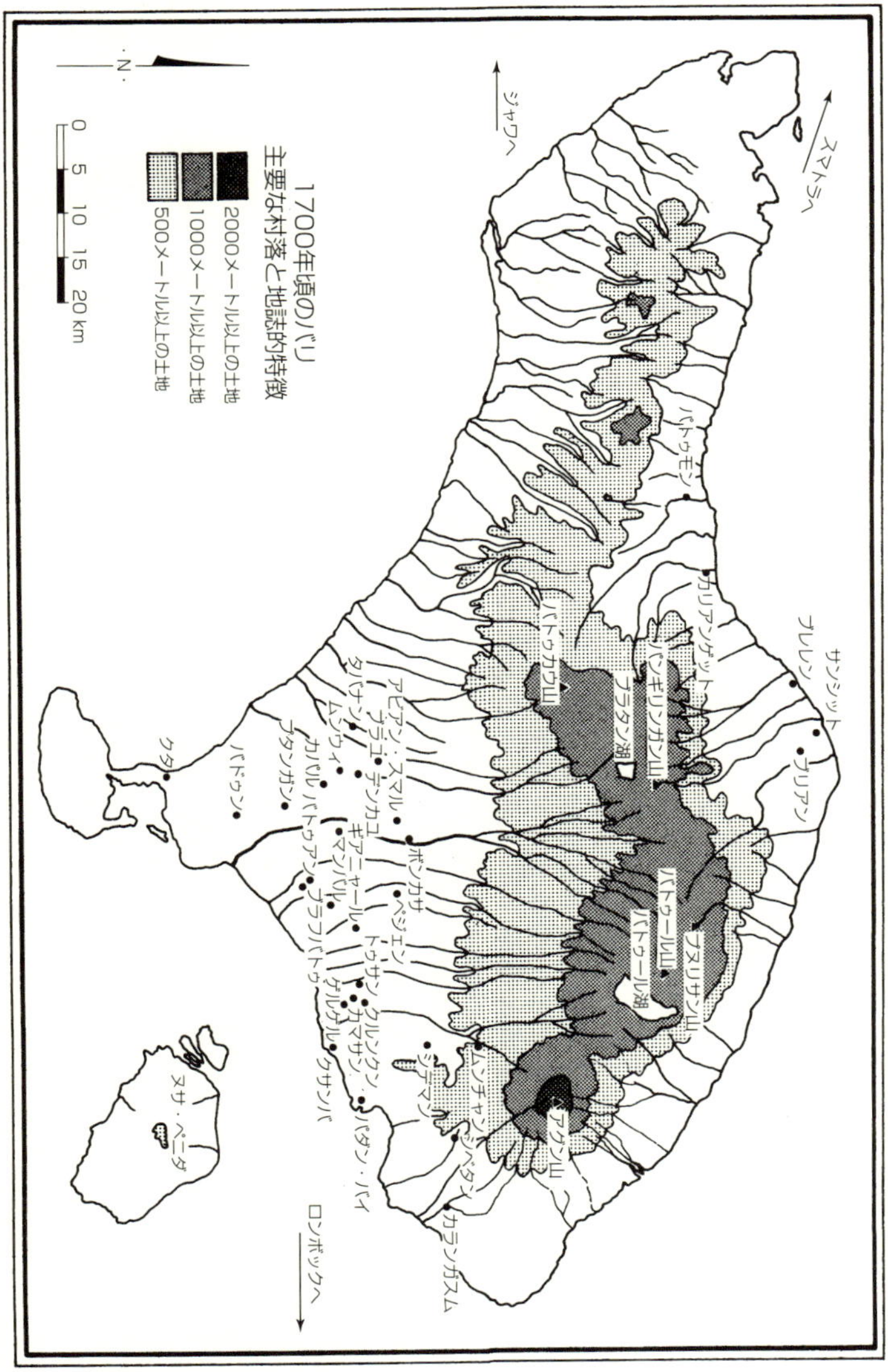
1700年頃のバリ
主要な村落と地誌的特徴
2000メートル以上の土地
1000メートル以上の土地
500メートル以上の土地
0 5 10 15 20 km
N
ジャワへ
スマトラへ
ロンボックへ
パトゥモン
カリアンゲット
ブレレン
サンシット
ブリアン
パンギリンガン山
ブラタン湖
バトゥカウ山
バトゥール
バトゥール山
バトゥール湖
ブスリサン山
アグン山
ムンチャン
シデマン
パダン・バイ
カランガスム
クサンバ
ゲルゲル
クルンクン
カマサン
トゥサン
ペジェン
ボンカサ
キアニャール
マンバル
ブラバトゥ
パトゥアン
カパル
ブタンガン
パドゥン
クタ
ムンウィ
タバナン
アビアン・スマル
ブラユ
デンカユ
ヌサ・ペニダ

第2章 バリ人のバリ・イメージ――黄金時代から征服まで

バリは野蛮だというヨーロッパ人のイメージからは、バリ人自身が自分の社会にどんなイメージを抱いていたか知る由もない。ヨーロッパ人の主張する優越性は、こちらの見解こそが唯一無二だという発想のうえに成り立つ。この前提に立って、歴史家は何代にもわたり、いわゆる〝第三世界〟の歴史を著してきたのだ。[1] バリ人の描く自画像はバリの文化と社会をまとめ上げているものの一部だったが、ヨーロッパ人によるイメージとは異なっており、じつは、当のヨーロッパ人が必ずしもそれと意識しない形でヨーロッパのバリ観にも影響をおよぼしていた。

バリで強大な王権が黄金期を迎えていた一六世紀からヨーロッパ勢力がバリの諸王国を打ち負かした一九世紀までのあいだに、バリ人がとくにこだわった四種類の関心事が浮上したが、ヨーロッパ人の観察者が目にしたのはそのうちの一部にすぎない。神聖王権、戦記、祖先への崇拝、そして平民の暮らしぶりがそれだ。この四点はおのおの異なった時期に、特定の政治的、経済的、文化的状況の下で浮かび上がってきた。初期のヨーロッパ人たちは王権という概念を認め、自分たちの宗教に照らしてそれを解釈してみせた。宮廷の戦争観については一部野蛮なバリをめぐる見解に組み入れたものの、バリ人にとってバリの文化アイデンティティがもつ重みを理解するところまではいかなかった。

バリの文化史は過去二〇〇〇年までさかのぼるが、そのうち近代のバリ文化と文化制度が発展するのにきわめて重要だった時代は過去四〇〇年間に相当する。この間に、宗教が国家と社会を律するという東南アジアに広くみられる発想が、バリ文化固有のこだわりへと変貌を遂げた。

文化とは、何世代にもわたってつちかった習慣の積み重ねである。だがそれだけではなく、おのおのが過去から引き継いだこだわりに則して自己をみつめ、暮らしを営むやり方を指してもいる。バリ芸術のなかでももっとも知名度の高いフォルムである演劇や文学は、バリの歴史のなかで、時代ごとの最重要課題を表明していた。このような文化表現を通じてわれわれも時代をさかのぼり、過去の人々の経験をいくらかでも理解することができるのだ。したがって以下の考察では、主流となるイメージが生活に入り込んでいく過程に注目しながら、バリ史における各時代ごとの重大事を述べることにしよう。ある時代の政治社会組織にとってもっとも重要だった特定のイメージやイメージ群が、ただかき消えてしまうことはない。次の時代になればそれにあらたなイメージが重ねられる。だから各世代はそれぞれまえと同じ文化を継承しているような気になり、それと同時にその文化を作り変えてもいることになる。

先に述べた四つの文化的こだわりは、どれも文化集団としてのバリ人の自己イメージにまつわる側面である。王侯や祭司やその他の権力者たちに共通する関心事だったことから、こうしたこだわりは事実上ありとあらゆるバリ人の生活の諸相を圧倒するようになり、それにまつわるイメージを少しでも知らない者はなかった。凝りに凝った叙事詩の朗詠やみごとな絵画、影絵芝居の人形《ワヤン》の揺らめく影や目をみはる舞踊劇などを通じて、イメージはいつもいつも眼前にくり広げられていたからだ。王侯貴族はこうした文学や絵画の後ろ盾《パトロン》であり、王も祭司も平民も、こぞって文を書いたり、絵を描いたり、劇を演じたりした。そういう彼らが身をもって示していたのは、芸術がバリ文化かくあるべしという仮定の一部であること、つまり誰もが当然と受けとめていた思想だった。

一六世紀にはバリはまだ単一の帝国で、ジャワから渡ってきた豊かな象徴主義《シンボリズム》と、さらにはインド伝来のヒンドゥー教と仏教に早くも触れていた。その当時バリ人の自画像を特徴づけていたもののひとつに「世界支配王」という観念がある。この王は敵を倒すため折々天界の王宮をあとにし、勝利を収めるとまた美しい王妃のもとに帰還する。この二人の契りはバリを治める国に秩序を授ける神秘的結合である。恩寵がきちんと分け与えられるようにするために、王は首相と宮廷付きブラーマン祭司に命じ、この地上の国家運営と森羅万象の神聖な秩序とのあいだに調和が保たれるようにした。この種の王権観の背後にあるのは、宇宙と王国はひとつであり、王や祭司らは世俗世界をきちんと治める義務があるという考え方だ。地上世界が神聖世界と不一致を起こすことがないように、彼らは王宮を建設し、祭礼をとりおこない、そして芸術活動を後援しなければならない。

一六世紀から一九世紀にかけてのバリの歴史は、王国の林立の歴史だった。どの国もみなひとつの源——世界君主の唯一無二の王国から伸張し、象徴的な古い層に新しい層を付け足していった。バリは隣り合う島々にまで勢力を延ばしていた単独の王国から、せめぎ合いを続ける九つの異なる王国の体制へと様変わりした。数世紀のあいだに王国の数が増えるにつれ、芸術も進化した。祭礼の施行を通じて与えられる王侯の守護は、社会全体がその芸術のイメージを共有し、そのイメージが社会とアイデンティティについての基本的前提として当然のものとみなされるようにした。

バリ文化のきわだった特徴は、過去四〇〇年にわたって途方もなく多様な文化や儀礼の営みが発達してきたことである。そのおかげでバリ文化には目もくらむばかりにさまざまなイメージや観念がせいぞろいすることになった。王国が一国だった頃のバリは人口密度が高く、水稲耕作の比較的高度な潅漑システムによってその人口を養っていた。だがバリ社会が変わってゆくにつれ、単一王国の時代に生まれたイメージでは、数が増えた諸王国の文化的要求をすっかり満たすことはできなくなった。どの新興王国も、元来世界君主が占めていた地理的・象徴的空間に少しでも食い込もうとたがいにしのぎをけずる関係にあった。そういう野心に駆られて、個々の王国はみずからのアイデンティティをはっきり誇示できるような独自の芸術形態を追求することにますます余念がなかった。ヨーロッパのメディチ家やブルボン王家のように、為政者の強力な後援が文化のダイナミズムをいっそうかき立てた。

古来の伝統に依拠することで、バリ人はこれらの変化と、生活をつかさどっている古くからのしきたりとのあいだにうまく折り合いをつけることができた。一六〇〇年代、一七〇〇年代の移ろいゆく状況のなかで、どうして複数の王が身近に居並ぶことができるのか、またどうしてどこからともなく王が台頭してこられるのか、といったことを説明するには、これまでにないイメージが必要だった。この時代のイメージは、成り上がり者の諸侯を成功途上にある美男で果敢な王子に読み替えることで、新国家を築くのに必要な戦乱と色じかけの征服劇をロマンティックに脚色したのだった。そして一八世紀の末までにはあらたな秩序が生まれた。諸王国の興亡もやや間遠になり、バリは九つの王国からなるという一定の状態におちついた。九つの王家の成員たちは一族内部の謀りごとにときを費やしていた。

諸王国が揺るぎないものになると、各王家はおのれの起源に関心を移し、バリのほかの王家との関係のなかでみずからを位置づけようと試みた。それと同時に、王国内の権力は台頭しつつあった平民の一族とも分け合わなければならなくなった。そこで一般庶民の日々の暮らし、つまり平民がどのように儀礼を施行しているか、どうやって宗教的啓示を受けられるか、また妖力の被害を受けやすいかどうか、といった点にもあらたな関心がおよんだ。このあらたな関心は庶民がいかに社会秩序にあてはまるか、そして彼らが国家と社会においてどんな役割を担っているか、あるいは担うべきであるかを考える試みの一部でもあった。

世界君主――一五〇〇年～一六五一年

近代のバリ政府、カースト、そして宗教は密接につながり、いずれもバリ史のひとつの頂点――バトゥレンゴン王が偉大なる祭司ニラルタとともに君臨したゲルゲル朝の黄金期――へとさかのぼる。この黄金期以来、バリのすべての王は儀礼をとりおこなう際に聖水を用意する王宮付きの祭司を必要とするようになった。王は儀礼の施行を組織し、そのために必要な人員と財を提供する。平民は基本的な労働力を提供し、祭司はこれまで学び保存してきた数々の聖典の定めにしたがって儀礼を施行するのだった。

一六世紀にはゲルゲル朝のダラム・バトゥレンゴンが東ジャワのブラムバンガンとパスルアンから東インドネシアのロンボック島、スンバワ島にかけて広がる単独のバリ国家を統《す》べる王だった。バトゥレンゴンの治世は王権の雄大な幻想の核心に横たわり、後世の支配者たちは誰もが統治の模範として仰いだ。

おそらくこの黄金時代も、またバトゥレンゴンその人さえも、歴史上の事実というよりはのちの世に描き出されたイメージといったほうがふさわしいかもしれない。だがそんなことはバリの文化的想像にたいしこの時代が遺したもの、すなわち堅固な、中央の世界君主制、古代ジャワはかくもあろうかと思われるような社会秩序システムの確立、そしてブラーマン祭司職を頂点にすえた四段階のカースト・イデオロギーにとってはどうでもいいのだ。古代ジャワをめぐる観念は続く二世紀のあいだに多くの変化にさらされるが、バリ人の自文化解釈にとっては重要な存在であり続けた。バリ人は依然として過去にあったジャワの偉大なヒンドゥー帝国にたいする文化上の負債を認めており、自分の社会もそれらの帝国に範をとり、その名の栄光にあずかろうとしていた。カーストもバリの社会組織の主要な関心事であり続け、大枠は変わらなくても、その中身は新しい状況に応じてどんどん変わっていった。

一六世紀と一七世紀初頭はインドネシア多島海のいたる場所に偉大な王が輩出した時代である。一五世紀の終わりにはマレー半島の港市、マラカ（マラッカ）が世界中でもっともすばらしい都市のひとつに数えられていた。一五一一年にポルトガルがこのマラカを接収してから翌一〇年のあいだに、ジャワの傑出したヒンドゥー・仏教王国マジャパイトは凋落の途をたどり始めた。ポルトガル人、スペイン人、そしてのちのオランダ人、イギリス人らは多数うごめく地元勢力に比べれば脆弱な競争相手にすぎなかったので、マジャパイトの衰えはこの地域のさかんな通商域内で他の東南アジア勢の興隆をもたらした。たとえばバトゥレンゴンの帝国は、当時の多島海にあったほかの大国、スラバヤのイスラーム諸王国やジャワのマタラム、スラウェシのマカッサルなどと境界を接していた。

一七世紀後半になると、オランダ東インド会社がジャワ島の大部分のほかに、貿易航路や生産元、また主要な港の多くにも強固な支配を打ち立てた。これが東南アジアの諸大国にとっては終焉の始まりをやや引き伸ばすことになった。逆説的ではあるが、この時点までをとってみれば、ヨーロッパ勢力からの刺激で東南アジアの権力均衡状態が崩れたことが、バトゥレンゴンのような土着の君主に強力で攻撃的な国家を建設する可能性を開いたことになる。

ダラム・バトゥレンゴンは自分が世界君主制を顕示する存在だと考えていた。芸術や文学のなかで描かれる世界君主は、情に厚く賢明な人物で、武力に秀でており、相手がほかの王であろうと恐ろしい魔物であろうと、あらゆる敵をなぎ倒す能力を発揮する。勝ち誇る世界君主はヒンドゥー神の化身もしくはその息子であり、そのため、ときには神々でさえできないようなことをやってのけた。ほかの王や臣下らは敬愛の気もちから世界君主に貢ぎ物を捧げに集まり、その見目うるわしく聡明で、いつくしみ深い資質に感化されるのだった。そうでない場合には、戦場で王のあまりの強さに畏怖で打ちのめされることになる。

世界君主の住まいは王国の中心にある輝かしい王宮であり、その王宮は象徴的な形で全世界を内につつみ込む。このシンボリズムによって、小王国の君主も全世界を内包する統治者と自身をみなすことができたのだった。ゲルゲルの都は国の重臣がみな住まう、王国の豊かなる中心だった。町の中央に位置する王の宮殿は四方に壁をめぐらせた広大な一画で、壮麗な建築物と無数に分かれた中庭からなる。考古学的遺跡はまだ発掘されていないが、ゲルゲルの王宮がどのようなものであったかは、のちにそれを見本としてバリに建てられたらしい宮殿からおよそ見当がつく。もし他の宮殿が伝聞どおりほんとうにゲルゲル王宮をやや小ぶりに再現したものだったとすれば、ゲルゲルの王宮そのものは全長二五〇メートル、幅二〇〇メートルを超える大きさだったことになる。赤レンガ造りの内壁は四メートル前後の高さで、美しい中国磁器の皿が埋め込まれ、周辺のありとあらゆるものより高くそびえ立っていたはずだ。主要な入り口にはいくつもの巨大な門がピラミッドのような形をして壁を超える高さで立っている。これらの門は三界、つまり天と地と地獄を表わす数々のシンボルのうち最初のものだった。大門のすぐ外には、王が観客を集めて演劇を上演する公共広場がある。門の内側には中庭が次々に広がっていた。このうち入り口にもっとも近い庭は王の飼っている動物用で、家畜のブタから馬や鹿にいたるまであらゆる獣がいたものと思われる。そこにほど近いいくつかの中庭は王家の奴隷や妾たちが寝起きする一遇となっており、彼らのつつましい小屋がバリ人一般の住居を思わせた。さらに奥へいくと、池に囲まれた小高い東屋《あずまや》のある、緑したたる庭の向こうに王族の住まう一画があった。やはり磁器で飾り立てた、堂々たるレンガ造りの建物がまんなかにあり、その回りをあらゆる彫像がぐるりととり囲む。建物の扉は主だった門の扉と同じく美しい木彫りがほどこされ、金で覆われていた。古《いにしえ》の叙事詩〈ラーマーヤナ〉に出てくる英雄的な王、ラーマの宮殿のごとく、ゲルゲル王宮の装飾はその富と美のイメージの一部であり、「天界の劣った美しさに笑いかける真っ白な歯のような」至宝でもあった。[2]

王宮の住人で王に次ぐ重要人物は第一夫人で、その重みは権勢を誇る首相をもしのぐほどだった。この王妃は副次的な、または位の劣る数々の妻たちのなかから熟慮の末選ばれた人である。バリの王侯はおおぜいの妻を娶らなければならなかった。それは王朝の存続のため少なくともひとりは男の世継ぎが得られるようにすることと、王の力が王国全土におよぶことを示すためだった。宮廷に連れてこられる女は貴族階級の出身ばかりでなく、社会の全階層の重要人物の姉妹や娘たちも含まれていたからだ。ときには一夫多妻《ポリガミー》がいきすぎて、南バリのある王などは八〇〇人もの妻を抱えたほどだという。王妃に選ばれるのは王家の血筋を引き、自分自身の権勢、富と影響力を宮廷にもち込み、王とその国の有力な一族とのあいだに特別な絆を結べるような女性だった。

第一夫人に備わった教養と美徳は芸術や文学で示される女らしさのイメージにぴったりマッチした。そこでの理想像は〈ラーマーヤナ〉物語に登場するラーマの美しく貞淑な妻、シータである。ラーマとシータは完全無欠のカップルで、二人の性的契りは王国全土に豊穣と吉祥と繁栄をもたらす神秘の儀だった。この二人はけっして分かつことのできない一対でもあった。王妃なくしては王も国をつかさどることができない。

王妃はシータのように夫への忠誠心からいつなんどきでも自分を犠牲にする覚悟がなければならなかった。魔王ラワナのもとから連れ戻されたとき、シータは自分がラーマに忠実であったことの証を立てるため火中に身を投じる。この行為におよんだときには「彼女の胸に期待が燃えあがった」。なぜなら彼女は「忠誠を尽くさんとして死を望んだからである……怖れることなく彼女が火に向かって飛び込むと……すべての執着は消え去った」。もちろん「彼女は燃えはしなかった——その姿をみた者の心臓にのみ火がつき、灰と化した」。積み上げた薪は「黄金色の睡蓮に姿を変えた」[3]。天界への途上でも完璧なカップルでいられるようにと、王妃たちのほとんどは夫の火葬用の薪の火に身を投げるよう求められた。不幸にして、現実には炎が睡蓮の花びらに変わることはなかったとみえる。これこそがヨーロッパ人観察者を魅了してやまなかった〝寡婦殉死〟である。

門の内側に広がる中庭に入ることを許されたのは王とその妻たち、親族、国の重臣たち、奴隷たち、そしていたるところに配置されている、弓矢と槍と吹矢とクリスで武装した護衛たちのみだった。大門の正面にある出入り自由の前庭は巨大なバンヤン樹の陰になっており、銀で飾った大砲を装備した小屋が周囲を囲んでいた。バリの諸地方の君主たちの屋敷は王宮に隣接しており、一番近くにあったのはバリの有力な君主で、西方の一帯カパルの領主の屋敷だった。[4]

宮殿のなかに王国の、つきつめれば世界のさまざまな要素が存在することは、王国の中心たるゲルゲルを維持するうえで重要なことだった。王宮には白子《アルビーノ》の小びとから異邦人にいたるまで、人間のあらゆるタイプが収集されていた。そのもの珍しさが、多様性とバリ社会の規範とは異なるものの勢力、潜在的には危険をはらむそれらのものの存在を王が自分の強固な世界の中心に抱え込むことによって象徴的に利用する勢力を表象していた。宮殿から東にややいったところにはムスリムのコミュニティがあり（それは今もある）、これらのムスリムは多島海の公用語、マレー語の話せる通訳でもあり、また商人として宮廷に仕えた。[5] ゲルゲルのムスリム・コミュニティと以前王宮があった場所とのあいだに、プラ・ダサルという大寺院がある。これはバリの国家寺院のひとつで、王の権力が神々の意志と一体化する重要な場所でもあった。王国の首相は都を構成する村落群のなかに住んだ。ある一時期には王宮から北へ数キロいった場所、今はジュランティックという別な村になっているあたりに居を構えていた。

君主と王国のあいだの関係を維持するためには、王は民衆に姿をみせなければならず、また民衆の姿をみなければならなかった。三〇万の人口のうち、王と王家の一族、それに有力な諸侯、護衛や奴隷の総数が多く見積もっても一〇〇〇人にしかならないような王国では、これが顔のみえる関係の基本だった。王は王宮の前庭で観客がその姿を拝謁できるようにしなければならない。さらに島の津々浦々に行幸して、寺院に儀礼的訪問をし、自分が神々の友であることを誇示した。[6] バリの諸王はあらゆる象徴的手段を用いて世界の自然ならびに超自然の原理を支配し、利用する必要があった。権力の中心をなす広大な王宮をもつことや、神々の思し召しによる法を創始し、守ること、そしてすべての臣民がかかわれるような壮大な儀礼を催すことなどがその手段である。王と臣下がかかわるこの種の個人的接触と参加とが、国家を機能させる両者の感情的・宗教的絆帯を作ったのだった。[7]

ゲルゲル王国のジャワ起源

一六世紀の王国ゲルゲルは、紀元後一世紀以降東南アジア各地に伝播した、王権と神的権威をめぐるインドと土着の思想がきら星のように集まって、それが最高潮に達した場所だった。

ヒンドゥー教や仏教思想を広める主な媒体となったのは〈ラーマーヤナ〉などのインドのテキストで、それが地方ごとに受け入れられ、いわば〝地方化〟されたのだった。[8]

ジャワの諸王国がインドの叙事詩の私家版を作りつつあった一〇世紀には、バリはインドの宗教を十全に備えた新興王国としてすでに碑文にその名が出てくる。亀の形をした古代の石棺、青銅の太鼓や道具類からバリの社会組織がそれよりずっとまえに発達していたことがわかるが、初期のバリ諸国はおそらく近隣のジャワ諸王国から圧力を受け、前数世紀にわたって東南アジアを席巻したインドの宗教形態および政治体制を採用するに至ったのだろう。一〇世紀末までにバリの社会秩序はジャワの影響を強く受けるようになった。ジャワの統治者たちが権力を誇示し始め、碑文はジャワの古い宮廷言語で記された。ジャワの文化的影響の一環としてヒンドゥー文献の適用がバリに広まり始めたのもこの頃である。

ジャワとバリの関係は続く数世紀のあいだ揺れ動いたが、より大きな島であるジャワからの文学、芸術面での影響は依然として大きかった。一一世紀後半にバリは独立性を強めるが、数十年経つと再びジャワの新王国、クディリに征服されてしまう。このクディリは主として古ジャワ語の最高の詩作を作らせた王朝として記憶されている。バリでこの分野の文学の発展を育んだのは、クディリの王族の分家としてバリを治めたジャワの王家だった。[9]

クディリに続いて登場したジャワ最大の王国、マジャパイトは一三三四年にバリを征服した。[10]マジャパイトはジャワ全島を統一し、それを実際に統治した最初の王国である。[11]一九世紀の植民地的な意味での帝国とは異なるが、その偉大さは広く知れ渡っており、はるかマレー半島からインドネシア多島海の諸地域を治める小領主まで掌中に収めた。マジャパイトはバリにたいするジャワの文化的影響を確固たるものにした。一五二〇年代にマジャパイトが姿を消したのちも、マジャパイトの遺産を引き継ぐ者同士との意識から、バリ人は同じ多島海のなかの諸王国と（イスラーム王国とさえも）交わりを続けていた。今もなお、バリ人は自分たちの文化がつきつめればマジャパイトの文化であると思っている。ゲルゲル朝の黄金期をいろどったもの、たとえば豪華な王宮や執務室、なかでも王国のとりおこなう儀礼の数々は、すべてマジャパイトに由来するとバリ人は考えたのだ。一四世紀のバリにマジャパイト帝国が新しい統治者をすえたとき、ただひとつの王家を頂点に頂く体制が創始された。この王家に仕える大臣たちはみずからも地方領主として君臨したが、いずれもジャワ人貴族で、クディリのかつての王族の子孫が主だった。

文化的連続性が感じられていたとはいえ、一六世紀のバリはマジャパイト以前のバリとは似ても似つかぬ状態にあった。ダラム・バトゥレンゴンの治世は大規模な変革過程の賜物である。一〇世紀のバリはどこか遠くにいる王族が、がっちり組織された村々のみせる忠誠心に今にも切れそうな支配の糸をからめているにすぎない社会だった。こうした土台からバリは領土拡張を図る王国へと成長し、王の権威は農民の日常の暮らしにまで、以前よりずっと深く浸透していった。バリはまえよりもはるかに王中心の社会、ヒンドゥーの四つのカーストに組織された社会へと変容したのである。こうした変化のあとにも先にも変わらなかったのは、バリ社会が個人間の関係により結び合わされているという点だった。

バトゥレンゴンの世に先立つバリ社会の様相ははっきりしない。古代の碑文や文献から浮かび上がってくるのは村落に基礎を置く社会である。このような社会では〝核《コア》〟をなす村人の集団がもっとも重要で、そのなかから選ばれるのが〝長老たち〟の寄り合いだった。

そのほかの住人には商人や職工などがいた。当時のバリやジャワでは交易制度が高度に発達しており、種々の工芸も高水準が保たれていたのである。これら商人や職工たちは奴隷や従者や新参者などに混じって〝核〟の外の集団を形成し、村のなかでも離れた場所に暮らしていた。[12]村の領域内で核集団のそばに居住したのは王族の権力に服している役人で、警察と納税や賦役、関税の取り立てなどを監視する目付のような者としてふるまった。そして諸王は寺院や村々を監督し保護する地方領主の上に君臨する最高権威としてみずからを位置づけたのだった。したがって、社会は村人たちから王にまで至る位階秩序として組織されていたことになる。

マジャパイトによるバリ支配が始まったときから、国家のなかの制度としての村落の重要性は変容し始めていた。だがその変化がはっきりとした形をとったのは、おそらく一五世紀の終わりか一六世紀初め頃にゲルゲル王国が台頭してからのことだった。マジャパイト帝国とゲルゲル王国は、いずれも村落の結束を弱め、あらたな賦役労働の制度を導入したとされる。それ以前のバリの村々は半自治的な存在であり、その組織のあり方はバリ島の東部や山間部に現存する〈バリ・アガ〉もしくは〝原バリ的〟村落のものと似ている。[13]マジャパイトとゲルゲルの支配者たちは、村を〈バンジャル〉と呼ばれるもっと小さな単位に分けることで村全体の結束をそこなうよう仕向けたのだろう。この〈バンジャル〉は賦役義務に応じて世帯を束ねたものだった。[14]〈バンジャル〉は王宮から任命された長《おさ》、〈クリアン〉の下でおのおの義務を果たした。この制度が長老の寄り合いに取って替わったので、中心的な村人たちと新参者とのあいだの格差はなくなった。同様に職人やそのほかのよそ者たちも村囲いの壁の外に暮らすことはなくなり、やがて壁そのものも姿を消していった。そして個々の屋敷だけが壁に囲まれるようになったのだ。[15] このような変化は、その本質についてどちらかというとほとんど証を残さないまま、ごくゆるやかにしか進行しなかった。そして制度の総体は今となっては、一九世紀の資料から浮かんでくる図を通じてさかのぼる形でしか説明できない。

新制度の下では、住民は〝外の者〟と〝内の者〟とに区別された。人口の大多数を構成する農民は外の者だった。王の一門とそれに仕える祭司は内の者、すなわち王家か代々祭司を務める家柄の一員だった（王宮は〈プリ〉、祭司の屋敷は〈グリヤ〉と呼ばれた）。平民でも王宮で高い位や役職を得たり、王や祭司の召し抱える側《そば》仕えとなったりした者は、その地位ゆえに〈ジェロ〉、つまり〝内〟という意味の称号を授かった。それと同じ称号が王侯一族や祭司の妻で平民出の女にも与えられたし、平民の寺院付き祭司や影絵芝居の人形遣いにも用いられた。男の従者が〈パラカン〉（支配者の〝側に来たる者〟という意味）と呼び習わされたように、宮廷付きの女中は〝内の者〟、〈パンジェロアン〉と呼ばれていた。

平民は政《まつりごと》のうえでも宗教上の役職でも多岐にわたる位を占めており、平民でも〝外の者〟から内の者へと身分を移すことができた。奴隷たちにしてもひとえに奴隷というわけではなかった。宮廷に仕える人々のなかには、〈パラカン〉のように高い地位をもつ者もいた。彼らは王と近しい関係にあって、王の闘鶏や、なによりもアヘン吸飲のお相伴をするなどしていた。ほかには兵士や小作人や王宮付きの人夫など宮廷のすぐ近くに暮らす者たちがおり、〈ロバン〉と呼ばれていた。王宮の〝陰にある〟という意味である。正真正銘の奴隷たちは〈サパンガン〉という名で呼ばれた。自由に売り買いされる者たちで、女であれば、王に収入をもたらすためむりやり娼婦として出されることもあった。

だが平民の多くは宮廷につながりをもつことを望んでいた。平民で宮廷付きの兵士、芸術家、職人や演奏者となった者たちはめくるめく宮廷生活の一端にあずかることができたからだ。位階秩序は精神的なものでもあった。富や職階、地位が上がれば、自分の一族郎党、祖先までも含めてすべてを昇格することができたのである。そのほうびに来世で天国に入ることができ、しかも次の人生で恵まれた転生を果たすこともできた。こうしたことはすべて王に尽くし、祭司の導きの下に尊い書を学ぶ機会を通じて達成できたのだった。

世界君主とその祭司

バトゥレンゴン王の治めた一六世紀の国家は、王が大いなる力をもつ国家祭司を得たときに初めて真の栄華をきわめた。その祭司は国家をひとつにまとめ上げるような儀礼をみごとに統《す》べ治めた。祭司の名はニラルタといい、バリの高位祭司みなより祖と仰がれ、近代的なカーストと儀礼の制度を創始した存在だった。バトゥレンゴンの治世に文学ルネッサンスを巻き起こした人物でもある。

叙事詩〈ラーマーヤナ〉には祭司が儀礼の施行を通じていかに王に仕えるべきかという心得が説か

れている。祭司たちはまた、王権が「果たすべき〝貢ぎ物と艱難《かんなん》というまことの務め〟に指示を与える役目を負い、他方、王たちは祭司の守護者ということになっていた。[16] 王侯一族と祭司一族の系図によれば、ニラルタの登場こそがバリ黄金期の真の幕開けを飾るものだった。彼なくしてはダラム・バトゥレンゴンの王国も不完全なままであり、混沌と疫病に脅かされる存在にすぎなかった。[17] ニラルタは一五三七年にやや先立つ頃姿をみせ、[18] その年までにすでに島の文学活動の中心に身を置いていた。

文学と宗教的成就とは調和するものだ。ニラルタのような祭司がほんとうに力をつけるためには、言葉のもつ力をそのもっとも巧みな形式において制御しなければならなかった。それは古ジャワ語で書かれ、インドに起源がある韻律を用いた、〈カカウィン〉として知られる複雑な詠唱歌である。ニラルタの歌はエロティシズムと神秘主義の混淆物で、儀礼に用いられるべきものと同じ種類の神秘的奥義を提示していた。近代バリの主要な歌人は代々彼の末裔や弟子たちだった。古《いにしえ》のジャワから受け継がれてきた文学を拠りどころとしつつ、これら歌人たちは隆盛をきわめるバリの文学的伝統のさらなる成長に寄与したばかりでなく、ともに栄えた演劇や音楽、芸術の伝統にも貢献した。その意味では、ニラルタ自身の文学面での達成は、バリの黄金期に文化の目にみえる形態がますます強化され、増加していったことの象徴ともとれる。

ニラルタはバリに現在あるような形のカースト制を作り上げ、シワ神を奉じる祭礼をとりおこなう祭司たちを主たる祭司集団として昇格させる役割を果たした。ニラルタが来着するまえは、主にブッダとヒンドゥー神のインドラを崇拝する祭司集団がいた。カーストは社会組織を表わすものというよりは学問上の用語として知られる程度で、ニラルタに先立つ時代の祭司たちの多くは平民の地位に甘んじたままその役割を保っていた。〈プマンク〉と呼ばれた寺院付き祭司や災厄祓いの祭司〈サングー〉についてはとくにそうだった。[19]

ニラルタは〈ブラフマナ〉(ブラーマン)という高位祭司職の祖で、彼らはシワに帰依し、宮廷のための儀礼をつかさどった。ニラルタがくるまでこのブラーマンたちは代々続く一族もしくは出自集団を形成しておらず、ただ漠然とした祭司集団の一員にすぎなかったものと思われる。ニラルタ以後、〈ブラフナナ〉は現存する祭司の位階の頂点に付け加わった高位祭司職となり、少数だがやはり高位祭司でブッダに帰依する集団に補完される存在になった。回顧的な記述によれば、あらゆるブッダ派の高位祭司の祖先はニラルタの甥である。つまり構造全体が一族のなかに収まることになる。

ニラルタ以前にはもっと曖昧模糊としていたはずの種々の祭司集団を駆逐することになった最大の道具は、排外的な祭司カースト、〈ブラフマナ〉という考え方である。シワを信奉する高位祭司〈プダンダ〉になれるのはニラルタの子孫のみであり、ブッダをあがめる祭司になるのはニラルタの甥の子孫に限られていた。よってそれまで存在していたその他のカテゴリーの祭司たちは、いずれも低カーストに押しやられたわけである。

一五世紀よりまえの古代ジャワやバリでは、カーストは〝現実の生活において何の効力も〟もち合わせなかった。[20] しかし世界君主モデルのなかに理論上は存在した。このモデルでは、君主の半ば神がかった、あるいは神的な地位と王権の精神的支柱は君主と祭司職との関係いかんにかかっていた。祭司と王をめぐるさまざまな物語では、二つの集団はある種緊張をはらんだパートナーシップのなかで描かれている。ときには権力を争う競争相手として、ときには同盟相手として。今日でもなお、両者はたがいに自分こそが最高位のカーストであると主張して譲らない。

カースト制は〈ブラフマナ〉と二番目の戦士――王者カースト〈サトリア〉に属するダラム・バトゥレンゴン――の末裔にとって有利に働くイデオロギーだった。そのほかの家系に属する領主たちで代々グスティの称号をもつ者は、第三のカースト〈ウェシア〉を形成する。ゲルゲル朝のモデルによれば、これは宮廷の役人や騎士らのカーストである。そして残りの人々、ほかのタイプの祭司や位の低い宮廷役人、農民、商人らはみな最下層のカースト〈スードラ〉に入る。実際のところカーストとは、一六世紀以前にはもっとゆるやかな形で存在した位階を保持するために用いられた社会秩序のイメージである。

一六世紀から今日まで、カースト制はバリの社会秩序を表現する理想像であり続けた。だが、それはつねに上位の二カーストを利する理想でしかなく、ほかの誰にとっても矛盾だらけだった。たとえば一七世紀に別々の国家の王となったバトゥレンゴンの大臣の子孫にしても、第二カースト出身の者はおらず、みな第三カーストの出だった。同様に、ニラルタによってその役割を奪われた他の祭司たちは、第四のカースト、すなわち平民の位に貶められた種々の役人らと一緒になって、このカースト・モデルは自分たちにはあてはまらないと主張した。またさらに事態をややこしくするのは、バリのカースト制が沈降する位という原理と結びついていることだった。もし高位カーストの男性が低位カーストの女性と結婚し、その子どもたちもまた自分より低いカーストの女性と結婚していったとすると、三代目か四代目でこの一族は高位カーストを失い、低いカーストの一員となってしまう。この原理に基づいていえば、今日第四のカーストに甘んじているバリ人の大多数が、最高位カーストの王や祭司の末裔であると名乗り出ることもできるというわけだ[21]。

カースト制の脆弱な枠組みは、それを維持する日常的慣行が何かなければ意味をもたない。ニラルタはマジャパイト式の祭礼を導入した。彼の渡来にまつわる言い伝えによれば、それはほかのバリ人祭司がおこなう儀礼よりずっと効能が大きいはずだった。本質的には、彼は今日あるようなバリの儀礼秩序、なかでも〈ブラフマナ〉祭司職にとって肝要な儀式である聖水の生成を導入したのである[22]。名高い舞踊劇〈バロン〉に出てくるような厄祓いの物語さえ、ニラルタの時代に初めて登場したといわれる[23]。呪術や厄祓いはバリのような島では重要な主題なのだ。社会のあらゆる階層の人々にとって、熱帯性の病や高い乳児死亡率はごくふつうに経験してきたことだからである。新しい文学と儀礼にともなって、カースト制を支える法制度もできあがった。殺人や窃盗、カースト規則への違反などといった罪の処罰を通じ、王と祭司たちはジャワから伝わった古来の法律書にしたがう形で世界の秩序を守った。臣下にたいしては権力を誇示し、暴力を使って王家と祭司の定めた節理に疑いを抱かせないようにすることもできた[24]。

世界君主と祭司のこのバリこそが、一六世紀末にオランダ人が初めて出会ったバリだった。彼らがまみえた世界君主はすでに死後久しいバトゥレンゴンではなく、その息子、ダラム・スガニンである。

後世の記述でダラム・スガニンはその父と並び賞せられるほどだが、おそらく彼の統治時代の偉業の一部があとになって父王の治世に結びつけられたのだろう。オランダ側は交渉相手として単独の支配者を探していた。その交渉の主目的は、バリを自分たちの経済的便宜に利用できるような通商関係を結ぶことにある。[25] オランダは主要都市と貿易港をみつけ、政治同盟や国家組織、貿易品、農業、人口、そして軍事力などにかんする情報を得ようとしていただけだった。

探していたものはうまくみつかった。王の威厳をじゅうぶん備えた強力な統治者、ゲルゲルとカパルの主要都市、さらに南部のクタのにぎわう港、そして今はパダンバイと呼ばれている場所にある自然港。これらの港を通って東の島々からは香辛料が、西からはインド産の織物が、北からは中国の磁器が、そしてほかにも国際貿易の高価な品々が運ばれていた。港から外に運び出されていたのは綿や織物のほか、バリとその属領ロンボック島産の米だった。

バリの首相はオランダ人にたいし、王の臣下は三〇万人にもおよぶと告げた。つまりバリは、当時の世界ではきわめて人口密度の高い島のひとつとされ、その評判は一九世紀になるまでずっと続いたのだった。一平方キロメートルあたり三九人という密度は中国の三七人と南アジアの三二人を上回るもので、同じ時期のヨーロッパの人口密度の四倍近かった。[26] 一六世紀末にはバリの軍事力は相当なものので、ジャワにあった大帝国マタラムに挑もうと二万人からなる軍事遠征隊をちょうど送り出すところだった。オランダ人が会見した当時のバリの宰相はキアイ・レルである。

オランダ人がバリの王にたいして抱いた栄華と権力のイメージは、バリ人が自分たちの頂く世界支配王についてもっていたイメージとあまり変わらない。オランダ人のほうは、自分たちの眼に映ったバリが歴史上大きな変化をいくつもくぐった末の産物だということがわかっていなかったし、バリの宗教や社会秩序の機微を理解してもいなかった。ただ彼らは、王がこの社会秩序の中心にあるというバリ人の感覚だけは共有したのだった。

世界君主という観念が社会のかなめである王権の重要性を支えるのに役立ったとしても、それは両刃の剣だった。世界君主のイメージは倫理にかなうふるまいや王国のしかるべき運営術についての考えも伝える。したがってそのイメージどおりのことができなかった君主は臣下に見放されるか、大臣に謀反を起こされるといった運命をたどった。その種の反乱は一五〇〇年代に二件起きている。そして一七世紀に起こった三度目の反乱が、バリの黄金時代に終焉をもたらすことになったのだ。

夢物語《ロマンス》の王子たち――一六五一年～一八一五年

一六五一年にバリの大帝国は数々の小王国に分裂し、それから一世紀半にわたって新王国の興亡が続いた。九王国からなる安定状態にようやくおちついたのは一八〇〇年になってからのことである。政局が不安定だったこの時代は、とくに奴隷貿易の風評のためにバリが対外的に野蛮で暴力的な土地とみられた時期でもあった。しかしバリにあらたに登場した王たちは、自分のことを奴隷商人や専制君主などと思ってはいなかった。彼らのみるところでは、それは眉目秀麗な王侯が戦いに挑み、王位を獲得する途上で王女を手に入れるというような夢物語にいろどられた時代だった。オランダ版の〝野蛮なバリ〟も、暴力についていうなら戦《いくさ》に明け暮れる王侯たちの世界からあながちかけ離れてもいない。だがこの暴力の受けとめ方が、オランダ人とバリ人ではまったく異なっていたのだ。

新興王国の時代には誰でも帝王になることができた。たとえその帝国が二、三の村々からなるものにすぎないとしても。一六五一年から一八〇〇年のあいだに従来の王権イメージ、つまりヒンドゥーの世界君主という観念が死に絶えたわけではない。ひとりの世界君主が多くの王に取って替わられ、よって王国たる〝世界〟がそれだけ小さくなっただけのことだ。世界君主の観念に宮廷が付け加えたのは、成功を収めんと躍起になる王子たちの物語的《ロマンティック》なイメージ、パンジの物語と呼ばれる語りに示されているようなイメージだった。ひとつのイメージがたんにもうひとつのイメージを補足していたのである。

さまざまなパンジの物語は、身分の秘められていたある王子がしだいに勇者としての頭角を現わし、パンジという名を名乗るまでのいきさつを描いている。話は一四世紀のジャワに端を発し、そこからはるかタイやビルマにまで広がっていく。主な舞台となるのはマジャパイト帝国が興るまえのジャワの諸王国である。これらの物語がバリで知られるようになったのはバリがマジャパイト帝国の一部だった時代からだが、そこから発展して、物語はジャワ文化とその文化のバリにおける継承を主題にすえるようになった。
パンジの物語からわかるのは、バリに起こりつつあった政治変革がどのように進行したかということだ。一六五〇年代よりまえにもいくつか知られてはいたが、一六五〇年以降はいろいろな宮廷のためにこうした物語がさらに数多く作られるようになった。そしてこれらの物語は社会のあらゆる階層で人気を博していったのである。これはとくに〈ガンブッ〉として知られる大がかりな演劇様式によって広められたためだった。これは出演者が大人数で、バリでも指折りのみごとな音楽と込み入った舞踊とを組み合わせていた。こうした物語は、どういう形であれ宮廷とつながりをもつ人々にとってとりわけ重大な意味があった。王子の理想的な生活様式についてもバリの政治文化のしくみについても、物語に描かれているのはまさに宮廷のいきいきとしたありさまだったからだ。
物語のなかでは宮廷は奢侈の中心として描かれる。宮廷は最高に美しい音楽を奏でる楽団をいくつも抱え、絵画や彫刻で飾り立てられていた。王子や王女、そしてお付きの者たちは驚くほど高価な衣装——銀色に染められたり、金を塗ったりしたインドの染め布やジャワの織物に身をつつんでそぞろ歩く。王宮は昼となく夜となく警護され、軍隊はいつなんどきでも戦場にくり出せるよう準備万端整えていた。それを率いるのは馬や象にまたがった王子たちだった。[27]
どこにいこうと王や王子たちには何千という従者がつきしたがっていた。彼らがしゃべったり、笑ったり、こづき合ったりしながら槍と傘を運ぶさまは印象深い光景だった。[28]芸術と暮らしは溶け合っていた。宮廷制度に与しているその同じ平民が宮廷の物語《ロマンス》を歌ったこれらの物語を演じたり、絵に描いたり、歌ったり、聞いたりしているのだから。物語の美しさはとりわけ性と暴力の叙述においてきわだっていたが、そこから湧き起こる気もちの高ぶりは、平民と支配者とを結びつける感情だった。[29]両者の結びつきはあからさまに性愛的《エロティック》なものだった。なぜなら王国中の女という女はハンサムな王子に恋い焦がれているということになっていたからだ。あるテキストでは英雄パンジについて次のように書いている。彼のもとに女たちがやってきて、「熱情をもはや押さえきれずに、恥ずかしげもなく愛を捧げた」[30]。実際女たちがこういうふうに王子たちをみていたかどうかについては記録がない。

熱望をたぎらせつつも、これらのテキストは宮廷生活や個人の成長の一端を映すものだった。宮廷という文脈のなかでは、こうした物語はある王から次の王への移行期に何が起こっていたかを説明するのに役立った。生まればかりでなくその功績によっても地位を勝ち得た者として描くことで、新しい王を合法化したのである。このようにバリの王権の本質は古来からのパターンに則ったものと理解された。

宮廷の数が増え、王や王妃、王子、王女の数も増していくにつれ、絵画や宝石や織物や影絵芝居、舞踊、音楽などなど、もっと多くの芸術作品が必要になった。闘鶏や武勇の誇示やアヘンの吸飲などもみなそのなかに含まれていた。平民が威信のために宮廷を必要としているとすれば、宮廷はみずからのアイデンティティ維持のために平民を必要としたのである。

どちらも、宮廷の夢物語《ロマンス》の虜になってはいても、奴隷売買にかかわっているという自己認識はもとうとしなかった。奴隷になることは支配者にたいする最低位の奉仕の形態にすぎなかった。つまりは強いられた奉仕である。実際の奴隷は、宮廷生活に進んで参加しようとしない者の範疇に入れられていたから、その地位は二重に低いものだったにちがいない。

国家の、顔のみえる関係という側面は王個人の気質を重要視する。パーソナリティがこれほど大事となると、ある王から次の王への交替劇は問題をはらまずにはおかない。どの王も世継ぎとなりうる人間を多数抱えているのだから、どんな王国でも一世代以上生き延びること自体が不思議なくらいだ。これがわれわれには混沌たる様相にみえたとしても、東南アジア世界の文脈ではごくあたりまえのこととされていた。パンジの物語の大部分は王位をめぐる後継者同士の争いという主題を中心にできあがっており、これらのストーリーは、ゲルゲル帝国が分裂したあとのできごとをバリ人がどのように解釈していたかを理解する手がかりとなる。

王位継承問題については、間接的な形を取ることもあるとはいえ、女性にも発言権があった。第一夫人の座につく女性は王の権力の後ろ盾となるような有力な一族や富豪の出であることが多かった。したがって、王位を継承するのは長男というよりも第一夫人の息子であった。第一夫人に男児がなかったり、あるいはその男児が弱かったりした場合に王位継承がどうなったかは定かでない。王の〝ハーレム〟ではある夫人がほかの夫人の座を奪うこともできたし、第一夫人でさえ早死にすれば誰かに取って替わられたものだ。そうすると王位は新しい第一夫人の息子か本来の第一夫人の息子のどちらかが継ぐことになる。

パンジの物語でおなじみの主題に、年若い王子が突如姿を現わして、戦《いくさ》で腕試しをし、美女を射止め、戦利品の数々を掌中に収め、何千という男がその家来になりたがる、というものがある。この主題は王位継承をめぐる政治的現実に含まれるものだ。新しい王は父親の果たしてきた役割をそっくり受け継げばよいというものではなく、自分でネットワークを築かなければならないのだ。自分自身の権力基盤がもてなければ、どうしようもない事態になる。王国というものはほかの貴族との同盟や婚姻関係、そして国の役人や王家の臣下となる家来を獲得することによって築かれた。こうした王国建設にともなう種々の局面はいずれも富の蓄積と結びついている。王位を継承するにふさわしい者、もしくは王国を打ち立てる者は、ほかの王子を絶対確実なやり方で亡き者にし、財貨を手にし、王女を誘惑するか奪ってくるかして男を上げた者でなければならなかった。そういう王子は恐いもの知らずの戦いをくり広げ、「生き残った敵方が降伏し若い王女を差し出す」のだった。[31] 王子は正体を隠したままこれらのことをやってのける。それはこの世に数多い王女たちのなかで自分にもっともふさわしい真の王妃を探し出す旅の途上だからである。この理想にかなった未来の王妃とはじつは王子のいとこにあたるのだが、苦労して彼女を探し当てる過程のおかげで、あらかじめ取り決められた実利的な結婚でさえ、ロマンスたっぷりの恋愛を装うことができる。[32]

一五〇〇年におよぶこの期間は、ゲルゲル王朝の黄金期に続く混乱の時代とみられてしまいがちである。先の時代には王国というものがすこぶる安定してみえ、バリをインドネシア諸島のなかの列強に数えるという考え方もわかりやすかったからだ。だが、東南アジアの歴史を通してみると、強大な王国というのはむしろ例外的な存在だった。ゲルゲル帝国はほんのわずかの期間存続できただけだ。官僚制や現に起こりつつあることがらを直接管理するネットワークがなくとも、諸王が権力を掌握することはできた。統治は諸侯や王宮のしかるべき役職の者を通じてのみおこなわれていた。したがって国の円滑な運営のために不可欠なのは、王の人となり、そして王国内で力を握るさまざまな人々と王とのあいだの個人的関係だったのである。

反乱と新興王たち――一六五一年～一七〇〇年

一六五一年にゲルゲル王朝に幕を下ろしたのはグスティ・アグン・マルティ、ときの宰相であった。このグスティ・アグンについてはほとんどなにもわかっていない。オランダ人にたいしては自分のことをあまり語っていないし、後世のバリ人による記述ではたんに野心満々の悪漢扱いされているだけである。彼がオランダ側に送った書簡は、自分がバリの統治者であることを明言し、奴隷制について一、二細かい議論をしたあと、当時インドネシア諸島では交易および王族の富の象徴として珍重されていた美しく高価なインド更紗を贈り物として暗に催促するような主旨のものにすぎなかった。二〇〇年あまりのちにバリ人が記したところでは、グスティ・アグンは権力に飢え、いかなる責任感も打ち捨てて欲に憑かれていたことになっている。

たしかに権力欲につき動かされていた面もあったかもしれないが、この男がバリ政治に身を投じた背景にはもっと複雑な要因が働いていたように思われる。彼がゲルゲル朝をわが手に収めたのはちょうどデワ・パチュカン王が世を去り、二人の息子が王座をめぐって争っているときだった[33]。たしかにそれはよくある王位争いのひとつだっただろう。だが、グスティ・アグンの眼にはバリの力を決定的に滅ぼす何かと映り、それゆえ王国を救う役を買って出たのかもしれないのだ。

その動機がどんなものだったにしろ、彼が介在したことで水門が大きく開かれたのはたしかだった。バトゥレンゴン一族の没落により、ゲルゲル王国で土侯や役職を務めていた者たちは、今やおのおのの領地で堂々と王を名乗ることができるようになった。

北部バリでそれまで忠実な一土侯であったグスティ・パンジ・サクティは、一六六〇年代頃に新しく興ったブレレン王国の王となった。これは真の英雄としてオランダ人によく知られている例のグスティ・パンジ・サクティと同一人物である。彼はもともとゲルゲル朝の名代として山脈の北側を治めるよう遣わされたのだが、地元の、とくにサンシットから東にかけての諸侯とたくみに駆け引きをくり返し、徐々に勢力を伸ばしていった。西に広がる地域、バンジャルでは、高僧ニラルタの長男の直系にあたる強力な祭司一族と同盟を組むことにより支配を確立した[34]。

その頃ジャワでも反乱が起こっていた。パンジ・サクティの台頭は、オランダがひそかにジャワに寄せていた関心を背景に起きた大きな反乱と、時期を同じくしていた。それはトゥルナジャヤというマドゥラの王子があらたな世界支配王国をみずから樹立しようとの野心から起こした反乱だった。その結果オランダにとっては大混乱の事態を招いたが、諸島に点在する、武力に長けた諸侯にとっては、ジャワで進行中の事態に乗じて権利を主張する好機だった。むろん、パンジ・サクティもこの機をみすみす逃すはずはなかった[35]。

パンジ・サクティには南部バリの意気さかんな諸王という競争相手もある。一七世紀後半から一八世紀末にかけてその数は確定していない。一九世紀までその名をとどめたのは、バリ南部に隣り合うバドゥンとムンウィの二王国である。どちらも比較的小さな地域から台頭したが、ともにクタの自然港を利用した奴隷貿易ブームに乗じてのし上がったのである。

戦乱がバリでは慣例となった。新興王国があまりにもたくさんできたため、まさに王国としての存亡を賭けてつねにたがいが争う状態になったのだ。ひとつの王国が生まれるとたちまち周辺の諸侯を征服してその領土を吸収し、次には王国争いのなかでより強力な相手に挑戦することになるのだった。主グスティ・アグンは反乱を起こした際に、当時の王侯一族をみな殺しにしたわけではなかった。主たる王位継承者のうちのひとりは東方に逃れ、一六八〇年代にはシデマンの山中の土侯が治める地域にかくまわれていた。これら土侯はバドゥンやブレレンの王侯とともにグスティ・アグンを追い落とそうとねらう連立勢力に属していた。グスティ・アグンに攻撃をしかけるべしという託宣は、バリの地理的一大特徴である山、アグン山の噴火という形を取った。グスティ・アグンは敗走を余儀なくされ、ゲルゲル朝の直系である新王家が旧都からわずか三キロ北のクルンクンに建てられた。王位継承者はここをバリの新しい都と定めた。一六八六年にはその他おおぜいの土侯のなかからバトゥアンのングラ・バトゥレパンがみごとグスティ・アグンを打ち破った。この戦いではグスティ・アグン・マルティの従者一二〇〇人が命を落としたという[36]。

一八世紀初めまでのあいだにこの新王国がひときわ高い位を占めた。クルンクン王国である。そのほかの王侯はみな新君主とそのデワ・アグンという称号に敬意を表したが、だからといって自分たちが王を名乗ることをひかえはしなかった。一王国がとくに高い地位にあること自体は、各方面にとってなかなか都合がよかったのだ。それは、今や数多くの王国が林立するバリにあっても、〝バリ〟、つまり世界としてのバリともいうべき原則が依然として存在することを意味したからである。[37]

九大王国の誕生

一八世紀初頭には、バリの中南部にムンウィという王国がクルンクンに並ぶ勢いで台頭した。グスティ・アグン・マルティ一族の傍系の末裔というあやしげな出自ながら、ムンウィはバリの古き西の都カパルがあった場所ににわかに興り、たちまちパンジ・サクティ率いるブレレン王国に迫る勢いとなった。[38] 新興王国にありがちなことながら、ムンウィもブレレンを始めとする競合相手に次々に戦《いくさ》を挑んだ。だがブレレンとの戦いは、ムンウィの王がパンジ・サクティの娘と結婚し婚姻連帯《マリッジ・アライアンス》を結ぶことで片がついた。

この結婚が整ったのは、ちょうどムンウィがジャワでブレレンを凌駕した頃だった。ジャワ島東部で戦争や動乱が続いたのち、ムンウィはみずから遠征隊を送り込み、東ジャワのブラムバンガン王国の支配権を握り、またその途上で西部バリの弱小王国ジュンブラナをも掌中に収めたのだった。このジュンブラナもまさに隣国間の争いの種となっていた領土である。

ムンウィとクルンクンとが中部バリの強豪として台頭するにつれ、両者の関係はある種の同盟関係へと発展した。むろんほかにも競合する相手はいた。たとえばスカワティ家。これはデワ・アグンの息子のひとりが興した国で、数世代しか続かなかったものの、今日でもレゴン舞踊という、幼い少女が舞う踊りを創作したことで知られている。[39] そして北部のブレレン王国と、のちにバリ最大の王国となる東部のカランガスムがある。

ブレレンはグスティ・パンジの死後衰え、一七六〇年代にはジュンブラナとともにカランガスムに併合されてしまう。その頃までには、カランガスム王国の王族はロンボック島およびシデマンの旧領土を含む東部バリ全域を支配するまでに勢力を伸ばしていた。

一六八〇年代のうちは、カランガスムはバリの東端に位置するわずかな領土、東部のブキット山と「亀の丘」のあいだに広がる谷間を治めるにすぎなかった。が、やがてロンボックの王位継承争いにうまく介入し、ロンボックに最初のカランガスム王国を樹立するに至る。ロンボックに隣接するスンバワ島の諸侯は、浪人貴族や南スラウェシ出身の海賊らとともにバリ人の勢力拡大をくい止めるべくその後数十年にわたって闘いをくり広げた。ロンボックを支配下に置くことで、カランガスムは当時東南アジアでも有数の米産地を手に入れることになった。一七四〇年にはカランガスムの君主の息子、グスティ・ワヤハン・トゥガが遠征し、ロンボック支配を確立する。彼は祭司職、法律書、またその他の文献などバリ文化の真髄を表わす文物をもち込むことで島の〝文明開化〟を果たし、マジャパイトに先立つ古代ジャワ王朝にならったバリの王国を打ち立てたのだった。やがてバリ人の治める六つほどの王国がロンボック島に成立した。いずれもカランガスム王家の傍系からなるもので、西ロンボックでたがいにほど近い場所に拠点を置いた。[40]

カランガスムの主たる王は王国建設の過程で自分をパンジ王子になぞらえた。[41] 新興王国が寄り集まっていた西ロンボックでは、主だった場所はみなパンジ物語にちなんだ名前がついていた。王たちはバリとジャワの伝統文学のなかでもよりすぐった作品を集め、みずからの王宮をバリの競争相手をしのぐ文化の中心にしてみせた。だが皮肉にも、これらの王は文化の手本たるジャワと考えたものを忠実になぞることで、バリをはるかに超えつつあった。植民地にありがちなことではあるが、ロンボック島のカランガスム諸王国は典型的なバリ人であろうとするあまり、むしろ例外的な存在となってしまったのだった。

ロンボック島の制覇と同時にカランガスムは西方に勢力を伸ばし、ある段階ではクルンクンをも負かしたほどだった。ただし、後者が独立王国として存続し、独自の統治者を擁することを容認はした。クルンクンにたいする勝利に続き、シデマン地域も征服するにおよんだ。これには隣接するシベタンの諸侯の力を借りた。[42] これらの諸侯は引き続き一七六八年にブレレンを征服するときにも援助している。[43]

一八世紀後半にかけて登場する他の諸王国は、一八世紀初めの時点ではまだ弱小勢力にすぎないか、姿形もみえないかのどちらかだった。バドゥンは当面ムンウィの支配下にある小さな領域にすぎなかったし、ムンウィとバドゥンの西側に隣接するタバナンはまだ小さく、時折小ぜり合いを起こす程度に活発なくらいだった。一八世紀末に現われた新興王国はギアニャールとバンリである。前者はクルンクンの王族の遠縁にあたるという権力基盤から興り、後者はクルンクンの北を治める諸侯が連立関係を結んだことから生まれた[44]。

ロマンスの王子？　それとも奴隷商人？

一七世紀から一八世紀のバリで奴隷貿易が果たした役割について、オランダ人とバリ人の見解は大きくくいちがっていた。

オランダ側は奴隷制がバリ経済の基盤だととらえ、たとえばパンジ・サクティのような新興領主がのし上がることができたのも、臣下を売りとばすことで野心を経済的に支えることができたからだと考えた[45]。事実、あらたに台頭してきた力のある王国がみな港の近くに都を構えていたことを考えると、この説は説得力があった。一方バリ人の側も、奴隷取引きの伸びが単一王国から九王国へというバリの変貌を支えたことはわかってはいた。だが九人の王たちが新王国について考えをめぐらせるのは、諸王国が古代ジャワ政治の継承だと説明してくれるパンジの物語の枠組みに照らしてのことだった。

諸侯は、たんに新しい奴隷市場がバタヴィアで開拓されつつあるのを知って王になったわけではない。そこにはもっと複雑な事情がからんでいた。あらたな奴隷市場は諸侯に好機をもたらしはした。理屈では新王国樹立の先例はいくらもあったが、ゲルゲル王国が栄えているあいだは諸侯がみずから王を名乗るに足る基盤がなかった。ところが一七世紀前半の一時期ゲルゲル朝が衰えをみせると、諸侯は反乱を起こす権利と王権への道にまつわる既存の概念をここぞとばかり利用した。これらの概念に経済的裏付けを与えたのが、臣民を奴隷として売り払うという新しい経済機会だったのだ。

ではこれら諸侯はどこから奴隷を手に入れたのだろうか。奴隷制のしくみを説明するということは、もろもろの土侯や王子が権力闘争に明け暮れる間《ま》に大多数のバリ人が置かれていた状況を語ることにもなる。この頃のバリ史は政治にかかわる〝偉人たち〟の歴史にほかならない。だがこのような歴史の片隅には、地方に追いやられ、戦《いくさ》で主君に従軍し、攻め寄せる敵軍をまえに家を捨てて逃げ、奴隷に売られたりするバリの百姓たちの物語があるのだ。

誰かを奴隷にするのに一番手っとり早い方法は戦争で捕虜にすることだった。あるパンジ物語は、軍隊が進軍するかたわら捕虜をとらえていく様子を綴っている。「村という村は破壊し尽くされ、廃虚と化した。住人は男も女も囚われの身となった」[46]。グスティ・アグン・マルティの反乱が起こる以前は、ほとんどのバリ人にとって、ジャワやロンボックで王の敵と戦う兵士として召し出されることはごくまれだったし、人数もじゅうぶんいたので戦争にともなう義務や王家の儀礼に際しての賦役と貢納はそれほどわずらわしいものではなかった。だが一七世紀以降は、どんなバリ人ももっとじかに戦乱に巻き込まれただろう。個々の土侯が王の名乗りを上げるにつれ、村人たちも兵や臣下にならざるをえなくなったのだ。諸侯は脅したりすかしたりして村人たちをつなぎ止めようとした。統治者の数が急増し、戦争も増えたため、主君をもたない農民がどこかにいようものなら、たちどころに誰かの支配下に収められた。村人の側にも自分の主君に戦《いくさ》で勝ってもらうようにしなければならない事情があった。主君が負けて自分の村が敵方に占領されるようなことになれば、妻子もろとも戦利品として異国人に売りとばされかねないからだ。

村人を奴隷にするやり方としてはもっと巧妙なものもあった。王や祭司がつかさどる古代ジャワ法の焼き直しが、奴隷産出の手立てに使われることが増えたのだ。古代法典は、殺人や黒魔術など重大な犯罪を犯した者には死刑を、また窃盗などほかの罪にたいしては重い罰金を課すことを定めていた。罪人の生殺与奪を法廷が握っていた以上、判事の裁量で死刑判決を奴隷化にすり替えることもできたわけだ。農民が貧しくて罰金を払いきれない場合は、法廷もしくは罰金を支払うはずの相手の所有となり、死刑囚同様、売却されることもあった。[47]

諸王は都で大規模の闘鶏を催して、民衆が借金を抱え込むのに荷担しさえした。闘鶏特有の雰囲気にあおられて興奮し浪費気分にはまり込んだ農民たちには、自分の持ち金を超える賭け金を張る者が多かった。賭けごとにはつきものの、巨万の富がころがり込むかもしれないという期待と競争のドラマとが野心をふくらませるのだが、実際にそれだけの賭け金をつぎ込めるほどの財力がある者はほとんどいなかった。結局、最後の雄鶏の胸に最後の爪が食い込む瞬間には、多くの農民が帰る家も家族もなくしてしまっていた。彼らも、そして妻や子どもたちもジャワに売られる身だった。一方、王はこうした闘鶏を主催することで税金からも利潤を上げることができたのだった。

いずれにしても女たちは不幸な役回りだった。闘鶏に加わることなど決してないのに、夫と一緒に売りとばされたのだから。男子のあと継ぎがないまま残された寡婦は国家のものとなり、その処遇は家財や娘たちもろともラジャの意のままだった。かくして奴隷の身分となった女たちのなかには妾や側女《そばめ》として宮廷に入る者もあったが、運が悪ければ春をひさいで歩くよりほかなかった。

王国が増えるにつれ、宮廷も、闘鶏の回数も、王家主催の祭礼も、また王国に属することから生じる種々の事業も数を増していった。どれも、おおぜいの従者がいなくてはとてもできないものばかりである。新興の王たちは村落の領域まで影響力を行使する必要があり、賦役制度を活用してこの目的を果たした。

王と国家

パンジ王子の提示するモデルは、奴隷制と王族による保護の肯定的側面を強調するものだった。結局は百姓の側も国家から得るものが何かしらあり、彼らが宮廷にかかわるのも王による文化保護の一環だというのだ。王のための賦役もしくは貢租を通じて、臣民は王子たちの冒険譚の一端を担えることになる。

貢租制度によって宮廷の内に属する者と外部の者とが区別されたので、王の守護《パトロネージ》は平民が〝内の者〟になる可能性を与えた。平民も役職を任じられたが、それで自動的に内の者と認められるわけではなかった。王侯一族もまたそれぞれ、自分の一族や各地を転々とする貴族のなかに役職につけられるような者のネットワークをもっていたからである。内の者になるということのもっとも重要な特徴は、宮廷文化に参加することだった。これによって宮廷はみずからの文化活動とバリ文化総体のあいだに同一性を保つことができた。芸術家その他には、特別な水田の供与、王にたいするさまざまな税や労働奉仕の免除[48]、そしてこうした人々がまさに宮廷の内の人であり、隣人より高い地位にあることを表わすしるしを王家から賜わるといったじかのほうびがあった。宮廷の一部である平民たちには、国の重要人物として、国家祭礼に付随する富の再分配の分け前にあずかる資格さえあった[49]。

パンジのモデルは宮廷とつながっていたすべての者にたいし、一七世紀末以降のバリの政治文化に多種多様の側面があることを教えた。宮廷の豪奢な生活様式とそれに付随する威信。バリ文化の〝ジャワ性〟。あまたの王国が同時に林立していること。そして、近親相姦すれすれの関係とあいたずさわる王の一族内部の抗争。

パンジの物語には数多くの王国が存在したが、それら王国はたがいに関係づけられていた。各王国の王は兄弟であったり、義兄弟であったり、いとこ同士であったりした。またあるひとつの王国が他の諸王国に比べ一段と高い位にあったり、重要度が大きかったりした。バリ人にとってこれは明々白々、諸王国とクルンクン王国との関係に匹敵するものだった。クルンクンこそは高い位にある王国で、他の王国はみなこれに敬意を払うことになっていたのである。

またパンジ物語は、たがいに一戦交えるか、あるいは親しい盟友になるかするいとこや兄弟についての物語でもあった。誰もが近しい関係にあるこれら諸王国においては、兄弟間の競争や近親相姦はいつでもじゅうぶんありうることだった。一八世紀末にかけて一定数の王国がバリにできてくると、諸王国はそれぞれ内に向き始め、宮廷生活はパンジの物語に描かれた姿にますます近くなっていった。

たとえばバンリ王国の誕生にまつわる話がよい例である。一八世紀にその一帯を治めていたのはクルンクンの王に仕える諸侯のひとり、タマン・バリのデワ・ライだった。彼は冷酷な策謀家で、領民を抑圧していた。このデワ・ライはバンリ地域の前領主の娘でいとこにあたるデワ・アユ・デンバンチンガと結婚し、ニャリアンの領主であった自分の叔父を倒す陰謀に荷担するまでになった。この陰謀にはクルンクンとギアニャールがこの一帯を接収すること、そしてデワ・ライがニャリアンの領主の息子、デワ・グデ・タンクバンを養取することが含まれていた。この養子はデワ・ライの妻と密通し、残忍な義父の悪評と彼にたいして臣民が抱いている憎悪をうまく利用した。彼ら二人は不満分子だった家来たちをそそのかしてデワ・ライを暗殺させたのである。デワ・グデはタマン・バリの王となり、そしてバンリの王となるために、養母でありいとこでもあるデワ・アユ・デンバンチンガと結婚した。バンリとはデワ・アユ・デンバンチンガの家族が支配していた地域で、それが新王国の名となったのだ。[50]

他の王国にも似たような例はいくつもある。バドゥンの王家は三人兄弟のそれぞれの子孫からなる派閥に分裂し、それぞれの派閥内部でいとこ同士が結婚したり兄弟が争ったりと混乱をきたすまでになった。一九世紀を通じて各派閥は盛衰をくり返したが、一八六〇年代まではクシマンの一族が最大の権力を掌握していた。[51]

一七九〇年代から一八四〇年代にかけて諸王国のなかでももっとも屈折の激しかった王国、カランガスムの内部で最有力だった一族は、近親相姦に加えて人肉食の咎《とが》まで負わされた。ブレレンやカランガスム、ロンボックのシンガサリといった王国は兄弟やその息子たちのあいだで次々に支配権が移った。いとこ同士が結婚し、兄弟同士が殺し合うなか、家族関係はバドゥンの場合よりもいっそう複雑にからみ合ったものになった。そして一八二三年、ブレレンの王のひとり、グスティ・パハンがいとこであるカランガスム王を追い落とし、自分のじつの妹を妻にした。これは彼にしたがう臣下や祭司たちにとっても目に余る行為だった。彼らは主《あるじ》のもとを去り、彼が殺されその身体が切り刻まれて、犯した罪への戒めとしてばらまかれるままにしておいた。帰還して彼を殺したいとこについては、権力を奪取したい一心で人身御供を捧げ、食人をしたという噂がささやかれた。[52] この誹謗中傷的な噂にいくらかでも真実が含まれているとすれば、それは首狩りをし、敵の肝臓を食べることで勝者に偉大な力が授かるとする東南アジアの他地域の儀礼に関係しているだろう。

一六五〇年代からだいたい一八〇〇年までの時代に次々と王が輩出するなか、バリ人は自社会についての何層にも重なったイメージと意味づけを必要としていた。世界君主という観念はひとりの王と王中心の社会を維持するにはじゅうぶんだった。だが、今では何人もの世界君主が存在し、たがいに戦いをしかけることに余念がない。宮廷の夢物語《ロマンス》を描いたパンジの話は、世界支配王という思想のうえに、必要とされていたあらたな意味の層を重ねたのだった。

オランダ人の考えたとおり、バリは好戦的な社会だった。戦争は王たちが自分の力を証明する機会のひとつであり、政治の手段であり、富や妻や臣下や奴隷を獲得する手立てでもあった。宮廷物語は戦《いくさ》をバリの常態の一部として扱うことでますますロマン化しはしたものの、戦いにみられる血みどろの、すさまじい部分を隠蔽したりはしなかった。それどころか、君主たちがいっそう果敢にみえるように死傷者数を水増ししたり、血糊をさらに誇張したりした。ある戦闘場面の描写では、敵方の死体は「山と積み上げられ、その血は海のごとく広がった」とされている。[53] 勝利した側の君主はインドネシアに共通してみられる慣習にしたがって、戦《いくさ》の敵の首をとった。[54]

一九世紀初めのバリは、競い合う宮廷や王の数が増すにつれて、文化活動がさかんにならざるをえないような状況に追い込まれていた。王国の数はすでに一定していたが、各王国内では依然としてかなりの異動があり、王国間の戦争もあいかわらず起こっていた。世界君主のモデルもロマンティックな王子のモデルも、当時働いていた社会的・宗教的な力のあらゆる側面を説明するにはじゅうぶんでなかった。そこで一九世紀のあいだに新しいイメージの層が形作られていったのだった。

祖先と王朝――一八一五年～一九〇八年

一九世紀は、バリにズドンという衝撃を与えて幕を開けた。一八一五年、ロンボックの東にあるスンバワ島でタンボラ山が噴火したのだ。史上最大規模の自然爆発だった。この噴火から、ジャワの西のクラカタウ山でやや小規模の噴火が起きた一八八三年までのあいだに、バリ人統治者たちはそれぞれの王国を確固たるものにし、祖先のイメージも確立していた。〈ブラフマナ〉祭司の専門的知見を拠りどころとしつつ、これらの王は自分たちがジャワの古《いにしえ》の諸王国とつながっていることを示す大がかりな系図作成の後ろ盾となった。こうした作業が進む一方で、王国は分裂と内戦をくり返し、権力はしだいに貴族層と平民のあいだで分割せざるをえなくなっていた。王侯のもつ力が分裂しているような時代には、祖先をもち出すことが王の権威を支えるうえで功を奏したのである。

王家は祖先をたどるのに、神々や神々の使いが子をもうけ、古代の王たちが栄華をきわめていた大世にまでさかのぼった。これらの家々は祖先と接触を保ち、過去の呪術力を現在に呼び起こさなければならなかった。それまでに作り上げられた地位や権力の混乱状態を解きほぐすには、血統を知ることが必要だったのだ。そこで系譜の作成が流行したというわけだった。貴族の拡散とともに平民一族の勢力が増したため、貴族もその権力の一部を委譲しなければならなくなっていた。こうした事態に対応するには、貴族層があくまでも別格であり、高貴な血筋を引くことをいい立てる必要がある。そのため自分たちがジャワのマジャパイト帝国の末裔であることに重きを置いたのだった。同じ時期に、平民層の役割やアイデンティティに焦点を当てた新ジャンルの文学や演劇も発展した。

クルンクンは他の諸王国の先頭に立つきらいがあり、一九世紀のできごととして語られていることもその多くがクルンクン内部やその周辺で生じたものだった。一八一九年に王朝の大がかりな近代的系譜を最初に書かせたのはクルンクンであり、国家のなかの平民層台頭に関連した、新しい芸術のフォルムを生み出すのに重要な役割を果たしたといわれるのもクルンクンだった。その新しい芸術とは、〈アルジャ〉という舞踊劇と、それに対応する形の詩歌の形式で〈ググリタン〉と呼ばれるものだ。さらにこの王国は、当時のもっとも賑々しい国家祭儀に数えられる儀礼をいくつか催してもいる。

そうした儀礼で用いられるシンボルを通じて高い位を顕示し、宗教儀礼の政治的重要性をも示してみせたのだった。クルンクンにはほかの王国に命令を下したり、支配したりする力はなかったが、それでもバリの中心的な王国であり、他の国々がその回りをめぐるように組織された、受動的中心のようなものだった。[55]

一八世紀の終わりになると、バトゥレンゴンの直系子孫であるデワ・アグン・プトラ一世がクルンクンをバリの政治地図に再び置いた。それはカランガスムの援助を得てのことだった。その妻が東部の王国カランガスムで高い位を占める王女だったからだ。

デワ・アグン・プトラは強力な支配者であり、権謀術数に長けてもいた。自分で戦争をするばかりでなく、他人のために戦争をしかけることまでしたが、まさにこの戦《いくさ》をしかける能力が命とりとなったのだった。デワ・アグン・プトラはクルンクンの王位を叔父のデワ・アグン・パンジの手に渡すまいと戦った。プトラの父、デワ・アグン・サクティはクルンクンの気狂《きふ》れの王で、自分の子の多くよりも長生きした人物である。その父は都にある王宮にひとり残され、一方プトラは味方のカランガスムに近いクサンバの港に新しい宮殿を建てた。パンジのほうはギアニャールを味方につけた。プトラがクルンクンの支配を勝ちとったことで、ギアニャールとの関係は数十年にわたってぎくしゃくしたものとなった。ギアニャールとクルンクンはいずれも、新国家バンリを生むことになる一族の不和に巻き込まれ、反目し合う派閥にそれぞれついた。戦いが何度も起こったあと、一八〇九年についにバンリが誕生したが、デワ・アグン・プトラはどんな文化でも不吉とされるような死に方をした。峡谷を渡る竹の橋がちょうど彼の足元で落とされたのだ。[56]

バリではそういう死にざまがとくに不吉とされており、死者のために特別な儀礼をとりおこなう必要があった。その儀礼を施行するためには祭司から特免を授けられなければならない。こうした不都合があったにもかかわらず、プトラの子たちはその後四〇年間にわたって父の名を世に伝え、その不滅の業績をたたえる儀礼を催した。

一八〇九年には、クルンクンは混乱のきわみにあった。デワ・アグン・プトラが殺されたとき、クルンクン本来の古い王宮はすっかり荒れ果てており、ようやく使えるようになったのは狂気王デワ・アグン・サクティが世を去ったあとのことだった。国家の運営を任されたのは、カランガスムの王妃グスティ・アユ・カランである。バリで女王が統治にあたるのは、彼女が初めてではない。すでにバドゥンやムンウィで未亡人がその任にあたっていた。しかし彼女は自分の娘、デワ・アグン・イストリ・カニヤが後年クルンクンの〃処女女王《ヴァージンクイーン》〃となる素地を築いたのだった。

カランガスム出身の女王の評判はかんばしくなかった。死後数十年経ってからも、彼女の残忍さを示すエピソード、たとえば夫が娶った女性のひとりでバドゥン出身の王女を嫉妬に狂って毒殺した模様などの話が巷に流れているほどだった。[57] デワ・アグン・プトラ一世の死後も生きていた息子はただひとりで、しかもその母親はそれほど高貴な身分ではなかった。邪悪な義母の仕打ちを恐れ、この息子は忠誠心の篤い平民の住む家にかくまわれていた。そこはクルンクンの都のそばを流れる大きな川にほど近い、ルバというところだった。

クルンクン内部の政治において、すべての派閥が女王を頂くことを潔しとしたわけではなかった。〝処女女王〟を支持していたのはその母親の一族とちょうど王位継承をめぐるごたごたの時期にカランガスムからクルンクンに移ってきた祭司の一家、グリヤ・ピダダである。その他おおぜいの有力一族は、統治者は男に限ると考えていた。そこでクルンクンは〝処女女王〟とデワ・アグン・プトラ二世という二人の王が連立するむずかしい状況となった。デワ・アグン・プトラ二世は即位の際に、子ども時分の彼をかくまったルバの平民一族を迎え入れた。その一族の当主は今や国の主大臣、強力な〈パティ〉のひとりとなった。デワ・アグン・プトラ二世の統治の様子からうかがう限り、彼はそれほど強い個性の持ち主ではなかったようだ。一方、〝処女女王〟は母と同じく残忍なことで知られる傾向にあった。とりわけオランダ人にとって、彼女はアマゾンの女［訳注　ギリシア伝説中の勇猛な女戦士］であった。が、ともに統治にたずさわる取り巻きにとっては知恵と教養ある精神性のかたまりのような存在だった。

デワ・アグン・プトラ二世の即位は、タンボラ山の噴火というまたとない最悪の時期に重なった。この噴火はたいへんな規模だった。推定一五〇～一八〇立法キロメートルの噴出物を噴き出し、総勢九万六千人もの死者を出した（クラカタウ噴火のときは二〇立法キロメートルの噴出物で、死者三万六千人だった）[58]。爆発自体の威力は、かなりあとになっても衝撃波がバリで感知されたほどだった。バリでの死者数はたぶん、オランダ人観測者が推定した二万五千人、もしくは人口の三パーセントという数字を相当上回っただろう。死体はバリの道路や海岸に打ち捨てられていた。たとえば近くのロンボック島では人口の六分の一が壊滅したとみられている。一八一五年後半にはブレレンで土砂崩れがあり、一万人が死んだ[59]。噴火が万物のうえに降らせた灰の層は三〇センチもの厚さになったという。長期的にみればこれが肥沃な土壌を作ったわけだが、少なくともそのときにはバリの米の収穫を全滅させた。例年ならバリの米生産量を豊かな穀倉地帯であるロンボックが補うのだが、そのロンボック島はもっと深刻な影響をこうむっていた。そこで飢饉となり、続いてネズミの異常発生と伝染病が襲った。

噴火がもとで起こった飢饉と病は一〇年も続いた。一八一七年に流行した病気でバドゥンの王を始め何千人もが命を落とした[60]。一八一八年にはオランダからの使者ファン・デン・ブルークが、バドゥンとギアニャールを結ぶ道路沿いに三五もの死体が横たわっていたと報告している。一八二一年、ある船員の報告によれば、北バリの海岸に死体が散乱し、住民たちは食べ物を買うため彼に自分の子を買ってくれとせがんだという[61]。一八二八年に南バリで流行した天然痘には王も領民も区別なくかかった。その結果労働力が激減したため田植えもままならず、あらゆる儀礼も闘鶏も中止になった。そして海岸には再び死体の山ができたのだった[62]。

統治者たちのとった対応策は、国庫の蓄えを吐き出してなんとか国の運営に努めるというものであった。最初の危機がおさまったのちネズミの異常発生と不作が広がり始めると、厄祓いなどの儀礼をとりおこなってネズミの異常発生や病気をくい止めようとした。あらゆる戦《いくさ》を中断して、この危機のときを乗り切るために霊力を結集しようとする国もあれば、この機に乗じてより弱体な国を乗っ取る国もあった。後者の戦略でとくに成功を収めたのがロンボックのマタラム王国の支配者たちで、一九世紀前半のあいだに隣国をすべて吸収してしまった。

荒廃のあとは再建の時代となり、新生バリが出現した。クルンクンでは処女女王とその弟とがさまざまなレベルで再建に着手した。デワ・アグン・イストリ・カニヤその人は宗教的・文学的事業で名を馳せた。彼女は弟とともにクルンクンの古い宮殿を改修させ、そこに戻った。この二人は多くの国家寺院を援助し、処女女王はその在位期間のうち、長い時間を都の北方にある花園の寺院で瞑想にふけってすごした。女王は古ジャワ語の詩を作り、取り巻きの祭司たちにも自分が後ろ盾となって同じように詩を作らせた。[63] 二人の共同統治の期間に、クルンクンから南に二キロいったところにあるカマサン村の伝統絵画の塾も勢いを取り戻した。[64]

一八二〇年代終わりまでにバリ全土もしだいに息を吹き返した。米の生産は急増し、姿を消しつつあった奴隷市場に代わって藍やコーヒーといった新しい輸出作物にも力を入れ始めた。今やバリは一八一九年に創設されたイギリスの新しい貨物集散地《アントルポット》、シンガポールに期待を寄せていた。このシンガポールこそバリ向けのアヘンの一大供給地だったのである。[65] アヘンの役割のひとつは宮廷の奢侈品であるということだった。王侯一族が流行の先端を切ってアヘンを吸ってみせ、宮廷の栄華にあこがれる者たちがこれに続いた。アヘン服用が最高潮に達した時期には、年間二〇〇箱《チェスト》分のアヘンが島に輸入され、そのうち各王国がそれぞれ二〇から四〇箱を消費していた。[66] 貴族パンジの描くきらびやかな王宮生活は、麻薬で朦朧とした宮廷世界でいっそう重要な意味を帯びたのだ。

家族史の記述

バリがまだ危機のさなかにあった頃、クルンクンは歴史記述にいち早く乗り出した。タンボラ山噴火の影響がまだ色濃かった一八一九年、デワ・アグン・プトラ二世は一九世紀の諸王国の起源を綴った代表的文学作品のひとつ、〈キドゥン・パマンチャンガ〉を書かせた。そのテキスト自体は、マジャパイトがバリのゲルゲル朝を興した模様や、またグスティ・アグンの反乱からついにクルンクンの成立に至った経緯などを物語っていた。読者に求められたのは、その物語を今日の状況とひき比べることである。敗戦の灰のなかからクルンクンを立ち上げた様子は、カランガスムの影響下で混沌と亡命の末に実現した、クルンクンの主宮殿への君主の帰還と比較されるはずだった。このテキストは、その後数十年にわたって王朝の系譜が取り入れることになった主要な特徴を表わしていた。

ゲルゲルの樹立と、のちにグスティ・アグンがその栄えある王国を滅亡させたという一連の経緯は、ほかの王朝が系譜を作る際に必ず触れる重大事件だった。一九世紀のあいだに各王家の系譜が、主としてそれぞれの王家とつながりをもつ〈ブラフマナ〉の手で綴られた。これらの系譜では、どの家系も（クルンクン、バンリ、ギアニャールの場合のように）ゲルゲル朝か、あるいは（カランガスム、ムンウィ、バドゥン、タバナンのように）マジャパイトによる征服時に渡来したマジャパイトの武将たちのどちらかに関係することになっていた。ただし新しい事件が起こるたびに系譜上の家系が書き変わることなどざらだったが[67]。

系譜は一族のなかでもそれをもっとも多用する一門のために書かれたものであるから、西洋流の歴史にはなじまない傾向がある。最近枝分かれした傍系の祖父全員の姉妹にひとり残らず言及しているかと思えば、他の分家についてはひと言も触れていなかったりする。肝心なのは「Xの子がY、そのYの子がZ」といった調子で一番遠い祖先とある特定の一門の祖先を書き記すことなのである。歴史上の華々しいできごとは、王家の命運にかかわった場合にのみくわしく触れられた。たとえばスカワティのどうしようもない君主の幾人かの放埒ぶりを描くことは大事だった。そのことでいかに王国が崩壊し、ギアニャールに征服されたかを説明することができるからだ。われわれからすれば、こうした文章のなかに常軌を逸したり、老いぼれだったり、たんに無能だったりするご先祖様のことが書かれているのが意外な気がするのだが、当時の人々にとってはもっと崇高でカリスマ的で、功績ある祖先のことを知ると同様に、こうした祖先についても知っておくことが大切だったのだ。

系譜の文章では、一八世紀についての記述はあいまいな場合が多い。マルティの反乱のときに一族がどこにいたかをはっきりさせておくことは大事だったのだが、記述がそこで終わってしまったりする。もっと重要な部分は、勝者も敗者も含め、祖先の主だった人々の人格描写である。一族の地位を一気に押し上げたような勝者は〈サクティ〉という称号を与えられるのがふつうだった。これは超自然的な力や精神力、カリスマ性などを意味する。

みながみな系譜を書かせたわけではなかったが、系譜がない場合でもバリ演劇を使う手があった。「面をつけた」という意味の〈トペン〉と呼ばれる舞踊劇を使って先祖のことを一般社会に知らしめることができたのだ。この演劇の形式では、先祖の主要人物がおのおの面をつけて演じられるのだった。今も残っている面のうち最古のひと揃いはブラフバトゥー村の寺院に納められており、おそらく一八世紀までさかのぼるものと思われるが、系譜に登場する主だった人物とその特徴を表わしている[68]。

このひと揃いの面のうち、ゲルゲルの君主など名家の諸王は繊細な造りで純真な明るい表情である。位の低い登場人物は滑稽ともいえるような粗野な顔つきだが、その他多くの領主たちは精気あふれる気質を反映し、おおらかで力強い風貌をしていた。こうして型どおりに主要人物を描き分けることは、バリ人が祖先について思考をめぐらすうえで意味があった。祖先を性格類型にあてはめることで、現在を生きる子孫が祖先の人物像を知ることができたからだ[69]。

これはたんなる好古趣味のなせる技ではない。バリ人は輪廻転生を信じているのだが、子孫のなかに生まれ変わるのは祖先の人格なのだ。系譜や祖先を演じた劇は人々に自分自身と自分の近親者のことを語っているのも同じというわけだった。しかも、ほかならぬその祖先は神々の位につき、先祖代々の寺院に祀られている。つまり、家々についてのテキストはバリ人の先祖を祀る寺院システムの一環をなしてもいることになる。

系譜が重要なのは名門の一家が他家と比べて位が高いか低いかを示してくれるからで、その重要性は今も変わっていない。王家の数やその分家の数があまりにも多くなると、一九世紀には縁組を結ぶ家同士が同等の地位にあるか否かを見分けることもむずかしくなったのである。バリの位階秩序の重要な特徴は、女性が下降婚をしてはならない、つまり自分より低い家柄やカーストの者を夫にしてはならないという考えであった。もしもそんな相手と結婚すれば、女性側の一族全員が身分を落とすことになった。したがって、縁組の詳細や一族の身分を記録しておく系譜が必要だったのだ。「うむ、わが娘がグスティAと夫婦《めおと》になるのはかまわぬ。先方のご先祖はわがご先祖様の兄方にあたるからな……一応、忘れぬようにしておかぬとな」とでもいえるように。[70]

平民と身分意識

一九世紀に系譜作成が一気にはやり始めたことは、王国同士や王国内部での身分争いとかかわっていた。身分と位階はバリ文化の中核ともいえるものだった。〈ラーマーヤナ〉などのテキストは王国を物語り、パンジ物語のテキストは王になるまでの過程をつまびらかにしたが、系譜が必要となったのは、家同士が相互の位置関係を確かめなければならないというかつてない文脈においてだった。「世界君主」の概念とそれに付随するカーストの理念は位階を定めるひとつの方法ではあったし、パンジの物語では王宮がそうした社会階層の頂点に置かれていたのだが、それだけではじゅうぶんとはいえなかった。平民の生活を描き出すことがそれぞれの国内で全体的な身分差意識を保つのに必要だったのだ。こうした物語では、でっぷりして痘痕《あばた》面で強情っぱりな反面、自分の一族やお国のために役立つ天賦の才をもち合わせているような凡人を取り上げた。男は妻とけんかはするが、子どもたちを猫かわいがりし、宗教への義務感をしっかりもつような子に育てようと奮闘する。

身分争いを超越したところに身を置いていたのは二つの集団だけだった。クルンクンの王家は、自分たちが中心的かつ最古の家柄で、他の家々は自分たちと比べてどうかということでたがいに身分を争わなくてはならないのだといい、〈ブラフマナ〉一門は、カーストからいえばまちがいなく貴族層のうえに立つのだと主張した。だがこの二つのまとまりさえも、ほかからの挑戦を受けた。上昇志向の強いロンボックのマタラム王国が東バリを支配下に入れようと勢力を伸ばしていた頃、マタラムは最初の王家としてのクルンクンの権威に疑念をさしはさんだ。また〈ブラフマナ〉がカースト上の身分差をいい立てたときには、鍛冶屋のクラン《パンデ》など平民でも祭司職を担う一族が、自分たちの祖先は〈ブラフマナ〉と同等の地位にあったと申し立てたり、ほかの平民が、〈ブラフマナ〉はカースト概念の拠りどころとなる理念的純潔性からかけ離れていると抗議したりもした。

身分争いが重要になったのは、王の家系がますます複雑になり枝分かれしていったせいばかりではない。国家で重要な任務につく一族のなかに貴族出身者以外の者が現われつつあったためでもあった[71]。奴隷取引きは事実上輸出産業ではなくなっていたから、王が厄介な平民を奴隷として海外に売りとばして始末するといったことはずっとやりにくくなっていた。ほとんどの国に有力な平民一族がおり、そのうちの盟主は税取り立ての責任者だったり、国の主判事だったりした[72]。クルンクンではルバ一族が今でいう〝外交〟担当大臣を出していた。バリ国家にかんする（ふつうのオランダの文献とは）異なる記述には、権力の維持がいかに王宮の主要な役職と地方領主の地位にかかっていたかが描かれている。たいていの王国の場合、こうした役どころを務めていたのは平民だった[73]。オランダ統治が始まった頃のブレレンを例にとってみよう。そこでは二六人の郡長、〈プンブクル・グデ〉のうち一六人までが平民だった。他方、より〝封建的〟なやり方に則って運営されていた新国家ギアニャールでは、一八八四年の時点でなお王に忠実だった五四人の村長〈プンブクル〉のなかに平民は二七人いた。[74]このように平民の家々が台頭してくるなかで、貴族層にとっては、自分たちが貴族であること、よって有力な平民よりも高い尊敬を受けるに値することを主張する必要がいっそう差し迫ったものとなったわけだ。

一九世紀に王家の系譜が重要になったのとほぼ同時期に、新しいジャンルの吟詠詩が登場し、平民と貴族のちがいをはっきりさせた。これらの吟詠詩は平民出のヒーローやヒロインのストーリーを物語り、たんに〈ググリタン〉、つまり〝詩〟と呼ばれた。傑作は恋愛や黒魔術、霊力、国のなかでの生活を描いたもので、民衆の日々の生きざまや精神生活や政治制度との関係などを微に入り細にわたって描写した。[75]〈ググリタン〉とともに、それらの詩と同じ内容を物語る一種のオペレッタとして、新しい舞踊劇のフォルム〈アルジャ〉がさかんになった。

たいていの〈ググリタン〉は実際に平民が書いていたが、なかには祭司や貴族が平民を装い、社会のなかで民衆の収まるべき位置を明確にするために書いたものもあった。こうした視点は、民衆が現実に送る日々の生活を描くテキストに写実主義の感触を添えた。詩の中身は定まった位階秩序の構図を確認すると同時に、シワ神の与えた恩寵という形で一平民でも王の座まで上りつめる可能性を示すなど、その構図を脅かすものでもあった。そんなことが実際に起こったわけではなかったが、そういう発想が存在したというだけでも一九世紀バリ社会で身分が流動的だったことがわかるというものだ。同様に、詩の作者を平民と特定することも、真偽のほどはともかく、社会において平民の重要度が増していたことにたいする社会的対応をなにがしか語っている。夢物語的《ロマンティック》な王子のドラマにエキストラか裏方として平民を一、二入れておくだけでは不足だったのである。今や平民生活のあらゆる局面――農民が毎日どんな暮らしを営んでいるか、彼らを脅かす黒魔術の脅威について、家庭内のもめごと、または王の祭礼への参加など――をみせることが肝要だった。「ブラユ父さん」のような平民は、その名を冠した詩(『パン・ブラユ』)のなかで、宮廷が主催する儀礼とは別に、自分自身の霊的生活をもち、それを通じてある種の成就を遂げることができる姿として描かれた。こうしたテキストはいずれも、平民が生来下品で、王子や王女の優雅さとは縁がないものとしている。にもかかわらず、平民は王国の躍動の姿であり、腐敗した王を規範につなぎ止めておく勢力だった。テキストのなかの政治的メッセージは、平民はそこに支柱として存在しているが、あくまでもおのれにふさわしい場所、つまり村々の内にとどまるべきだということだった。

こうした詩のなかの平民生活の粗野な描写はぴりっとした諷刺を表わすものだった。つまり平民は王ほど洗練されてはいないかもしれないが、平民の儀礼や芸術は、パンジもどきの王子たちが宮殿で催す高貴な営みのパロディーに近いものでもあった。これは平民を宮廷生活の一端に押しやるという意味で王子にとってはよかったかもしれないが、じつはものごとの秩序というものにたいする非常に皮肉な見方を示してもいた。そもそもバリ人の平民は、王子がいくらきどってみせようとまともにとり合っていなかったのかもしれないのだ。[76]

王国は滅びゆく――一八八四年～一九〇八年

バリの諸王国を滅ぼしたのは、オランダというよりもバリ人の君主たち自身である。一九世紀バリの王国はいずれも上昇移動してきた平民による内からのつき上げとほかの王国による外からの脅威にさらされていた。一九世紀半ばから終わりにかけて続いた激しく絶え間のない争いごとのために、いくつもの王国が終焉を迎えた。打ち続く戦乱のなか、バリの君主が結束力を示せなかったことが、オランダに容易につけ入るすきを与えたのだった。一八四六年～四九年の戦争でバリの貿易は大きな打撃を受けていたので、国家存続の基盤を保つことも困難な状態だった。さまざまな君主が国家の権威を組み立てようと試みたが、誰ひとりとして国を内側からひとつにまとめ上げることも、オランダの要求する統治権を守ることもできそうになかった。

バリ側はオランダなど存在しないかのように万事を進めていった。貿易や、クルンクンの君主が受けとったサイのような贈り物をもらうこと、あるいは外部勢力にその地位を認められることで何か得になると踏めば、王は条約に調印した。しかしオランダが一八五六年にブレレンとジュンブラナを征服したときには、バリの諸王はオランダ人を友邦君主として扱うことを拒否した。オランダ人にバリ人貴族と同じ位を授けるわけにいかない以上、同じ身分争いに加わる者とみなすこともできない。その争いは神格化した祖先と儀礼生活をめぐるもので、その二つともオランダ人には縁がなさそうだったからだ。[77] 山々がそのあいだに横たわっていたおかげで、オランダ人などそこにいないかのような幻想が生まれた。山脈の北側のバリのことは忘れてしまうか、ジャワと同じようなやり方で取引きすればよかった。一方バリ南部の、関係諸王国は、相互に深く結びついた稲作制度とともに昔のままだった。

バリ人君主はオランダから自分たちを切り離せると思い込んだが、オランダのほうはバリを多島海《アーキペラゴ》の他地域からうまく切り離してしまっていた。バリには広域の通商ネットワークと、ジャワやカリマンタン、東インドネシア、さらにスマトラの諸王国との文化的交流がつねにあったのだが、これらの地域がすべてオランダの支配下に下ったため、バリの国々は外からの経済的、文学的、芸術的刺激の源を失い、自分たちだけで孤立するほかなくなったことを思い知った。

一八五〇年から一八八八年のあいだは、さらに大きくなるオランダの植民地拡張の圧力がもっとふくらみ、バリの政治的実体が凍りつかされた時期だった。この時期オランダは七回を下らない天然痘の流行、五回のコレラ、稲の収穫に大打撃を与えた四回にわたるネズミの異常発生、最後に一八八八年の地震を記録している。ネズミの被害が最悪だった一八七一年には総計一万五千人から一万八千人の死者があったとされる。[78] この種の不幸はバリ人の生活につきものだったとはいえ、これほどたび重なると不穏な状態と差し迫った政治危機の感覚をもたらした。

崩壊のプロセスは一九世紀初頭、カランガスムの王のひとりだったロンボックのマタラム王が島内の国をすべて接収したときから始まった。その息子たちは一八四九年にオランダと手を組み、敵対するカランガスムとブレレンの君主を退けることによって、バリでも接収プロセスを継続した。先祖伝来の王国であるカランガスムの支配権を奪回しようと、ロンボックの王たちはクルンクンの地位にあからさまな挑戦を突きつけた。他の諸王国は、クルンクンが一八四九年にオランダを寄せつけない条約締結に成功したことであやまった安心感を抱いていた。彼らはオランダだろうと、あらたなる敵カランガスム－ロンボック同盟だろうと打ち負かせると考えた。だが後者はそののち数十年にわたってクルンクンの国境から攻め続け、クルンクン周辺の国々は恒常的な戦争状態にあった。

一九世紀後半のあいだ、バリの諸王国はいつ崩れるとも知れない砂の城のようなものだった。一八八四年にギアニャール王国のある諸侯が王に反旗をひるがえし、南バリ全土が群雄割拠の状態に突入した。

クルンクンがそこで割って入り、異なる二つの説によると、ギアニャールの諸侯に王を放り出させるか、あるいは王を救い出すかした。最初の説のほうが信憑性は高い。クルンクンがその反乱のあとギアニャールの領土のかなりの部分を獲得したからだ。一〇年近くのあいだギアニャールの王と息子たちはクルンクン東部のサトリアに事実上幽閉されていた。そのうちにカランガスムはますます敵意をむき出しにし、ギアニャールの家々はおのおの優位を主張した。ギアニャールの領地内の地域によっては政治ゲームに乗ってカランガスム―ロンボックの保護下に入るものもあった。[79] 当時ウブッドはギアニャールの丘陵地帯にあるこじんまりした地域で、一八世紀初めに中部バリを治めたスカワティ家の傍系のさらなる傍系にあたっていた。だがこのウブッドはギアニャールの敵を倒し王の息子をウブッドの勢力に依存させることで、スカワティを追い落としたギアニャールへの報復を果たした。ウブッドは一九世紀末に王国全体を手に入れようともくろんでいるようだったが、ギアニャールの新王はオランダに身を委ねることを承知して命拾いした。

ギアニャールの戦争がもたらした政情不安に続き、一八九一年にはタバナンとバドゥンがクルンクンのあと押しでムンウィと一戦交え、丘陵地帯の小規模の自治区の多くがクルンクン側に寝返った。バドゥンは一八二〇年代にもムンウィに侵攻したことがあったが、今回は二王国でムンウィを分割してしまい、ムンウィ王国は消滅した。ムンウィの老王はギアニャールの王のように亡命者となることを潔しとしなかった。むしろ、終末を予感した時点で、王は先祖伝来のクリスを手に敵の面前で〈ププタン〉、すなわち王国の最期を迎える行為におよんだ。[80]

一八九四年にオランダがロンボックを征服すると、政情不安はさらに高まった。カランガスムのグスティ・グデ・ジュランティックは、オランダがロンボックをみずから接収せずに自分に引き渡してくれ、叔父の属国でいるという苦渋から解放されるとでも思ったのかもしれない。だが実際には、生き延びるためにオランダに降伏しなければならなかった。

バリの諸王国が終焉を迎えたのは、オランダの大勝利であると同時に彼ら自身のあやまちの帰結でもあった。帝国主義に立ち向かう共同戦線を張るより、地位をめぐる抗争をいつも優先したからだ。

オランダをみくびったことで南バリの王たちは、ほんの小さな足がかりにすぎなかったブレレン制覇を植民地主義権力の容赦ない進行の最初の一歩にしてしまった。一九〇六年と一九〇八年にオランダはバドゥンとクルンクンで進軍を終えた。そして両国の君主に残された道は、オランダ軍に向かって行進し銃火を浴びることでウィシュヌ神の待つ天界に召されるという報いを授かるか、あるいはみじめな降伏によって王としての権威をことごとく失うかのどちらかだった。血にまみれた〈ププタン〉という自殺行為は、彼らにとっては生活様式すべてと社会秩序に終わりを告げる、もっともふさわしいやり方だったのだ。

植民地化されるまえの近代バリには、バリ人の自画像が集積されていった。帝国バリ、争いの絶えない諸王国の島バリ、家々の競争の場であるバリ、そして平民の島バリ。オランダ人がバリのイメージを形成したときのように、バリ人もすでにそこにあるものに依拠したのだが、ヨーロッパ人がバリ人の観念を取り入れたほど、バリ人君主の側はバリをめぐるヨーロッパの思考から影響を受けなかった。

この時代に王国の数が増え、たがいに争ったことに付随してさかんになった豊かな芸術的・宗教的営みは、二〇世紀にバリが発展していくうえでの支柱となった。こうした文化の外的顕示の存在を可能にしていた社会構造をオランダが変革してしまうと、バリ人はその文化を表現する新しい方法をみい出さなくてはならなかった。そこでバリ人がやってのけたのは、これまでにない文化形態を編み出すと同時に古くからある形態をそのまま保っているようにみせることだった。不幸な状況下で、伝統と近代が幸福に混じり合ったというわけである。

一九世紀の末までに、バリ人の自画像に備わった二つの側面がある種の自己欺瞞として露呈した。「世界君主」やロマンティックな王子といった観念では、バリの君主は一九世紀後半の帝国主義が突きつける現実に太刀打ちできなかった。バリ人の自己イメージでは、バリはあらゆる面でインドネシア諸島の伝統的な王権世界にぴったりあてはまっていた。バリ人がジャワ人やササック人、マレー人らを相手にしているうちはこれでよかったのだ。しかし身分争いやバリ内部の秩序イメージは植民地政治に通用するものではなかった。植民地となってからの数十年のあいだ、バリ人の自己イメージとバリにかんする他者のイメージは、ともに修正を必要としたのだった。

第3章

「楽園」バリの誕生

バリの植民地支配とともに、楽園バリという発想の幕開けがあった。バリ在住のヨーロッパ人たちは文化と自然に恵まれた土地というバリ観を自分たちのために作り上げ、まさにそのイメージに見合った暮らしを営んでいた。彼らのあとには第一世代の植民地官僚――インドネシア諸島で生まれ、東インドにたいするほどはオランダ本国に思い入れをもたない人々が、その第一の故郷への愛着を文化的に表現するのにもってこいの場をバリにみい出した。

植民地支配者に続いては、偏見に左右されない旅行者が世界中からやってきた。国際派の上流階級に属する彼らは、異国情緒あふれる土着の生活に芸術的刺激を求めたり、二〇世紀初頭の、手垢のついたヨーロッパ文化に代わる新しいなにかを探りあてようとしていた。こうした人々は郊外で優雅ながらも簡素な生活を送った。辺地であればそこそこの財力でも使用人を雇い、自家用車をもち、美術品を収集し、しかもバリ人たちが暮らす小さな村で絵に描いたようなバリ風の家に住むことができた。

しかつめらしく異をとなえたり、感嘆のあまり目を丸くしたり、旅行者、官僚、学者らがバリの文化と社会にみせた態度はいろいろだったが、彼らがバリについて共通の考えを練り上げてゆき、そこではしなやかな体躯の、胸もあらわな乙女、年端もゆかぬ踊り子たち、そして邪悪な魔女がバリ文化の真髄《エッセンス》を表象することになったのだった。

オランダ人はバリ島を徐々に制覇する過程で、バリ文化の真価を認めるようになっていった。好戦的なバリといった否定的なイメージは一九世紀末からしだいに薄れ、一九三〇年代に入る頃には楽園バリという、輝かしい理想像に取って替わられていた。この新しいイメージの種をまいたのはバリ島の文化を深く理解し、文学にも通じながら、やや品の劣る類《たぐい》のことがらにも興味を示した一九世紀ヨーロッパの学者たちだった。そしてオランダはバリを完全な支配下に置くや否や、この楽園を観光地に仕立て上げた。楽園イメージはこうして本格的に花開く。

この島を訪れたオランダ人や他のヨーロッパ人たちの関心は、野蛮なバリから始まって女性のバリ（胸をあらわにし、微笑みを浮かべた女たちの島）、そして文化の島バリ（住人がそろって芸術家である島）へと移っていった。まずオランダの学問的伝統が文化、芸術の豊かな島というイメージを創り出し、それがのちに人類学者たちに引き継がれることになる。これは観光客誘致に使われる、決まりきったバリ・イメージに対抗する役割を果たした。

そんななかでさまざまな訪問者の見解が混じり合い、今日あるようなバリのイメージというものができあがっていった。のどかな海原に浮かぶ夢のリゾートといった図がおびただしい数の書物や映画や写真などを通じて生み出され、磨かれていったのだ。一九三〇年代のヨーロッパ〝黄金期〟に生まれたこのバリ・イメージは大衆の幅広い支持を得た。戦後に製作された『バリへの道 *The Road to Bali*』などの映画がまったくおとぎ話めいた、エキゾティックなバリを描いていることからもわかるように、このイメージは戦後も根強く残ったのである。

オリエンタリストたち

ヨーロッパ人がバリにたいして抱いたイメージの歴史をたどってみると、早い時期に肯定的なイメージが現われたのは二度にすぎないことがわかる。最初は、文明国ではあるが風変わりな土地という一六世紀のバリ観、次は一九世紀にトマス・スタンフォード・ラッフルズ卿が示した熱意である。これらの先達を念頭に置きながら、一九世紀中葉に貴族階級出身のあるオランダ知識人が、バリ文化に一段と敬意を払うきっかけを作ったのだった。

宣教師で国会議員でもあった人道主義科学者、ウォルター・ロベルト・ファン・フーフェル男爵（一八一二〜七九）は、蘭印〔訳注　オランダ領東インドの略〕の土着民、とりわけバリ人をめぐるオランダ植民地関係者の思考をほとんど独力で塗り変えた。ファン・フーフェルは蘭印の全民族に深い関心を抱いていた。彼は貴族の出自からくる表現の自由さと行動力旺盛な人物のエネルギーを合わせもっており、蘭印の島々での現地調査からみずから得た知識を議会政治の場で具体的行動に移すような男だった。ラッフルズが政治経済学《ポリティカル・エコノミー》を信奉したように、ファン・フーフェルの人道主義は世界を知りたいという飽くなき意欲に鼓舞されていた。それは啓蒙主義と、当時ヨーロッパに巻き起こりつつあった科学発展の所産でもあった。

一九世紀半ばというのは、今日われわれが知っているような形での自然科学や社会科学の各学問分野が確立しつつあった時期だ。そういう時代にファン・フーフェルはあらたな一石を投じたのだった。彼はラッフルズ同様、植民地拡張の原動力でもあった精神的・知的進歩を実現したいという衝動に駆られていた。彼が「碩学で、疲れ知らずの会長」[1]を務めていた王立バタヴィア学芸協会は蘭印の科学知識の増進に努める主要組織であり、一八世紀の最後の四半世紀に設立された。バタヴィア協会を通じてバリへの科学調査団を主宰し、自分や他の研究者が書いた数々の重要な論文をみずから編集するとともに、バタヴィアに拠点を置いていた学術誌『蘭領インド雑誌』に発表した。

当時の科学者には珍しくないことだが、ファン・フーフェルの科学知識は広範な基礎のうえに築かれていた。彼にとっての科学とは自然科学だけを指すのではなく、いわゆる文献学、歴史学、人類学なども含むものだった。彼はバリの宗教にかんするすべてを知ろうと、大量の宗教文献をひもといた。バリ文化のインド起源を発見するとともに、宗教と文化とがバリ社会でどのように機能しているかを理解しようとも努めた。バリのヒンドゥー教については、ラッフルズや一九世紀初頭のほかの学者を通じていくばくかの知識を得ていたし、そのうえ古ジャワ語の文語体で記されたバリの文献の最初の翻訳に多少目を通してもいた。彼はこうした文献による手がかりが役に立つと考えた。バリは彼にとって「東インド諸島で唯一ヒンドゥー教が阻害されることなく生き残っている」場所であり、「かつてジャワをいろどった（インドの文学や詩についての）知識を探りあてる鍵」[2]だったからである。またファン・フーフェルの科学的関心は人道主義的側面を重視してもいた。蘭印の民族がそれぞれ固有の文化をもち、その文化はヨーロッパと同等に（もしくは、ほぼ同等と）評価されるべきだという点を示した功績において、彼の右に出る者はいない。

　ファン・フーフェルの著作は政治行動の基盤となった。蘭印固有の文化の価値を尊重すべしという主張は、悪名高き「強制栽培制度」（オランダ政府はこの制度によってジャワ農民を搾取していた）のもたらした不平等と苦難を糾弾する政治キャンペーンを張るうえで重要な役割を果たす。それより先ファン・フーフェルは、いくつも反乱の起こった年一八四八年に、欧亜混血児《ユーラシアン》の権利をめぐる抗議運動に連座したかどで蘭印を追放されている。その後はオランダ議会で、ジャワの小作農民の権利を守るべく闘った。彼はまたオランダの他の著名人らと組んで、高名な文筆家ムルタトゥリを支援した。このムルタトゥリの書いた『マックス・ハーフェラール *Max Havelaar*』は、ジャワの小作農民が強制栽培制度の下で味わっている苦しみを世間に知らしめた点でどんな学問的、経済的著作をもしのぐ小説だった。ファン・フーフェルらはついに強制栽培制度の廃止にこぎつけるが、それも一八七〇年には自由放任主義の資本主義が台頭し、オランダ政府に代わって私企業がジャワ農民を搾取するという結果に終わった。

だがファン・フーフェルの遺産は、「倫理政策派《エティシ》」と呼ばれる学者と行政官の一団を育てたことだろう。彼らはのちに、蘭印の住民搾取にたいするオランダの責任を認めた「倫理政策」の生みの親となった。開明な福祉政策を実施することで搾取を償おうとしたのだ。

しかしこうした政策が実現したのは次の世紀に入ってからのことだ。バリについての科学的知識を増やそうとするファン・フーフェルの努力で、バリが従来とは打って変わった形でオランダに知られるようになったのは、オランダがバリ島に迫るべく軍事力をふり向け始めていた一八四〇年代のことだった。

ファン・フーフェルはバリで科学的調査を始めるにあたり、協力者としておあつらえむきの人物、一九世紀の海洋貿易の立役者であるマッヅ・ランガに知己を得た。ランガは資財を提供し、ファン・フーフェルと仲間がバリにおもむいてから、従来の訪問者よりはずっと親密な形で王侯や祭司、貴族らとの会見をもてるように取り計らってくれた。またランガの交易基地がそのまま彼らの調査拠点となった。

ファン・フーフェルがバリに送った主要な代理人《エージェント》は、フリードリッヒという名のドイツ人だった。フリードッリヒは各地を転々としていた酒好きの学者で、南部バリを酩酊状態で歩き回ったようだ。それでもヒンドゥー教と文学とこの島の社会の関係については最初の本格的な記述をものにした。古代サンスクリット語やインド文学に関心があり、ドイツロマン主義の伝統に耽溺していたフリードリッヒは、蘭印の〝古典〟文化、つまり古代ジャワ文化の博物館としてのバリの評判を高めるにはうってつけの人物だった。[3] 古代サンスクリット文学が関心を引いたのは、サンスクリット語があらゆる言語と文化を派生させた古来のインド＝ヨーロッパ文化の最古の後裔であると信じられていたことに加えて、その文学的価値が評価されたためだった。

フリードリッヒはよくいえば高潔、じつのところは尊大な学者だったが、その彼がドイツの哲学者や彼らのあがめるサンスクリット語の専門家、インドのブラーマンたちの想像もおよばないような臨地調査の現場に放り込まれたわけである。フリードリッヒはブレレン征伐の艦隊に便乗して、一八四六年にバリに到着した。客観性が身上の科学者が身を置くべき状況とはとても思えない。北バリでは、彼が興味をもてる事象はこれといってみつからなかった。しかもブレレンの略奪された王宮にある写本については、バタヴィア協会の同僚、ゾーリンヘルに出し抜かれる始末だった。ゾーリンヘルは後年、バリとロンボックにかんする記述をファン・フーフェルの学術誌に発表している。このゾーリンヘルの報告で特筆すべきは、バリの儀礼に用いられる、彼いわく一種の〝トラ〟の面の存在に言及している点である。それこそまさしく、バリのクリス舞踊の描写で知られるようになる、あの〈バロン〉のことだった。[4]

フリードリッヒもゾーリンヘルも、火葬とバリの王侯の火葬にともなう寡婦の焼殺についてくわしい記述を公刊した。いずれの描写も、現地民の野蛮さに戦慄をおぼえながら、わき立つ興味を禁じえないといった感じを伝えている。[5] フリードリッヒはブレレンへの遠征ののち南に向かうことにし、マッヅ・ランガのもとに滞在した。彼はランガのネットワークを利用して椰子《やし》の葉を用いたバリ語の写本を入手し、読み方を習得するとともに、バリの歴史と社会組織について学ぼうとした。

ファン・フーフェル率いるバタヴィア協会がフリードリッヒをバリに送ったのは、彼がサンスクリット語を解したからだ。サンスクリット語がわかれば古い文献にある〈カウィ〉語も理解できるだろうと考えたわけだった。バリの宗教がインドのヒンドゥー教の一派であるという理論をもとに、協会では古代バリの文献がインドの古典言語で記されているものと信じられていた。ところが実際には、〈カウィ〉語はサンスクリット語と文法上何の関連もない。フリードリッヒはゲーテやシラーが賞賛したサンスクリット語のテキストを探すべくバリにおもむいた。だがそんなものはひとつもなかった代わりに、膨大な量の異なる文献にいき当たったのだった。

彼になじみのあるインドのヒンドゥー教の場合は、長年にわたってブラーマンの〈パンディット〉（祭司職の専門家）が西欧人への情報提供者だったから、フリードリッヒがバリ版のブラーマン祭司を文化の真の担い手とみなしたのも無理からぬことではあった。むろん彼はラッフルズ流に反イスラームの枠組みに照らして祭司階級をみていた。いわく、「祭司たちはムハメダニズム［訳注 イスラーム］が導入される以前のジャワが置かれていた状況をわれわれに再現してくれる」。ファン・フーフェルによれば、バリ人祭司たちは「古《いにしえ》の文学と宗教とを今に伝える唯一の存在」だった。さらに祭司たちは「あらゆる法と慣習の解説者である。また伝統に忠実であるから、古代の知見をほとんど失っていないし、忘れてしまったこともない」とも述べている。[6]

ランガはフリードリッヒをあまりよく思っていなかった。とりわけ彼の飲酒癖（蘭印のヨーロッパ人のあいだではごくありふれた問題ではあったが）と、サンスクリット語に精通した高位祭司以外のバリ人を侮蔑する態度が気にくわなかった。書簡のなかでランガはフリードリッヒについて、「彼はむちゃ飲みする男だ……」ともらしている。ランガがフリードリッヒのテントにいき着くまでにころがった空びんにつまずくのが毎朝の恒例行事となるほどだった。それでもランガは、「彼が写本を入手できるよう尽力するつもりだ。ただ、彼が集めているものをみたところでは、なんの値打ちもなさそうだが」と記している。つまり、フリードリッヒの収集している文献はとくに質が高いわけでもなく、容易に手に入るものばかりだが、ともかく収集を手助けしてやる、というわけだ。寛大にも、「それでもまあなんとかしてやろう」と付け加えている。

数ヵ月後にファン・フーフェルが様子をみにやってきたが、そのことでフリードリッヒの状態は悪化したようだ。「フリードリッヒ氏はファン・フーフェル氏が訪れたのをみてひどく憤慨した」とランガは報告する。このとき問題になったのはフリードリッヒの飲酒癖ではなく、バリ人に向かって暴力をふるうことだった。「彼はサニ（サヌールのことか?）で、あるイダ［訳注　最高位カーストに属するバリ人の称号］を鞭打ったかと思えば、この間はデヴァ・マテ・ライス［訳注　二番目のカーストに属するバリ人名の不正確な表記］の屋敷で、その弟デヴァ・マテ・カランを自分の馬用のムチで打ちすえた。とにかく誰かれかまわずけんかしている」[7]。

これが研究に没頭する学者の姿とは思いにくい。それでもフリードリッヒは、バリがインドの学識に負うところがあるとの事実を解明する論文をいくつも書き上げている。彼を助けたのはブラーマン賛美の精神だったにちがいない。結局、彼の調査は単独の情報源に頼っていたということだ。しかも文献だけを関心対象としたので、素面《しらふ》でいられるあいだになんとか仕事を進めることができたのだった。

ファン・フーフェルとその同僚の手になるこうした論文や書物の究極の成果は、少なくとも祭司階級や貴族層についていえば、バリが文化と学識の島であるというあらたなイメージを創出したことだった。ただ、肯定的な新イメージも、あいかわらず根も葉もない流言蜚語——王が近親相姦を犯したり、人肉食をたしなむ、あるいは内戦や陰謀が絶えず起こっているなどといった、退廃した東洋に特徴的とされる事象——のとばっちりを受けてはいた。この退廃現象の特定ヴァージョンでバリにあてはめられたのは、インドでいうブラーマン階級のバリ版つまり〈ブラフマナ〉カースト出身の高位祭司だけが、バリ文化の語り部にふさわしい重要な存在だという考え方だった。彼らだけが古代ジャワの継承に責任を負うということだ。

こうして一九世紀中葉に生み出されたバリ文化の見方は、百年以上も重要な意味をもち続けることになった。バリはまともな扱いを受けるようになり、あくまで二次的な意味合いではあったが、研究活動の現場ともなっていった。ヨーロッパのオリエンタリストたち——東洋《オリエント》を研究対象とする学徒はこう呼び習わされるようになった——が大事にした古典文献は、バリ固有のものではなく、運命のいたずらでこの島に代々伝わることになったヒンドゥー的なものと考えられていた。数世代にわたってこれらの文献の研究にいそしんだ学者たちは、ジャワやインドのものとみなしたものの多くが、じつは昔も今もバリ人の手で記されてきたとは思いもよらなかったのだ。

次なる世代――一八七〇年代から一九〇〇年代

北バリでヨーロッパ人として最初の植民地住民となった官僚や宣教師らは、ラッフルズの描いたような、気高く勤勉な農民層が社会の基盤という概念に磨きをかけると同時に、ファン・フーフェルの一派が生んだヒンドゥー文学と宗教をめぐる構想も精緻にしていった。新世代の学者のうち、とくに開明的なバリ観の持ち主として注目に値するのが、欧亜混血《ユーラシアン》のつむじ曲がりな言語学者H・N・ファン・デル・トゥークと、倫理観の強い、のちのバリ・ロンボック理事官《レジデント》F・A・リーフリンクの二人である。バリにおもむいたのは二人とも一八七〇年代で、バリ最初の文官P・ファン・ブルーメン・ヴァーンデルスの行政計画がちょうど軌道に乗り始めていたところだった。ちょうどその頃北バリは、オランダがバリの伝統と考えたものにしたがって改編されつつあった。

リーフリンクもファン・デル・トゥークも、一八四〇年代にファン・フーフェル男爵が、そして一九世紀初頭にラッフルズが始めていた、バリの生活と文化にかんする知識を増すという方向を受け継いでいた。この方向にともなっていたのは、慈悲深い植民地福祉政策を通じて蘭印の人々を助けるという理想主義的な旗印のもとに、科学知識がオランダ領東インドの諸社会にいっそう入り込んでいくことだった。ファン・デル・トゥークとリーフリンクは、蘭印でもっとも重要な文化のひとつにバリを分類するというあらたなバリ観を与えた。

独善的とはいえ深い学識を備えたヘルマン・ネウブロンナー・ファン・デル・トゥークは、一八二四年にマラッカ（現マレーシアの一部）で生まれた。当時のマラッカはちょうどオランダからイギリスに委譲されるところだった。彼は子ども時代を東ジャワのスラバヤですごし、一八七〇年からバリで暮らした。そして一八九四年にスラバヤの病院で没するまでバリにとどまった。学究肌で切れ者のファン・デル・トゥークは当時のしきたりなど歯牙にもかけず、オランダ人の同僚の大半からは完全に変人扱いされていた。彼はバリ流の装いと生活様式を自分のものにしており、午後になるとパジャマのズボンにバリ人の着るシャツというでたちで、帽子もかぶらず裸足のまま海岸をふらふらしている姿がみられたものだった。しかも、「いつも肌身はなさずもち歩いている、数キロはあろうかというこん棒」を手にしていたという。[8] 彼は勉学のためにオランダを訪れたきりだったし、混血だったこともあって、オランダ社会の主流からは受け入れられにくかったのかもしれない。

たしかにファン・デル・トゥークの生いたちを考えると、ヨーロッパ人とはいいがたい。まさしくこの生いたちが彼の業績に重大な影響をおよぼしていた。彼は同世代の学者のなかでも、真っ先に現代の人類学者や言語学者がフィールドワークと呼んでいる手法――現地の人々のなかで暮らし、生きた言語を研究する努力を払うこと――を重視したひとりだったからだ。彼は自分の著作のなかで、居心地のいいオランダやバタヴィアにいながらにして辞書を編纂した〝安楽椅子《アームチェア》〟学者たちをこきおろしている。また研究対象の人々のただなかに入り込んでの仕事に傾倒していた点で、五〇年は時代の先をいっていた。

ファン・デル・トゥークがバリにくるにあたっては、凶暴だという風評を気にかけていた。実際一八六八年にはバンリとムンウィのあいだの内戦があったり、オランダが遠征軍を送ったりしたために、バリへの訪問をとりやめ、代わりに南スマトラのランプンにいっている。一八七〇年には、バタヴィアでバリに一緒に連れていく使用人をみつけるのがひと苦労だった。ジャワ人やマレー人もバリの悪評に恐れをなしていたからだ。ファン・デル・トゥークがバリから書き送った初期の書簡には、バリの王侯の専横ぶりや、貿易商人たちが恐れおののきながら暮らしている様子がしたためられている。[9]

ファン・デル・トゥークは当時の古典的なヨーロッパ文学のみならず、インド文学にも造詣が深かった。ミステリー小説を好んだのが玉に傷だったが。ラッフルズやフリードリッヒと同じく彼も、ブラーマンが最良の情報源であり、文化の真の担い手だと考えていた。自分が以前ともに暮らしたことのあるスマトラのバタック人をバリ人と比較し、「今のところは、バタック人よりバリ人のほうがつきあいやすい」と判断した。だがお気に召したのはバリ人全部というわけではなく、学問上の同好の士とみなした祭司階級の者に限られていた。彼は次のように書いている。

「この地のブラーマンは教養に富み、穏やかな気質の持ち主である。（われわれの）役人が王の極悪非道ぶりを黙殺しておきながら、政府がブラーマンを厚遇しないのは残念至極だ」。

この点を強調するのに彼は反貴族的なエピソードを付け加えた。これほどの行状を放置するオランダ東インド政府に悪印象を抱かせるような内容だった。

「先だって、ここで髭の白くなった男が棘だらけの葉で打ちすえられていた。王様の名を騙って商品を仕入れた罪だという。男の身体中にみみずばれができると、男は縛られ、十一時から十二時までのあいだ日なたに放置された」[10]。

ファン・デル・トゥークはバリにとどまり、ブレレンのヨーロッパ人居住区とは没交渉の暮らしを営みながら、バリ語と詩的な〈カウィ〉語の辞書の編纂に取り組むことにした。後年の彼の書簡には王族の残忍性をめぐる話はあまり出てこなくなる。しかし、一八八六年に彼は命をねらわれ、草刈り鎌で重傷を負った。手を下したのはカランガスム出身の〝クーリー〟［訳注　人夫］だったが、政治的な動機はないと知ってオランダ人理事官《レジデント》は胸をなでおろした。犯人はカランガスムのデワ・クトゥット・クラマスで、何かとるに足りない諍《いさか》いの報復に刺客を差し向けたのだった[11]。

ファン・デル・トゥークは反キリスト教的な聖書翻訳者でもあった。当初のスポンサーだったオランダ聖書協会は彼の辞書編纂プロジェクトに満足していなかった。協会はファン・デル・トゥークの作業のスピードよりももっと短期間で成果が出ることを期待していたからだ。そもそもファン・デル・トゥークは自分のスポンサーが気に入らなかったとみえる。ほかの「倫理政策派《エティシ》」や作家ムルタトゥリの信奉者同様、蘭印における宣教活動には基本的に反対していたためである。

バリでの滞在中ずっと、ファン・デル・トゥークはバリにきた最初の宣教師ルトヘル・ファン・エックのことをこきおろしており、バリにかんする彼の著作や、ユトレヒト伝道協会から送られた後任宣教師の活動についても批判的に書いていた。後任のひとりがファン・エックの出した唯一の改宗者に殺されたときも、同情を示すどころか、オランダ東インド政府がバリでの宣教活動を禁止したことを喜んだ――「キリスト教、わけてもユトレヒトの宣教師たちが標榜するカルヴィニズムはたちが悪い。そのうえオランダ本国で狂信者《ファナティクス》に仕立てられた、無礼な輩《やから》がここに広めにくるときている」[12]。ファン・デル・トゥークが一八七四年にロンボック島を訪れたときには、自分と連れの者が信仰を守れるように、ブラーマンをひとり同行させたほどである[13]。

さいわいにもオランダ東インド政府がファン・デル・トゥークを雇い入れることに同意し、一八七三年から彼は公務員としてバリでの言語学研究を続行することになった。このような役割を担うことで彼は影響力をもち、バリ島に立ち寄る他の研究者や訪問者に助言を与えるようになる。そして彼の辞書が死後に発刊されてからは、バリにかんする学識の第一人者となったのだった。

ファン・デル・トゥークの活動が生み出した遺産のうち、近代インドネシアにも生き続けたものがひとつある。彼はバリ人とジャワ人の筆記者を雇って文献の筆写をさせていたが、そのうちのひとりだったジャワ人教師が、バリ人のブラーマンの娘を妻にするという前代未聞のことをやってのけた。この教師はファン・デル・トゥークとの交際を通じて眼前に新しく開かれた世界にある種の影響を受けたらしく、神知学《テオソフィー》に関心をもった。そしてこの関心は、彼の息子でのちにインドネシア共和国の初代大統領に就任する、スカルノへと受け継がれたのだった。

エロティシズムと民族誌

ファン・デル・トゥークを早くに訪ねてきた客のなかで、南バリについて広範な記述を残したのはバリ女性の乳房を発見した男、医師のユリウス・ヤーコブスである。ヤーコブスはファン・デル・トゥークのごとく人生の大半を蘭印ですごし、植民地支配層の同胞よりは〝原住民〟に混じって暮らすことを好んだ。土着の生活への傾倒ぶりは、医師としての職分をはるかに超えるもので、むしろ民族学者といったほうがふさわしいくらいだった。彼は土地の住民の保健衛生面にとどまらず、バリ人の健康面と性生活が日常生活の成り立ちや芸術活動とどのようにかかわっているかを描写している。

ヤーコブスがバリにいったのは一八八一年のことで、文官ファン・ブルーメン・ヴァーンデルスが着手した天然痘の予防注射を普及させる仕事を進めるためだった。バリでファン・デル・トゥークに会った彼は、その碩学ぶりに感銘を受ける。同時に、草ぶき屋根の家のいたるところに写本の山が積んであるといったありさまを目の当たりにして、この〝正真正銘の本の虫〟が営むバリ式の生活様式にいたく感心した。ファン・デル・トゥークはヤーコブスに、自分が独身生活を送っているのは「この家に規律と秩序をもち込みたがる女なんぞ」に自分の生活スタイルを乱されてはたまらないからだ、と語っている。[14]

先人が残したバリ・イメージの好ましからぬ側面をうのみにしていたにもかかわらず、ヤーコブスは好奇心に導かれ、バリ文化にちがった価値を認めるようになった。彼の書いた旅行記は、バリ人の過剰なほどのエロティシズムを写実的に描き出すことで魅力を高め、さらにエキゾティックな文化に富むバリの姿を提示してみせたという点で、この種の書物の先陣を切るものだった。

ヤーコブスは蘭印について豊富な経験を積んだ男でありながら、バリにかんしては予備知識をあまりもち合わせていなかった。到着後はまずファン・デル・トゥークにともなわれて、そしてのちにはさまざまなバリ人ラジャの宮殿で、みるもの聞くものすべてがもの珍しい客に喜んでなった。自分が観察したことがらを分析する段になると、ファン・デル・トゥークの教示を仰いだ。だから南バリの宮廷生活や文化活動、医療問題などにかんするヤーコブスの詳細な記述をわれわれが読む際には、バリ人の生活についてのファン・デル・トゥークの説明や洞察を参考にする必要があるだろう[15]。

ヤーコブスの旅行記は、ヨーロッパの想像力のなかのバリ・イメージを作り変えたという点で画期的な作品だった。彼は同時代の出版物から得られる情報を、活発な芸術活動の中心としてのバリの描写に織り込んだ。ガムランの美しい音色が響きわたる村々、客のためにありとあらゆる舞踊を上演させることのできる、色情狂の独裁者たちでいっぱいの王宮。こうした観察に混じって、今日でいう第三世界、つまりヨーロッパの技術の進歩から取り残された国の医療問題の細かな描写があった。

ヤーコブスの著書で重要だったのは文化をめぐる記述ばかりではない。オランダにおけるヴィクトリア朝とでもいうべき時代に、彼はこの島が性的放縦の許される場所だというイメージを提供した。ヨーロッパ人の書き手のうち、彼は後世の文人や観光客を魅了することになるものの最初の発見者だったのだ。彼がみつけたのはバリ女性のむき出しの乳房。ただしあくまでも科学の徒にふさわしく、この問題を彼が観察したのは、バリ人が人種の位階秩序のどこにあてはまるかという点をはっきりさせる目的あってのことだった。自分の観察結果を説明するなかで、彼はバリ人の〝典型的〟な乳房のふくらみが乳輪の下方にあることに注目し、このことと臀部の幅とがバリ人、ジャワ人やその他の〝マレー人〟のあいだの人種的共通性を示唆するという結論を導き出した。

当時の医者としては珍しくないことだったが、ヤーコブスの猥褻すれすれの興味は、人間の行動と気質が外的特徴《フィジオノミー》といかに結びついているかという思考方法に一致するものだった。人種はものごとの体系上、重要だった。個々の人種は特定の基本的特徴を備えており、それが気質を決定するとされたからだ。

バリ女性をめぐるヤーコブスの議論は、女たちが〝ハーレム〟に住んでいるという発想を強調した。こうしてバリの宮廷生活に、中東の君主は好色と決めつけた見方がうまくつながるわけだ。この種の見方は西洋のアジア観に依然として根強いものだった。ヤーコブスは戦々恐々の体で（そのようにみせかけたふしもあるが）、あるラジャが踊り子を夜のお供にと差し出した様子を想起している。また宮廷付きの踊り子のなかにはほんものの娼婦もおり、その稼ぎで王を援助しているとか、あろうことか女装した男娼まで混じっていた、とも述懐している。

ファン・デル・トゥークから教わったにちがいない適切なバリ語の語彙まで添えて、ヤーコブスがバリ人の性生活についての情報を克明に記しているところをみると、彼がじつはフィールドワークと称してその種の王の申し出を受けていたのではあるまいかという疑いも頭をかすめる。ヤーコブスは、このような描写はあくまで「同僚やオリエンタリストの方々のためを思って」入れたと弁明したが、あきらかに彼が提供していたのは、そしてバリが提供すると暗に示したのは、ヨーロッパでは公然と認められない類《たぐい》の感興なのだ。こうした記述をより〝科学的〟にみせるため、ヤーコブスはバリ語のほかにラテン語やフランス語、ドイツ語などを織り混ぜている。その一例は、〝女性同性愛《レズビッシュ・リーフデ》〟と彼が呼んだものの描写で、クリトリスをこすり合わせる女性同性愛者の性行為を説明するものとして次のような定義を与えている。「〈ムチェンチェン・ジュウク〉：文字どおりの意味は楽器のシンバルを、音をさせずに打ち合わせること。マレー語では〈ブルタンプッ・ラブー〉という。タンプッ=熟れきった果実、おそらくは〝クリトリス〟の隠喩」。同性愛行為は「女たちのあいだでさかんで、〝指派〟と〝舌派〟に区別される」と彼は説明する。

　男性の性生活についても詳報を提供してはいるが、彼が執心したのはあきらかに女性のほうだった。本人がまぎれもない異性愛者《ヘテロセクシャル》だった証拠といってしまえばそれまでだが、このことは当時のヨーロッパ医学の方向性とも一致していたのである。この種の研究によれば、人種の外的特徴はたんに皮膚の色や骨格の問題ではなく、身体のあらゆる部位の発達、とくに乳房や性器、臀部の発達が問題とされた。[16]女性の同性愛について、ヤーコブスは以下のように述べる。「その筋の専門家によると、バリの麗人は大いに発達したクリトリスを所持するとのことだが、これが（同性愛行為という）性器の悪用をうながすものと考えられる」。ヨーロッパ人の考えでは、マレー人、とりわけマレー女性は（他の人種、とくに黒色人種と同じく）過剰に大きい性器をもっており、このためヨーロッパ女性より淫乱ということになっていた。したがってヤーコブスも「これらハムの娘たちはほとんど〝出入り自由〟ともいうべきありさまであるが、それでも〝オナニー〟や〝マスタベーション〟などの行為はとくに若い世代に広くみられる。彼らはこれを〈ニョクチョック〉と呼ぶ」という。万一読者が彼の証言に疑いを抱いた場合に備えてか、次のように付言してもいる。バリのハーレムにいる女性はみな〝淑女の快楽《プレジール・デ・ダム》〟としてロウを常備している。またハーレムの外の女性ならば、自然の用意した道具が欲望を満たしてくれる。「バリ人の娘たちはヤムイモやバナナを大いに好むが、それは食用とばかりは限らぬ」[17]。

バリ人の男にとって不能は深刻な心配の種である、と彼はいう。バリで最高位を誇る王、クルンクンのラジャでさえ、その不安と無縁ではない。ヤーコブスいわく、不能状態におちいる男性が多いのはバリ女性の性欲が旺盛なためではなく、男性が性行為にふけりすぎるのと、性的興奮を高めようと種々の手立てを講じすぎるためだった。つまり妻の人数が多すぎるうえに、麻薬の濫用がたたるというのがヤーコブスの読みだった。

ファン・デル・トゥークやヤーコブスの業績は、ヨーロッパ人がバリ人の生活の細部にまで深く深く分け入っていった、ヨーロッパ的知のある段階を代表している。こうした知のありようはすたれることなく、その知の獲得過程をみると、それが増強しつつあったバリ島の植民地支配といかに連動していたかがわかる。言語学的にも身体的特徴からも、バリ人は世界の人種の階層秩序のなかにあてはめられた。性に耽溺する人種的傾向はほかの〝アジア人〟にも共通してみられるもので、これによって彼らはヨーロッパ人より劣っているとされたが、同時に文化的豊かさから、バリ人はヨーロッパ人が植民地で遭遇するその他おおぜいの〝原始的な〟民族よりも上等ということになったのだ。

村落共和国

バリ人の生活にかんすること細かな事実が学問を通じて他者のまなざしにさらされるようになると、ヨーロッパ人たちはバリ社会のあらゆる階層についてもっと知りたがるようになった。その頃の著述家のほとんどは、バリ人から直接情報を入手する場合でも、せいぜい支配階級の人間と話をするにすぎなかった。それはファン・デル・トゥークが敬意を表したブラーマンか、ヤーコブスにバリ社会の諸相を教えたラジャたちのどちらかだった。だがファン・デル・トゥークの人生がまさに幕を閉じようとしていた頃、ヨーロッパの学者たちは農民たちや村落にたいし、バリ社会の基礎として関心を向けるようになった。こうした考え方を代表する人物が、フレデリック・アルベルト・リーフリンクである。彼は一八九六年から一九〇一年までバリ・ロンボック地方の理事官《レジデント》としてロンボック島の飢饉と内乱収拾に奔走したのち、植民地政府の最高諮問機関であるインド評議会の一員となった。

リーフリンクは、ファン・デル・トゥークを始めとするそれまでのバリ研究者とは毛色が異なり、その気風はエキセントリックな学者の対極にあるともいえた。彼はきわめて〝まともな〟役人であり、植民地行政の出世の階段を上ることを考えて周到に動く人物だった。ファン・デル・トゥークはリーフリンクの著作が興味深いと書簡に書いたが、リーフリンクはファン・エックの業績を使いすぎていると思う、とも述べている。「リーフリンクがどうしてファン・エックのことをみぬけないのか不思議でならない。ファン・エックはリーフリンクのことをいつもみくだした調子で話しているというのに」[18]。後年、リーフリンクは著書の一冊をファン・デル・トゥークに捧げている。

バリの村の生活、ルイーズ・コーク画、1930年代。『バリの私たちのホテル』から。

リーフリンクが蘭印の住民の福祉を増進することに関心をもつ「倫理政策派」の一員だったという事実と、彼が兄ともどもオランダのロンボック島征服に荷担したことのあいだには、何の矛盾もなかった。リーフリンクのロンボック観は、かつてファン・デル・トゥークとともにこの島を何度か訪れた折に固まった。視察報告書で彼が述べた見解は、すでにファン・デル・トゥークがバリから送った初期の書簡であきらかにしているものと同じだった。すなわち、ロンボックのバリ人支配層はヒンドゥー教徒の独裁者で、人口の大多数を占めるムスリムのササック人に圧政を敷いている。だから啓蒙されたヨーロッパ人が統治すればこれらの民が苦境から救われるというものだ。[19]

こうしたササック人への同情心の延長線上で、リーフリンクはバリの〝村落共和国〟についての自分の考えを開陳していく。この村落共和国という発想は、ファン・ブルーメン・ヴァーンデルスらリーフリンクの前任者がバリ政治の無政府状態の証とみなしたある事象にたいする反応でもあった。彼らがいうには、村人たちはどの領主に仕えるか（そして税を納めるか）を選ぶことができ、不人気な主人から逃げ出すことでしばしばこの権利を行使したという。このような村人の選択権にかんする文献や、潅漑システムと村議会が高い自律性を保っている事実などに基づいて、リーフリンクは村落が平等主義的かつ自律的な単位であり、こうした村落こそがバリ社会の基層をなしている、そして貴族階級は抑圧的な形でうえから押しつけられた存在だという結論を出した。よってバリの王国は、とくにオランダの支配下に入っていないものは「村々のたんなる寄せ集め」にすぎないということになった。[20]

リーフリンクとその後継者たちによれば、原初的な、「バリ・アガ」と呼ばれる山地の村々は真に共和的な（民主的とはいわないまでも）バリ社会の本質を反映しているが、そこに一四世紀ジャワのマジャパイト帝国が貴族による専制をうえからかぶせたのだった。のちの研究者たちは、バリの古い村が実際に原バリ的な、あるいは土着の存在であることの根拠として、こうした村々とインドネシアの他地域、とりわけヒンドゥー教がこれまで根づいたことのない地域にある村々とのあいだに社会組織や慣習などの面で類似点をみい出した。

リーフリンクの思いつきはまったく新しいものではない。こうした考えはすでにラッフルズ経由でオランダ人の思考や植民地行政にも入っていた。[21] オランダの植民地実践と東洋《オリエント》をめぐるヨーロッパ人の著作を通じてそれが流布していったことが、農民の価値というものについてのリーフリンクの見解にも影響したのだった。そこでは彼らは個人としてではなく、集団としてとらえられていたとしても、である。こうした背景が、初期のオランダ人統治者が直面したバリの無政府状態《アナーキー》とされるものをなんとか解明し、またそれに適用できるようなバリ社会の理論を生み出すための実際的手段に結びついたのだった。[22] そこでリーフリンク以後、「村落行政を単純化し、本来あった状態に戻す」という使命が生まれ、シュワルツら文官たちがその課題に取り組んだ。[23]

虐殺からセールスへ

オランダがバリに武力侵攻し、何千人もの貴族とその従者を殺したり、追放したりしたときに起こった一九〇六年～一九〇八年の〈ププタン〉でバリ人のラジャたちが死の行進をしたあと、オランダはバリ文化を学問的に評価することで良心の呵責を和らげようとした。とくにリーフリンクやファン・デル・トゥークの業績は、島の行政で直接実行に移せるような、しっかりした学問的伝統をオランダに与えた。虐殺によってオランダの自由主義的想像力はいたく傷ついたのだが、その傷あとはいやされなければならなかった。観光と結びついた形でのバリ文化の保存こそが、その治療の特効薬だった。

クルンクンでの〈ププタン〉が起こってからわずか六年後に、観光客の最初の一団が到着し、バリへの観光客誘致も始まった。オランダの蒸気船会社ＫＰＭはすでに一九世紀の終わりから北バリに運航していたが、当時運んだのは人間の乗客ではなく、ブタだった。蒸気船はたいていブレレンに入港し、そこでコプラ、コーヒー、ブタなどバリからシンガポールほか各地に向けた主要輸出品目を積み込んだ。そのためこの蒸気船を利用する船旅は、一九二〇年代まで〝ブタ急行《バビ・エクスプレス》〟の名で知られたという。[24]

一九一四年にKPMはバリ島のイメージを盛り込んだ最初の観光パンフレットを刊行した。この島のセールスポイントをこころえた会社は、次々に英語の広告やガイドブックを作っていく。どれも次のようなうたい文句が使われていた。

バリ
この島をあとにするとき
出るのは後悔のためいきばかり
生ある限り
忘れることはないでしょう
この
エデンの園を[25]

こうしたフレーズや、密林の風景に椰子《やし》の樹々、水田を写した魅惑的な写真の数々はじゅうぶん功を奏して、観光客をジャワからバリに立ち寄ってみる気にさせた。

おとりはイギリス人女性ヘレン・エヴァ・イェーツがKPMの依頼で書いた最初の観光パンフレットをみれば一目瞭然だ。彼女はバリを「魔法にかかった島」と呼んだ。旅行者に約束されているのは素朴さと芸術性、そして「まだ中世のような素朴なやり方で暮らしていこうと」しながらも、同時に「その誠実さが魅力的な昔からの信仰を代々守り続け、芸術性豊かな」現地の人々だった。この島は「いまだに近代主義にそこなわれることなく」、それになんといっても「女たちの島」なのだ。[26] この最後のせりふは、その後たくさん出てくる半裸の女たちのイメージの先触れでもあった。

ファン・デル・トゥークやリーフリンクの先導に続いた文官たちには、観光にかんして複雑な思いがあった。オランダ官僚機構のなかの倫理運動の一部として、彼らはオランダが植民地に〝名誉の負債〟を負っていると感じていた。このような学者肌の文官の一群はもっと実利的な同僚たちよりバリ人に近く接する生活をしており、先の〈ププタン〉には震撼させられた。そしてバリ文化を保護することでせめてもの償いをしようとしたのだ。むろん文化保護にはそれなりの矛盾がつきまとった。一方ではこうして保護・保存された文化は、観光客にとってこの島の大きな魅力となるにちがいない。だが他方では、観光のせいで西洋の影響があまりにも大きくなると、当の文化にとってはよくないのではないかと思われた。

彼らが保存しようとしていた〝伝統的な〟バリとは、リーフリンクや彼に先立つ研究者たちが系統的に描き出してみせたバリだった。先人にならい、歴代のバリ・ロンボック理事官《レジデント》は土地所有、奴隷制やその他当時の主要な法律問題などについて調査をした。奴隷制と寡婦殉死を禁止し、闘鶏などの活動を認めなかった。さらに麻薬の服用を徐々にやめさせ、行政組織を変革した。彼らはこれだけのことをやってのけながら、それでもバリが〝保存〟できたのだ。なぜならリーフリンクが彼らに教えたように、ほんとうのバリは彼のいう村落共和国にこそ宿るのだから。オランダ政府は世界がバリのことを肯定的なイメージでとらえてくれるよう躍起になっており、観光こそはそうしたイメージを流布するのに、つまり帝国主義が残した血の染みをぬぐいさるのに最良の方法なのだった。

学問の伝統

リーフリンクがバリを去り植民地行政の評議員となってからまもなく、オランダ統治下のバリに完璧ともいえる文化的基盤が作られた。バリを近代の想像力にもち込むうえで最大の貢献をした二人の人物にちなんで名づけられた「リーフリンク＝ファン・デル・トゥーク文書館《キルティヤ》」は、バリ語文献およびバリにかんする西洋の書物を所蔵する図書館として、バリの法律書や行政、宗教、文学の研究の発展に捧げられた。文官たちはともすれば、偉人二人のそれぞれの伝統にしたがって仲間割れするきらいもあったのだが、この図書館の設立は彼らの目的が一致をみたことの象徴だった。

リーフリンクの弟子たちは、伝統的法規、オランダ人のいう〝アダットレヒト〟の研究に力を注ぐ文官だった。彼らは土地所有、相続やその他オランダ統治がもたらしつつあった社会の改組にじかに関係する諸問題に専念していた。彼らにとって、植民地政策とは〝安寧と秩序《ルスト・エン・オルド》〟のための行政法に慣習法をしたがわせることを意味した。

そこでとった政策はいわゆる〝間接統治〟で、すでに三世紀にわたってジャワで実証ずみの方法だった。二〇世紀初頭には、倫理主義の立場をとる行政官たちがさらに徹底してこの政策を法律化した。それはある種の二元的または多元的な行政システムで、行政官は現地民に直接かかわる業務にたずさわる者と、より高等なオランダの政策にかかわる業務を遂行する者とに二分された。同時に、慣習法研究者の手でそれに対応する法制度が整備された。現地での偶発的事態には〝伝統的〟法規を用い、もっと高度な問題にかんしてはオランダ法を適用するというわけだ。同じように経済の分野でも、オランダ人の理論家は二重経済論を提示した。一方は土着の農業中心の経済、そしてもう一方は前者から分離した、国際規模の資本主義経済である。これらの政策すべてに共通するのは、現地民はある種原始的な、あるいは遅れた発展段階にとどまったままなのだから、二〇世紀の破壊的影響から〝保護〟し、〝保存〟してやらねばならないという考え方だった。[27] このように社会の異なる集団に序列をつけて分離し、〝保存〟と〝保護〟を図るというオランダの発想には、近代南アフリカの〝アパルトヘイト〟に通じるものがある。

学者という学者がそろって公的政策にしたがったわけではない。これらの政策を策定する側に回った人々のあいだでも、蘭印の住民にたいする見解は分かれがちだった。なかには現地民のものの見方、あるいは現地民はこうだろうと自分が想定した見方に共感をおぼえる者もいた。バリの慣習法研究についてはおそらく右に出る者のいないヴィクトル・エマニュエル・コールンは、植民地政策をやみくもに適用するやり方に異議をとなえる者のひとりだった。コールルン（一八九二～一九六九）は若くして植民地官僚の道に進んだが、その経験を生かして綿密な慣習法研究の基礎を築き、一九二二年には植民地研究の中核、ライデン大学より博士号を授与された。彼は堅実な官僚の任務を果たしはしたが、そのじつ植民地政策の否定的影響を冷ややかな目でみていたようだ。

コールルンは蘭印のさまざまな地方に赴任したが、彼が最大の貢献を果たしたのはなんといってもバリ研究である。彼はバリ人の生活と習慣の詳細と無限のヴァリエーションを逐一調べ上げることに献身した。彼の最高の業績は、博士論文に基づいた、金字塔ともいうべきバリ慣習法の研究だろう。このなかでコールルンは、学者が植民地行政に与することは中立的行動とはいえず、むしろオランダが保存していると主張する社会構造そのものへの根本的な介入を意味するということを学会に向けて訴えている。

マラヤを舞台にした、モームの短編小説の悲哀に満ちた登場人物のごとく、コールルンはバリ人の〝事実上の〟妻を娶っていたが、その存在は隠し通さねばならず、また彼がバリを去るときには置いていかざるをえなかった。その妻は彼に梅毒をうつしたともいわれる。人生の終盤にさしかかる頃、彼はこの梅毒のためひとり暮らしを余儀なくされ、ついには精神を病むに至ったという。コールルンはプロの行政官として著作を残したが、私生活同様、公務においても植民地主義の表向きの規範の裏でわだかまりをもち続け、ついにはそうした規範の批判者になったのだった。

コールルンはみつけられる限りのいろいろな用語や慣習を全部リスト化することで、島に広がる伝統的慣行のおびただしいヴァリエーションに対処しようとした。この作業で、彼は前任者たちの仕事の問題点をさらけ出すことになった。前任者たちは行政の執行にあたって、官僚に都合がいいようにつねにものごとを合理化していたことを彼があきらかにしたからだ。こうした合理化を進めるうちに、彼らはバリ人の慣行の大半をやめさせ、残した慣習も徹底的に改変してしまった。バリ文化を保存するという名の下に、実際にはバリの植民地行政官たちがそれを変容させつつあったわけだ。なかでも、カースト制を厳密な一連の法則に仕立てることで、これら行政官たちはもっと流動性の高かった社会的しきたりを硬直させることになった[28]。

学者肌の行政官のうち文献学に親しむ一派はファン・デル・トゥークの後継者だった。彼らは文献や有形の遺物などから古代バリを発見することにいそしむ言語学者や考古学者たちだった。この文献学者たちの主な顔ぶれは次のとおりである。アフマッドと名づけた頭蓋骨をいく先々にもち歩く巨漢の考古学者、ピーテル・ファン・ステイン・カレンフェルス。自分の助手の、才気ある若いアメリカ人の舞踊研究家と同棲してオランダ当局をぎょっとさせたウィレム・ストゥッテルハイム。このアメリカ人とはのちにコーネル大学の教授に就任するクレア・ホルトである。ルロフ・ホリス。そしてリーフリンク＝ファン・デル・トゥーク協会勤務の言語研究家に任じられた、淡白で良心的な言語学者、クリスチャン・ホーイカース。

ホリスはバリ研究者のなかの謎のひとりだ。背が低く、だぶだぶのボンベイ式ズボンをはいた彼は、はにかみやで奇妙な風体の学者だった。同性愛志向のため、他の文官とは距離ができた。いろいろな意味で同年代の仲間からも疎外されていたホリスは古い文献に安息をみい出し、バリの宗教のルーツであるヒンドゥー教への飽くなき関心からそれらの文献を探究していた。この関心は一九世紀のバリ研究者、フリードリッヒにも通じるものだった。もう一点ホリスとフリードリッヒに共通していたのは飲酒癖で、これは一部には、ホリスがオランダ人公務員の心性とそりが合わなかったことからくるものだろう。インドネシア革命の際、彼はオランダに背を向け、新生インドネシア共和国の市民となることで、それまで抱えてきた疎外感をあらわにしたのだった。彼の晩年はバリの知識人たちの厚意に支えられながらも、哀れな淋しいものだった。

これらの学者たちはみな、バリが豊かな文化の島だという印象をさらに深めた。彼らはすでに、バリが「まったく別の存在で……蘭印のどこよりもみごとに調和のとれたところ」と論じていたのだった。[29] みずからの業績や行政官としての任務を通じて、彼らは秩序のイメージを創り出した。それは観光にとっても植民地主義にとっても、好都合のイメージだった。しかしバリにかんする植民地学者たちの知見は、バリ人に味方するものでもなければ、反植民地主義的でもなかった。多くの学術知識は帝国主義者の優位性を強化するものだったし、もっと鋭敏な感性の持ち主でさえ、自分たちのほうがバリ人よりもバリのことをよく知っていると豪語するほどだったからだ。だから彼らはバリ人に文化をどうすべきか指図することもできたのだった。

最初の観光客たち

今世紀初頭には観光ものどかなもので、優雅な旅とのんびりした逗留の時代だった。当時アメリカからバリまでいくには六週間という悠長な時間が必要だったのだ。船はアメリカやヨーロッパ、オーストラリアからまずバタヴィアに向かった。これはむろん上流階級にしかできない観光だった。一九一六年の時点でアメリカの西海岸から日本、香港、シンガポールを経由してバタヴィアまでいくには、当時のオーストラリア通貨で六二ポンドかかったという。アメリカの東海岸からヨーロッパ回り（ジェノアかマルセイユ経由）でいくと一〇三ポンドかかった。バタヴィアからバリとロンボックへの五日間の小旅行の経費は六ポンド八シリング。シドニーからバタヴィアへの往復運賃は二等で三六ポンド一五シリング。家族を養うのにぎりぎりの週給が約二ポンド二シリングで、雇い主によってはそれをずっと下回る額しかよこさなかった時代のことである。[30]

数年のうちにはほかの会社も市場に参入してきた。ミゲル・コヴァルビアスとその妻ローズが一九三〇年に『シンガリーズ・プリンセス』号でバリに渡ったときには旅行経路もすでに変わっており、夫妻はニューヨークからスエズ運河を通って太平洋へ、そしてシナ海を抜けてスラバヤに達し、そこからブレレンに到着した。[31] その他の旅行者、たとえば当時新婚だったグレゴリー・ベイトソンとマーガレット・ミードは、ロンドンとパリからスエズ運河経由できたのだが、南バリに向かう途中シンガポールに立ち寄って、マカッサルや他の外島を回るＫＰＭ主催のツアーに加わっている。[32]

南太平洋を渡り歩いてきたビーチコーマーなど、人によってはバリが太平洋やアジアをうろついたあと最後にたどり着く場所だった。当時はビーチコーマーが美化されていたが、彼らはふつう、金があっても分別はない若い男たちだった。芸術家《ディレッタント》もどきのアメリカ人、ヒックマン・パウエルもまさにご同類である。「はるか彼方の地を放浪して」きた彼は、各地をこんなふうにおどろおどろしく描写する。「蘇江に浮かぶ人体の屑……貧困にあえぎ、裸ですごすフィリピンのイグラロート族、そして獰猛なサンボアンガのモル族は緑と紫に飾り立てている……」。パウエルは、バリを事実上全世界と対照的な「最後の楽園」として描くことで、なおさら魅惑的な旅の結びにしてみせた。「僕は地球の果ての美女を垣間みた。それはみだらでしたたかな娼婦だった[33]……」。

バリに到達するまで悠長な旅をしてきた旅行者たちは、そこにたどり着くまえに太平洋とアジアのことは知り尽くした気になっていたので、バリのことを途中の寄留地と照らし合わせてみる傾向があった。バリは南太平洋の数々の島のうちの最後かアジアのさい果て、それとも熱帯の楽園か神秘につつまれた東洋《オリエント》のどちらかだったのだ。

船旅のおかげで人々はちょっと読書をしたり、もうバリにいったことのある人から話を聞いたり、会話程度のマレー語をたしなんだり、あるいはただ日光浴をしたりといった時間があった。だがこれは、人々がすでにある種の期待を抱いてバリに到着することを意味した。ふつうその期待は裏切られなかったのだが、バリの楽園イメージができあがったあとでは、バリの最初の光景、つまりブレレンの港にまずはがっかりしたと書くのがお定まりのようになった。その同じ文章のなかで、南バリが旅行者のあらゆる期待やそれ以上のものに応えてくれると、この失望はたちまち安堵へと変わるのだった[34]。

旅行者は全員ブレレンに上陸し、一、二の地元の起業家の迎えを受けることになっていた。彼らの手配で大きなアメリカ車をチャーターして南部へ向かい、一九二五年に最初の本格的なホテルとして建てられた、KPM経営のバリホテルに投宿した。これはチャーリー・チャップリンなど富豪や有名人が豪華なダブルルームに一晩七・五ドルで泊まり、バリ人の踊り子のもてなしを受け、オランダ人が〝ライスターフェル〟と呼ぶ、ごはんとさまざまな付け合わせのごちそうで約三・五ドルの食事をするというタイプの高級ホテルだった[35]。通常数人の使用人付きの、個人経営の安宿もあり、バリ人の王侯やのちにはヨーロッパ人起業家が提供していた。一九三〇年代までにこうした起業家たちのなかには新しいホテルを建てる者もあり、バリホテルと客を争った。たとえばクタ・ビーチにホテルを作ったロバート・コークは、最初の共同経営者とともにバリホテルまで客を勧誘にいったという[36]。

一九三〇年までのあいだに、ひと月あたりおよそ百人の観光客が島を訪れるようになった。今の水準に照らせば微々たるものだが、当時としては相当な数だった。一九四〇年までにその数は月あたり二五〇〇人に増えた[37]。当時大衆観光《マス・ツーリズム》に近いものがあるとすれば、それは五日間のパッケージ・ツアーで時折やってくる観光客だった。船が乗客を上陸させると、客たちはデンパサールの町に運ばれ、バリホテルで舞踊を鑑賞した。バリ人もデンパサールの東にあるサヌールの海岸まで観光客の到着する様子を見物にやってきたりしたが、訪問者とじかに接する者はほとんどいなかった。木彫りでできた踊り子の頭像といった観光客用の品さえ、主としてヨーロッパ人の所有する小さな店数件がつつましく商う程度だった。こうした店のうちでも有名だったのは、ドイツ人の兄弟、ハンス・ニューハウスとロルフ・ニューハウスが経営していた店である。この二人は一九二〇年代末にドイツを離れ、世界中を旅行したのち、一九三五年にサヌール・ビーチで水族館事業を始めたのだった。KPMと契約して観光客の団体が水族館を訪れるようにしたので、その客がバリの絵画や彫刻などの買い手となった。彼らの売値は踊り子の頭部の木彫りといった平均的な土産物で三フロリン（五オーストラリア・シリング）というところだったが、デンパサール内の商売敵ならもっと安値で売るにちがいなかった。[38]

もちろん旅行者にもいろいろいた。蒸気船会社が設定した日程を超えて滞在する者は、もっと短い滞在しかしない同胞のことを軽蔑した口調で書いた。他方、バリに定住することにしたヨーロッパ人やアメリカ人の長期滞在者《エックスパトリエート》を訪ねたり、海岸や町からさほど遠くない貴族の屋敷内に自分の居を構えたりして、何ヵ月も居続ける人もかなりいた。

故郷へのみやげ話

当時のヨーロッパ人は、憑かれたように海外に出たがっていた。今やヨーロッパのゆく手には恐いものなしだった。帝国主義が頂点をきわめ、かつてないほどその領土を拡張していたからだけではなく、ヨーロッパ人自身第一次世界大戦時の殺し合いで生気を失い、慣れ親しみすぎた世界をあとにしたいと願ったのだ。ヨーロッパの外に広がるエキゾティックな世界は、見慣れたわが家より元気づけられそうな存在だった。とはいえ、旅行者たちはリフレッシュされたあとは、故郷の美点を強く思い描いて必ず自国に舞い戻るのだった。[39] バリの観光イメージの発展の初期段階、つまり一九三〇年代の初め頃までは、バリは観光地図のほんの小さな部分にすぎず、もっと有名なジャワの付録でしかなかった。この第一段階では種々のイメージが寄せ集められていた程度で、バリの随一の呼び物の、むき出しの胸の時代、とでも要約できる段階だった。

徐々にバリは、最高にロマンティックな場所のひとつとして観光旅程に載るようになっていった。そんなロマンティックなイメージを喚起したのは、この島についての新しい本や雑誌記事の数々だ。バリで出会う目新しい光景、音や匂いの洪水に感激した長期滞在の旅行者や半永住者は、こぞってその経験を活字にし、全世界に向かってバリの呪文を語ろうとした。彼らの文章を発表するのにおあつらえむきの場としては、アメリカやヨーロッパに向けて世界中のエキゾティックな場所の情報を提供する趣旨の有名雑誌、たとえば『ナショナル・ジェオグラフィック』などに加えて、オランダの『インターオーシャン』など新しい観光専門誌もあった。当時の本や雑誌記事のタイトルを一瞥すると、バリについて書かれた中身より、一九二〇年代~三〇年代に主流だった常套句がよくわかる。たとえば、「熱帯の不思議の国」、「自然の楽園」、「恵み豊かな小島」、「ハスの小島」、「神々の島」、というぐあいだ。熱帯のしたたる緑や気候のほか、豊かな芸術、舞踊、祭礼に多くの人が魅せられ、「リズムの国」「芸術と宗教の国」「寺院と舞踊の島」などと表現した。ほかには「褐色の男たちとともにすごした陽気な日々」や「バリでの無上の幸福」を満喫したり、「バリ美人」の虜になったりした者もいる。一方オランダ人官吏のように、観光の増大と西洋化、とくにキリスト教の影響を懸念し、「最後の楽園」を「消えゆく楽園」といい変えた者もいた。[40]

文筆業を営む人々は、この島の美しさに見合った言葉を探し出そうと懸命だった。バリは太平洋で手に入る最良のものを超えるし、同時に東洋の〝もっと暗澹とした〟地域より近づきやすいと彼らは語った。そして何よりも彼らを驚かせたのは、道ゆく女性がなんら社会的不名誉をこうむることなく堂々とトップレス姿でいる光景だったらしい。たいていの本はこうした姿の女性の写真を数多く載せ、このことについてのコメントで埋められていた。ヴィクトリア朝が終わりを告げたばかりの灰色がかったロンドンや、第一次世界大戦で荒廃したヨーロッパ、そして過去のピューリタン精神に今なお縛られ、大恐慌の入り口にあったアメリカからすれば、官能的でエキゾティックなバリは、聞いたこともないような愉しみを保証してくれたのだった。

散文とともに、視覚的なイメージも登場する。写真、絵画、エッチングなどが描き出したのは、椰《や》子《し》の木立やみずみずしい水田、お定まりの、胸をあらわにした女たち、見目うるわしくしなやかな体躯の若者たち、そして異色の芸術や、もの珍しいトランス舞踊［訳注　神がかり状態になって舞う舞踊］、秘伝の祭事をとりおこなうブラーマン高位祭司たちだった。

この種のイメージをオランダ人向けにもっとも早く生産した人々のなかに、アールヌーボー派の芸術家、W・O・J・ニューウェンカンプ（一八七四～一九五〇）がいる。彼は自分の絵と版画で美しく飾った紀行書や論文をいくつも出版している。しかし、オランダの外の読者にとってもっとも印象的なイメージは、一九二〇年に初版が出たドイツ語の書物の文章と写真から生まれた。これはグレゴール・クラウゼ（一八八三～一九六〇）が著した『バリ』という題の本で、のちに何ヵ国語にも翻訳されている[41]。自由思想家めいたところのあるクラウゼは、医師の立場からバリ文化について書くという役回りをユリウス・ヤーコブスから引き継いだ。彼は交互にドイツ領、ポーランド領になった町の生まれで、いわゆる根無し草だった。医師になる訓練を受けてから、一九一〇年頃ドイツをあとにし、アジアに冒険の旅に出た。一九一二年までには蘭印の軍隊に職を得、バリに駐屯することになった。バリでは中部にあるバリ人の王国バンリに暮らし、バリ芸術に魅了されたのだった。第一次世界大戦中はその国籍ゆえに南アフリカに強制収容されたが、その後も一貫して蘭印を好み、再び政府の仕事をしたのち、カリマンタンとジャワの個人事業所で働いたりもした。クラウゼは妻とともにスマトラにおちつき、地元の女の子を二人養女にした。一九五〇年代にオランダに引き上げるまで、彼らはそこに滞在している[42]。

忘れてはならないのが、この当時バリを訪れた上流階級の観光客はヨーロッパの主要言語で教育を受けていたため、たとえ母国語が英語でもクラウゼの著書を読むことができたという点だ。また仮に本文が読めなかったとしても、写真を眺めることはできた。略奪と退廃にさらされたヨーロッパの外のエデンの園を夢みる人々にとって、クラウゼの本は最高の誘い水だったのだ。この本はまず高尚な哲学的口調で人と自然の一体化を説き、このヒンドゥー教徒の島ではコミュニティが宗教と社会を通じてそういう一体化を実現してきたと述べている。さらにクラウゼは次のようなバリの諺を引いて、いかに人と自然の一致が日常生活で実践されているかを説明する。「村人は大地を耕し運用す、されどこれみな神の所有物なり」。こうしたクラウゼの主張は、信仰篤い農民を写した一枚の写真に集約

稲の女神像、〈チリ〉。
バリでは究極の女性シンボル。

されるといえるだろう。その農民は自分の田を耕しつつ、稲の女神をあがめているところだ。バリ人は季節のリズムと、そして神々のサイクルとも真の調和を保っているのだった。

クラウゼは、バリがヒンドゥー・ジャワの大帝国マジャパイトのいわゆる〝植民地〟だった時代に、バリ・ヒンドゥー教がどうやって今の形におちついたかを説明した。バリの王侯たちは植民地支配者の末裔で、敬虔な村人たちの厚意と寛容に甘えつつうえから覆いかぶさる形で君臨した。そしてこれらの王侯とともに、上位三カーストが人口のたった五パーセントを占めるような、四段階のカースト制がもち込まれた、とクラウゼは書く。

転向者のご多分にもれず、クラウゼもまた、自分自身の大義である植民地主義については疑いをさしはさまなかった。彼の本では、水田や市場での日常生活の描写の合間に、バリの王とその王宮についての記述がある。彼は王政の専制的性格を指摘する文章に続けて、南バリの諸王がオランダに最後の抵抗を示した際のことを語っている。この本を皮切りに、同じテーマが観光客向けの出版物でくり返しとり上げられることになるのだが、語り口はときとともにますます華やかで作り話めいたものになっていった。クラウゼ自身は、この事件は遺憾ではあるが避けようのなかった旧秩序崩壊を象徴するもの、と理解する立場をとった。バリの王権をめぐる彼の文章は、主君が殺されようとしているときに田を耕していたバリ農民の言葉で締めくくられる。「神々がそうあれと望まれた」。クラウゼや彼に続く書き手たちの考えでは、貴族階級は〝ほんものの〟バリに覆いかぶさったうわべだけの存在だったから、その貴族が壊滅したところでバリ社会に根本的な影響はおよばないはずだった。書物のなかでは、血にまみれた〈ププタン〉もときを超えた、観光客好みの異聞と化すことで特別な意味を失ってしまった。殺戮を真実味のない、しかもバリ人の大多数にとって無意味な事件として扱うことで、クラウゼの著作は植民地支配を堂々と弁護しているようなものだった。

バリの王権にかんするこうした記述のほかに、バリの芸術が共同体や宗教といかに有機的な関係を保っているかという議論にも驚くべき変化がみられる。これはクラウゼのお気に入りの主題だった。彼が人相学《フィジオノミー》にかんするヤーコブスの著作をひもといたことを示す文章もちゃっかり入れてある。クラウゼは「(バリ女性の)必ず強い胸筋がみごとな形の乳房を形成するのに最良の基盤を与えている」ことに感心した。[43] 続いて彼は、バリの寺院での祭事や舞踊、そしてきわめつけの儀礼である火葬について綿密に記述する。この本が出て以来、バリ関連の本を出す場合は火葬の記述を最後にもってくることが必須となった。それで自分の文章と、そして精神的な旅路とに象徴的な終止符を打つ、ということになるらしい。クラウゼの本の最後のくだりでは、サンスクリットの影響や、原初的未開社会か古代ギリシア、エジプト、稲信仰そして精霊信仰《アニミズム》につながるようなマレー語、バリ語の語彙が論じられている。

これだけ種々雑多な要素が混在していることが妙に聞こえるとしても、バリの精神《スピリット》を探究する試みとしてはもっともといえた。クラウゼの著書はバリのほんとうの〝庶民〟、つまり農民たちが、芸術活動と米作りを通じて宇宙と調和している様子を描き出そうとするものだった。クラウゼにとってこの調和性と共同体意識こそが、人間性のあるべき姿、堕落したヨーロッパも取り戻すべき美点を象徴したのである。

この本に掲載された写真は、テキスト以上に多くを物語る。これらの写真がかもし出すイメージが強烈すぎて、読者は本文についてあれこれ深遠な思いをめぐらせるどころではなかった。むしろ観光客や旅行者を次々に引き寄せる磁石のような役割を果たしたのだった。そもそも写真は主要な論点を補うもののはずだったのだが、なぜか本文とは無関係に独り歩きを始め、バリはもの珍しくて素敵な島と映るようになった。写真に登場するのは、美しい森や田園を背景にした草ぶき屋根と土壁の村々だったり、独裁者の貫禄を備えた王たちに封建的な服従を示す一コマだったりした。あるいは野性味あふれる奇怪な舞踊、彫刻や祭礼の場面、そして一番の見世物は裸の身体だった。内なる生命力がにじみ出し、自然の歓びに身を任せているような青年男女の姿だ。

バリ人の女たちは写真のなかを自在に動きまわる。あるときには身の丈の二倍近くあるような供物を頭に乗せ、並んで夢遊病者のように歩いていったり、またあるときには神がかり状態でぐらりぐらり揺れたり、のたうち回ったりしていた。バリ人の男はしなやかな足どりで田のまんなかを進んだり、寺院や家屋の外に立ち、カメラに向かって品よくポーズをとったりしていた。子どもたちは、この金属とガラスでできた、ヨーロッパ人の自意識の眼のまえに、用心しつつも群がったり、あるいは儀礼用の正装で祖先を祀る祠《ほこら》のまえでひざまずいたりした姿で写真に収まっている。バリのあらゆるイメージは類《たぐい》まれなきつつしみと魅力をたたえており、それを壊してしまうのは儀礼時の舞踊でわっとおのれに刃を突き立てるときか、寺院の門や神に献げたみごとな供物のあいだにひそむ悪霊くらいのものであった。

クラウゼの写真に続いて、すぐれたバリのイメージが輩出した。一九二〇年代以降、ジャワとバリには写真館がいくつもでき、政府観光局の宣伝用の絵葉書や写真を製作するようになった。この種の写真のうちもっとも出来がよかったのは、うら若き女性ティリー・ウィッセンボルンの作品だった。彼女は東インド社会で生まれ育った数多いオランダ人男女のひとりである。同じような境遇をもつ他の人々同様、蒸し暑い沿岸の町よりも涼しいジャワの山地の空気を好み、スラバヤの暑くて汚い一角にあったアメリカ人所有のクルクジャン・スタジオで研修を終えたのちは、西ジャワの高原保養地ガルットに移り住んだ。この快適な高原保養地に移ると、自分の写真館、ルックス・フォトスタジオを開いた。スラバヤもガルットも蘭印を抜ける通常の観光ルートに沿った中継地点だったので、彼女の商売敵は、バリのシンガラジャとデンパサールで日本人や華人が経営する数軒の写真館だけだった。ウィッセンボルンの撮る写真の質がとびぬけて高かったため、他の写真館の作品を抑えて観光局のお眼鏡にかなったらしい。観光局の選んだ写真は、一九二〇年代初期から国際的な読者に向けて発刊された『トロピカル・ネーデルランド』『スライター・マンスリー』『インターオーシャン』などといった観光雑誌に掲載された。[44] 質の高い仕事をしたために、彼女は独力で、バリのメッセージを公のオランダ観光ネットワークに載せて広めたことになる。

ウィッセンボルンの撮影したバリ写真のなかでも傑出した作品は、どれも静かにまたたく光のようなものをたたえている。そこに写されているのは人気《ひとけ》のない寺にいる若い男、信じがたいほど手の込んだ、だが奇妙な寺の彫刻をまるで額縁のように囲む椰子《やし》の樹々、ごてごてしたヨーロッパのアンティーク家具に腰かけ、みごとな錦織に身をつつみ、妻と娘を脇に置いたカランガスムの若く端正な風貌の王の姿、例によって乳房をむき出しにした女が宙をみつめているところや入り組んだ石の彫刻のまえで微笑んでいるところなどだった。とりわけ優美な写真は、若い美貌の踊り子がきらびやかな衣装をまとい、一輪の花を手に、背景にした銅羅《どら》が形作るフレームのなかに収まっているものだ。

以前の、胸もあらわな女たちのイメージがバリ＝南海の楽園という見方を反映しているとすれば、踊り子のイメージはバリを神秘的な東洋の一部として映し出す。ティリー・ウィッセンボルンによる踊り子の写真（写真18）はバリのあらゆる魅力をとらえている。この写真の本質は誘惑だ。少女の手はあたかもわれわれを招き入れるかのように上げられているが、同時に彼女はカメラのほうをまっすぐみてはいない。まるで豪華な彫りものをほどこした精巧な頭飾りの下にアジアすべての不可思議をつめ込んでいるかのように、彼女のまなざしは神秘的にそらされている。その衣装と姿からは、道端で上半身裸のまま写真に撮られた女たちにみられるような、なまなましく自然な性はうかがい知ることができない。そうではなく、少女の魅力はいくぶんその若さがほのめかす性的距離感から出てくるのだ。あたかも彼女が隠れた愉しみや豊饒さを約束するばかりでなく、古いが若さを保ち続けている文明の異質性を守っているかのように。手にもつ花も頭飾りの黄金の花々も、この島の自然の豊穰を物語り、衣装の装飾はその豊穰性が文化的な豊かさにも通じることを暗示する。もちろんバリの踊り子はふだんこういうポーズをとったりはしない。バリ人の少女たちは、あぐらを組んでこんな謎めいてみえる姿勢をとることはないのだが、彼女のもったいぶったポーズは、ブッダの像や古代ヒンドゥー像といった、神秘の国アジアの特色を彷彿とさせる。「はるかにときを超えて万事を見通しているかのような、思いに深く沈んだ眼」を思わせるまなざしなのだ。[45] 観光局がこの写真を観光パンフレットのなかで頻繁に使ったのももっともだった。やがてウィッセンボルンの写真集が出版されると、踊り子たちのやや質の落ちる写真も量産され、踊り子がバリのイメージとしてくり返し登場するようになる。

初期の映画

踊り子の写真が作為的に作られたものとすれば、一九二〇年代、三〇年代にはまさにバリ・イメージが創造されつつあったのだという事実にも思いがおよぶ。人々はただ自分のみたものを記録していたわけではない。知ってか知らずか、バリはこうだと自分が考えたとおりのものを選びとったり、ときにはしかけたりもしていたのである。ちょうどバリ在住外国人《エックスパトリエート》たちの生活スタイルが定着しつつあった頃製作された初期の映画は、まさしくこうした過程の一環にあった。

バリを描いたもっとも初期の映画は、一九二六年にドイツ人の映画製作者の手で世界に紹介された。『火葬 *Cremation*』『サンヒャンとケチャッ舞踊 *Sang Hyang and Kecak Dance*』と題された二本の短い作品は、王侯の火葬と神聖なトランス舞踊の薄気味わるい場面を映し出したものだった。[46]ほうは、バンリの王妃の遺体を墓地に運んでライオンをかたどった棺に入れて焼くまえに、火葬塔に乗せて運ぶ場面を取り上げていた。トランス舞踊の踊り手は、女神の霊が体内に入るという〝天使〟の舞踊〈サンヒャン〉を踊る幼い少女たちだった。線香の煙の立ち込めるなか、座って両手を腰に当てた男たちに囲まれ、年端もいかない少女がゆらゆら身体を揺すっている光景は、さぞ不気味だったにちがいない。この映画を製作したドイツ人たちは、クラウゼと共同作業をした可能性もある。彼は主にバンリに拠点を置いていたし、なによりもこうしたイメージは彼の本のスキームとぴったり合うからだ。これらのイメージはバリ文化についての考えに厚みを加えたが、その文化のおそらくもっとも極端でエキゾティックな視覚的側面をみせたことにもなるだろう。

一九二七年にはバリを舞台にした最初のフィクション映画、『チャロナラン *Calon Arang*』で魔女の姿がスクリーンに引っぱり出された。この映画はほとんど知られずじまいで、フィルムも現存していないが、製作者はデンパサールで映画館をもっていたイタリア人たちとつながりがあったらしい。その映画館では、銀幕上のチャーリー・チャップリンの演技にバリ人観衆が熱狂したものだった。この『チャロナラン』に触れた唯一の記事は、「熱帯のロマンスといった類《たぐい》のステレオタイプ化したハリウッド的類型からの喜ばしい逸脱」と評している。ここで評者のいうステレオタイプとは、椰子《やし》の木や南洋の放浪者、そして「お定まりの、陸にも海にも見当たらないような褐色の肌の美女の一群」を指す[47]。この評では映画のことはほとんどわからないが、バリ・イメージの作り手たちがバリ観に深みと品を加えようと意識していたことはわかる。

チャロナランというのは、王国に疫病と破滅をもたらさんと脅かす年老いた魔女の物語である。刺客として送り込まれた勇士もこの魔女の脅威をくい止めるには至らない。魔女はついに生き残りはするものの、偉大な祭司の力で追いつめられてしまう。この物語を舞踊劇として上演する際には、魔女はおぞましい〈ランダ〉として描かれる。ランダは一メートルもある舌と垂れさがった乳房をもつ巨大な悪霊で、藁のようなざんばら髪に巻き上がった牙、獣のような爪、ぎょろりと眼光鋭い目をしている。祭司は〈バロン〉という、中国の獅子舞の獅子にも似て恐ろしげではあるが善良な獣の姿になる。バロンとランダの闘いがくり広げられるなか、バロンの従者たちがクリスを引きぬき、ランダを刺し殺そうと殺到する。ところが彼らはランダの妖術にかかってこんどは自分たちに刃を突き立て始める。しかしバロンの霊力も強いため、鋭い刃もトランス状態に入った演者たちの皮膚を突き通すことはできないのだ。

このランダとクリス舞踊とは、バリ・イメージのさまざまな断片のなかでも最強のもの、つまり熱帯の楽園という薄っぺらなバリ・イメージに拮抗できるほどのものになった。幼い少女のいたいけな姿は、ぞっとするような魔女の姿、トランスや狂気の沙汰の自殺行為と平衡していた。クラウゼ博士がバリの描写のなかで調和と有機的な共同体を強調していたとすれば、〈ランダ〉はこのイメージの裏側、つまり調和の陰にはすぐにもアムックにおちいりそうな荒々しい力がひそんでいるという感覚を表象した。〝神々の島〟は、一九三一年のドイツ映画で、またのちには一九四八年のオランダの小説で、いみじくも〝魔神の島〟と呼ばれたのである。[48]

ヴァルター・シュピースとバリの田園風景

バリのイメージは一九二〇年代の終わり頃にある男の周辺で、または少なくともその男の取り巻きたちの周辺で、徐々にはっきりした形をとるようになってきていた。バリを舞台とする商業映画が初めて上映された年一九二七年は、ヴァルター・シュピース（一八九五〜一九四二）がバリ島への永住を決心した年でもあった。ここに滞在した一五年間というもの、彼はイメージ生成プロセスの大事な媒介《カタリスト》だった。ファン・デル・トゥークと同じくシュピースは多大な影響力の持ち主で、それは彼の叡智ばかりでなく人柄に負うところが大きかった。シュピースとその仲間は、バリの観光イメージの通俗的側面を吹聴した〝大ボラ《バリーフー》〟[49]を一掃し、代わって、正統な民俗伝承に基づいた豊かな文化がほんとうのバリなのだという自説を披露した。

シュピースは貴族階級出身の才能豊かな教養人で、中部ジャワのジョクジャカルタで宮廷付きの音楽家としての契約を終えたあと、若き画家としてバリにやってきた。ヴァルター・シュピースはドイツの外交官の息子に生まれ、父親についていったロシアで東洋《オリエント》の空気を初めて吸った。ドイツの裕福な家庭の子弟でしかも幼い頃から美術と音楽に秀でていた彼は、一九二〇年代の第一線の芸術家や作曲家を何人か知己にもっていた。なかでもドイツのすぐれた実験映画の製作者、フリードリッヒ・ムルナウとは懇意にしていた。ムルナウが脚色したドラキュラ物語、『ノスフェラトゥ *Nosferatu*』(一九二二年)に影響を受け、シュピースは光と陰に技術的な興味を抱くようになった。さらに大事なのは、チャロナランの物語をもとにしたランダとバロンの舞踊劇に関心をもち、脅威の観念と立ち込める暗黒の勢力とがバリを席巻しつつあると感じるようになったことである。[50]

シュピースは神経質で、どこか厭世的な人物であり、絵の製作中はとくにそうだった。だが文化的な事象にたいする深い洞察力のために、バリの外国人社会でも一緒に生活していたバリ人のあいだでも評判がよかった。同性愛者の彼は他のヨーロッパ人青年たち同様、ヨーロッパの厳格な多数派から離れて別天地を探しに歩いたのだが、彼はそれをバリにみつけ出したと信じていた。一九三九年にシュピースが同性愛の罪で起訴されたとき、彼の友人で文化人類学者のマーガレット・ミードが弁護に立ち、シュピースのバリでの生活ぶりや彼の「バリ人の若者とのちょっとしたかかわり」について釈明した。ミードの主張では、シュピースが求めていたのは「彼がヨーロッパ文化と結びつけていた、支配と従属、権威と隷属、といった類《たぐい》の関係性を否定すること」だった。[51] バリにおいて同性愛は背徳行為ではなく、ただ若い未婚男性のあいだの暇つぶしにすぎないとも論じた。同性愛志向がシュピース自身の感受性や文化的意識をいっそう高めたとは限らないが、少なくともバリ人、とりわけバリ人男性との関係が打ちとけたものになったことはたしかだ。残念ながら、ミードが熱弁をふるったシュピースの弁護も西欧文化の狭量な同性愛拒否にたいしての非難も、オランダのカルヴァン主義者の耳には届かず、シュピースは〝犯罪〟のため投獄された。

バリが同性愛者の楽園だというイメージは、バリを女性と同一視するイメージの思わぬ副産物ではないだろうか。ユリウス・ヤーコブス博士やそのあとに続いた人々がバリ人女性に称賛を浴びせてからというもの、西洋人の訪問者はバリ人男性も劣らず美しく、いくらか受け身的な存在とみなすようになったのだ。ミードを始めとするシュピースの友人たちの多くは、シュピースとバリのあいだに気質的に通じるものがあり、彼の性格のうちに何か無垢で洗練されたバリに引き寄せるものがあると感じていた。あるいは、バリの精神《スピリット》とでもいうべきもののなかに、シュピースにぴったりした何かがあるのにちがいなかった。シュピースとバリのあいだをつなぐものにはいつもその何かがあり、友人たちは彼に感銘を受けるあまり、バリ文化に彼の人柄を読みとろうとしたほどだった。[52]

バリ理解のパターンは一九二七年にシュピースが到着するまでにもうできあがっていたが、彼と仲間たちは観光文学でももっと重厚なバリ社会研究でも、そのパターンを後生大事にしていくことになる。

クラウゼと同じくシュピースも、バリの真の精神を体現するとみられる小作農民に強い関心を抱いた。バリにいるあいだ、彼は諺や昔話、さまざまな旋律を集めて回ることで、この精神のあらゆる側面を探索した。表現に富んでいたり珍しいと思ったものはことごとく写真に収め、幾重にも重なる、光を帯びた景観を背景に農民や伝説上の人物を描いたりもした。だがこの関心においてこそ、ドイツロマン主義の伝統がまたもほかのヨーロッパのバリ・イメージに収斂したのだった。美化された民衆は、一九世紀のオランダ人の考えた、〝村落共和国〟のなかの気高い平等主義者たるバリ農民と寸分たがわなかった。

シュピースはこうしたイメージのより暗い面も探ろうとしていた。とくに『魔神の島』と題する映画での仕事はその一環だった。この映画はドイツの上流知識人階級に属するヴィクトル・フォン・プレッセン男爵とダールサイム博士の手になるものである。二人ともバリのことをほとんど知らず、この芸術家の知見に頼りっぱなしだったので、映画はシュピースが自分流のバリのヴィジョンを表現するいい機会だった。

この映画は農民階級の男女をめぐる恋愛もので、ランダに似た魔女がしくんだ疫病が幸福な村落共同体を襲い、主人公男女の平和な生活も壊されてしまうのだった。災厄除けの儀式をしなくては魔女の悪行を阻止し、村をもとの状態に戻すことができない。映画の画面にはシュピースの関心を引いたイメージの総体が次々に現われる。まずは空の色を面に映す棚田と、畑で汗を流す楽しげな農民たちを撮影したすばらしいシーン。それから理想の共同体が登場し、辛辣な女がそれを乱しにやってくる。彼女は邪悪な本性を隠しおおせていたが、ついにはランダの正体を現わす。妖術と厄除けの儀式の全場面に、シュピースはバリの舞踊や儀礼の実録を織り込んだ。こうした現実の再録によって映画のシーンに真正性《オーセンティシティ》が備わり、表面的な観光イメージの裏にある〝ほんものの〟バリを垣間みせていると思わせるのだ。

ただし、映画なればこそシュピースがこの真正さを水増しする必要に迫られたところもあった。それは、バリの現実をめぐる考え方がいかに相対的でありうるかを表わす暴露の瞬間でもある。そのひとつは〈ケチャッ〉の現代版を作り上げたことだった。このケチャッは男たちが輪になって唱和するもので、現在は「モンキーダンス」として知られている。シュピースはこの種の男声アカペラ・コーラスを使った〈サンヒャン〉(〝天使〟のトランス舞踊)を披露したかったのだ。これを最初に思いついたのはシュピースではなく、すでにコーラスを脚色し始めていたバリ人だった。その脚色を映画に使うことが彼にとっては好都合だった。歌い手の数は増やされ、中心的な語り部を加えることで編成も変わった。そして語り部を入れることで〈ラーマーヤナ〉物語の筋が付け加えられることになった。〈ラーマーヤナ〉はインドの叙事詩で、バリでは文学、絵画、舞踊などさまざまな形で知られているが、それまでサンヒャンと結びついたことはなかった。

このほかにもシュピースは、バリを有名にするのにさまざまな貢献をしている。一九三一年には近代最後の植民地博覧会がパリで催され、帝国主義列強は競って自国植民地の文化を展示した。オランダの展示はじつに壮観だった。古代ジャワの彫像、美しい織物、そして原始美術やヒンドゥー美術がインドネシアの伝統建築についてのオランダの考えを再現するような建物のなかに展示されていた。バリは植民地博覧会で最高位に立っていた。バリの美術や工芸品が展示に並び、オランダ東インド政府はバリ人の舞踊団を組織した。彼らはシュピースを訪ね、展示品の構成について助言を仰いだ。シュピースは官僚にして考古学者、文献学者でもある博学のルロフ・ホリスと共同で、特別なバリの本を博覧会用に作って渡した。それは彼の撮った写真も数多く入ったものだった。[53]

ところでシュピースの作ったもう一本の映画が、博覧会と同時に公開されている。一九二〇年代にアメリカの名家の息子、アンドレ・ルーズヴェルトが、舞踊とバリの物語にくわしいシュピースに自作の映画『グーナ・グーナ *Goona Goona*』（またの名を『クリス』）に使う素材を提供してくれるよう求めた。ルーズヴェルトは二〇年代にアメリカン・エクスプレスとトーマス・クックの代理人《エージェント》として滞在し、移動映画館をもっていたアメリカ人、M・J・マイナスと提携していた。[54] 彼の映画はアメリカで好評を博し、ニューヨークの上流社会では〈グナグナ〉という、恋のまじないを意味するマレー語とジャワ語の単語が流行語になるほどだった。実際、バリについての大衆イメージのなかでセックスと妖術が結びつけられるようになったのはこの映画のせいといっていいだろう。[55]

西洋演劇史では、パリ植民地博覧会は今世紀最大の影響力を誇る演劇理論家、アントナン・アルトーがバリ舞踊を初めて鑑賞した場所として記憶にとどめられている。シュールレアリストの劇作家アルトーは強い衝撃を受け、そのときの経験をベースに〝残酷劇〟という型やぶりな演劇論を編み出した。これは肉体の表現力が舞踊と劇をコミュニケーションの神秘的営為にまで高めるような全体演劇という発想である。精神病院に入れられるまえに、アルトーはバリ演劇の重要性についての考察を文章にまとめ、それは現代の秀でた演技者や監督に大きな影響を与えている。[56] アルトーがみせた反応はいろいろな意味で、東洋をめぐる世界的思考の表舞台にバリが突如躍り出たありさまを端的に示していた。

バリの愛と死

クレマンソーからH・G・ウェルズに至るまで、およそ名の知れた人々はひとり残らずバリを訪れている。バーバラ・ハットン、チャーリー・チャップリン、ノエル・カワード、そしてその他おおぜいの富豪やら肩書きのついた面々やらたんなる物好きやらが、猫も杓子もウブッドの丘陵にあるシュピースの屋敷を訪問した。これらの客人には共通の友人の紹介できた者もいれば、ニューヨーク、パリ、ベルリンなどの社交場《サロン》でとみに高まりつつあった評判からシュピースのことを知った者もいた。シュピースは模範的なライフスタイルをものにしており、それにからんで社交仲間も自分たちのイメージを創り上げた。ウブッドの山のふもとの丘の気候が涼しく、デンパサールより好ましいため、彼はそこに屋敷を構えた。美少年たちに世話をさせ、ペットの猿とオウムに囲まれた、長身で端正な風貌の専門人《エキスパート》は、バリとバリのあらゆる快楽を代表する存在となったのだった。

今日でもバリの観光名所となっている場所は、いずれもこの時代に有名になったところだ。ウブッドが優雅な観光を好む人にとってのオルターナティヴ、つまり芸術的なライフスタイルの中心地となったのは、ひとえにシュピースのおかげである。彼が懇意にしたアメリカ人で、舞踊家と写真家という組み合わせのキャサレイン、ジャック・マーション夫妻はサヌール・ビーチ界隈を有名にした。これには水族館と土産物店《アートショップ》をそこに開いたドイツ人のニューハウス兄弟もひと役買っている。サヌールには画家もいた。ベルギー人貴族のアドリアン・ル・メイヨール・ド・メルプレである。彼は若くてとびきり美しい舞姫ニ・ポラックを妻にすることでバリの夢を実現した。一九三六年にはサヌールの西にあるクタ・ビーチに一軒目のホテルが建った。建てたのはアメリカ人のロバート・コークと、彼の共同経営者でイギリス人とアメリカ人のハーフ、ヴァニーン・ウォーカーである。ヴァニーンはまたの名をミス・マンクス、ミュリエル・ピアソン、そしてクトゥット・タントリともいい、インドネシア革命のあいだラジオの宣伝工作用のアナウンサーを務めた際にはスラバヤ・スウとの異名もとっている。二人はやがて物別れするが、ホテルは第二次世界大戦のときまでコークと妻の手に残った。[57]

シュピースの客人に迎えられた有名人のなかには、たいへんな売れっ子作家のヴィッキー・バウムもいた。彼女はハワイ経由でバリを訪れ、「メルヴィルやコンラッドを思わせるスタイルで」小説を書いていた。[58] バウムは多作な小説家で東洋の生活もいくらか経験しており、すでにマラヤ、中国、日本に暮らしたことがあった。彼女の作品は数多くの言語、とくに英語で広く知られていたが、ハリウッドに移って脚本家になってからは、大衆向けに書くセンスにいっそう磨きがかかった。『バリ島物語 *A Tale from Bali*』という小説[59]では、バリの文化と歴史についての自分の覚え書の情報源として、一九世紀末からバリに住んでいたという年老いたオランダ人について書いている。こんな覚え書などに言及したのは、オランダによる南バリ征服のときに起こったバリの村人たちの苦難や経験についての物語に真実味を加えるためだった。じつをいうと、このオランダ人は架空の人物で、バウムの情報源はほかならぬヴァルター・シュピースだった。小説のある箇所にはライ病の大流行と悪霊祓いの儀式をとりおこなう場面が出てくるが、この場面は映画『魔神の島』の小説版といってもいいくらいだった。

バウムはシュピースにならって、バリの高貴な農民層という見方を広めることに寄与したが、同時にオランダ帝国主義を擁護する役割も果たした。小説の冒頭で、シュピースその人やサヌールにいたアメリカ人舞踊家キャサレイン・マーションに賛辞を呈するばかりでなく、〝村落共和国〟を早くから研究していたリーフリンクや地区長官《コントローラー》シュワルツにも「バリについての博学ぶりが知られており、島を大いに愛した人物」として敬意を捧げている[60]。

こういうぐあいにバウムは植民地支配者であるオランダ人への称賛を連ねる。それは彼女が農民のためにリーフリンクをありがたがることとも関係していた。小説のなかで高貴な農民を体現しているのはパックで、彼の「平和主義的存在こそが……オランダの徹底した〝現実政策《レアルポリティック》〟と武力を頼みにした中世風プライドのあいだの衝突よりもずっと大切なのではあるまいか」とバウムは書く。そして、「そのとき以来オランダは植民地化において最高の評判を彼らにもたらすような業績を上げてきた」と続けるのだ。[61]

以上のような書き出しは、農民パックのつつましやかな暮らしぶりにラブ・ストーリーや一九〇六年のバドゥンでの〈ププタン〉事件を織り込んだ物語の叙述に裏打ちされる。インドのサンスクリット語の詩で、神知学者《テオソフィスト》（東洋の知を探究する西洋人）がインド哲学の偉大な業績として有名にした『バガヴァッド・ギータ』も本文中に引用されている。バリ人は『バガヴァッド・ギータ』そのものは知らなかったはずだが、バウムはおかまいなしにそのなかの詩句をバリ人祭司や王子の口に上らせた。東洋にかんする書物にはよくあることだが、アジアの多様な文化のあいだにみられる差異がすっかりうやむやにされているのだ。クラウゼ同様、バウムもバリの有機的な農民生活を本質的に運命論に支えられたものとして描いた。これは神知学者が日常生活におけるアジア哲学の実践法を論じる発想にも一致した。彼女の描く模範的農民はいう、「神々の御心は必ず成就します」[62]と。この本の最後では、パックのような農民は伝統的な専制君主の行き当たりばったりの政府よりも、なさけ深いヨーロッパによる支配のほうがもっと得るものが大きいという主張が展開される。

こうした物語を書き進めつつ、バウムはバリの生活と文化のさまざまな面をかなり克明に記している。これほどまでの仔細な知識は、シュピースとのつきあいなしには得られそうにないものだ。本には村や祭司の屋敷や王宮での日々の生活が綿々と綴られており、バウムの流暢な文体とあいまって臨場感を生む。だが闘鶏の場面や決まりきったクリス舞踊の模様などは意味もなしに添えられているわけではなく、小説の説明上の役割をきちんと果たしているのである。

バウムはオランダ人がいかに善意であったかを説明しようとしたが、そうするためには血塗られた〈ププタン〉と折り合いをつける必要があった。これぱかりは現地民にたいする善行のお手本とはいいかねるからだ。そこで〈ププタン〉そのものを不可避の、オランダ側も事実上いやいやながら関与せざるをえなかったものとして描くことにした。欲得ずくの華人商人の船が沖で難破し、しかもバリの為政者がヨーロッパの支配に屈服することを拒んだがために、オランダは〈ププタン〉に居合わせる羽目に追い込まれたというわけだ。

オランダ軍がバリ人をなぎ倒していったのも、バウムの物語では不承不承やったことになる。人道的な将校、デッカーが、バリ人に発砲したときのオランダ側の反応を代表していた。「将校のなかには顔をそむけたり、手で目を覆う者もいた。デッカーもそのひとりで、まず妻を殺してから自刃する男たちや、自分の赤子にクリスを突き立てたりする母親のありさまはみるにしのびなかった。彼は背を向けると、嘔吐した[63]」。彼女の描写によれば、従軍していた現地民の部隊はオランダ軍人のような崇高な感情はもち合わせておらず、オランダ人は彼らが死人から宝石類を剥ぎとるのを制止しなければならなかった。

あとに出てくる会話では、バリ人を駆り立てたのは反植民地主義的立場などではなく、「聖なる狂気」、つまり〈チャロナラン〉劇に登場するような神の憑依現象《トランス・ポゼッション》なのだとオランダ人が説明する。

「『フィッセル、私を例のクリス舞踊に連れていってくれたときのことを覚えているかね？』とファン・ティレマが尋ねた。『今日もあの連中はトランスに入っていたんじゃないかと思うんだ。あんなことをするなんてね。喜んで死んでいったような気がするくらいだよ』」。

読者が肝心な点を見逃した場合に備えて、バウムは次のせりふをあるオランダ人の口から理事官《レジデント》に向かっていわせている。「理事官殿、これはわれわれ全部にとっての教訓ですよ。バリ人にどういう扱いをすべきかという。あんな死に方をするとは脱帽ものですね」[64]。つまりバウムは、バリの貴族階級が殺されることで称賛すべきオランダのバリ文化保持政策に寄与したとでもいいたいかのようだ。

この本はシュピースの思想に太鼓判を押すものだった。彼がバウムの帝国主義擁護にもろ手をあげて賛成したかどうかはわからないが、他方、彼が帝国主義に反対したことは一度もなかった。ただ下っ端の官僚にありがちな堅苦しさや形式主義を嫌っていただけだ。バウムが露呈したのは、植民地主義にたいするヨーロッパ人の典型的な姿勢だった。当時植民地主義に疑いをさしはさんだのは、E・M・フォースターやジョージ・オーウェルなどほんのひと握りにすぎなかった。バリにいた連中はバリ文化の保存が重要だという点で一致しており、開明な植民地主義こそがそれを実現する道だと考えた。官吏のうち感性も意識も劣った者はバリにとって障害になると思われたが、彼らは啓発された役人を選んで協力関係を結ぶようにしていたのだ。たとえば一九三〇年代に、ほかの多くの人と協力して宣教師の影響からバリを防御する論陣を張ったルロフ・ホリスのように。

バリの図を明晰にする

シュピースはバリの生活と文化を描く広大な図の細部を充実させることに力を注いだ。芸術を深く研究し、一九三八年に出版されたバリ演劇についての定本、『バリの舞踊と演劇 *Dance and Drama in Bali*』の共著者にもなった。[65] 彼の仕事仲間はベリル・ド・ズゥトという才能豊かなイギリス人の文筆家で、ブルームズベリー・グループの端くれでもあった。だが彼女はあくまでも下位のパートナーで、明晰な文体で書くという貢献をした。専門家はシュピースのほうだったのだ。二人はクリスチャン・グラーデルの協力も得ていた。グラーデルは長身の若い役人で、余暇をバリの社会制度の研究にあてていた。だからバリについて深い洞察力を備えたシュピースと一緒に仕事ができるのは望外の喜びだった。

シュピースはアメリカ人のマックフィーと音楽への関心を共有していた。マックフィーは作曲家にして民族音楽研究者でもあり、アーロン・コップランドの友人だった。戦後マックフィーは独力でバリ音楽の名声を広め、作曲や著作を通じてフィリップ・グラスやピーター・スカルソープといった現代音楽の大家にも影響を与えた。

シュピースは考古学者ストゥッテルハイムとも緊密な協力関係にあった。このストゥッテルハイムと彼の伴侶クレア・ホルトこそが、シュピースの名をバリ現代美術の創造者に祭り上げたのだった。彼らの説明では、シュピースが登場するまでバリの伝統絵画は力を使い果たし、停滞状態にあった。だがシュピースの作品をみたり彼の友人ルドルフ・ボネに指導を受けたりしたバリ人アーティストが、にわかに新しい作風を発展させたというのだ。[66] シュピースより数年遅れてバリに到着したボネは、干渉好きな温情主義者《パターナリスティック》とはいわないまでも、父性的なところのあるオランダ人画家であった。作品にはやや乾いた感じのアカデミックな肖像画が多い。シュピースとの友情やバリ人画家の後援に熱心だったことが話題にならなければ、ひっそりと歴史の片隅に追いやられてしまったことだろう。彼はバリ美術にかんする数々の論文のなかでシュピースの影響力を語り、ウブッドに構えた彼らの屋敷にこそ新芸術の真の中心があったと力説した。[67]

ボネによると、彼とシュピースとは新設された二つの組織の仕事を通してバリ芸術の本格的な発展を助け、しかも観光の有害な影響がおよぶのを防いだ。新設の組織とは、当時できたばかりでのちには文化保存の究極の道具となるバリ博物館と、ウブッドに本拠を置き、現代芸術の精神的支柱であった芸術家協会、ピタ・マハを指している。博物館のほうはバリ芸術を保存するほか、バリの美術品のなかでもとくに秀逸の作品として選ばれたものを一時的に保管する〝手形交換所《クリアリングハウス》〟的役割も果たしていた。[68] 芸術家協会も絵画を育み、なるべく商業主義の影響を抑えるという、似たような趣旨に基づいていた。この二種類の組織を通して、バリ絵画の展覧会がオランダ領東インドの他地域やオランダ本国、さらには一九三一年のパリ博覧会でも日の目をみることになった。バリ芸術の振興に大きな役割を果たしたボネは、一九七八年に他界するまでバリのアーティストたちや文化的権威のあいだでありがたがられ、尊敬を集めた。

ボネはバリ人芸術家を自分の美意識にかなう方向に導くことについてはほとんど躊躇しなかった。[69]

ある雑誌に載せた論文では、説教口調でバリの革新的な現代建築をこきおろし、〝申し分ない〟と彼が称賛する伝統様式の建物と〝醜悪〟と決めつけた新しい建築の図を並べてみせた。[70] しかも彼独自の基準にあてはまるアーティストだけに肩入れし、ほかの同等もしくはそれをしのぐ才能の持ち主を顧みなかったことははっきりしている。たとえばクルンクンのカマサン村出身のパン・スカン（一八九三頃〜一九八四）は、同世代のなかでは最高の伝統画家に数えられ、ピタ・マハにも加わっていたが、ボネのバリ美術にかんする評論に彼の作品は登場しない。

伝統芸術が静的《スタティック》であるのにたいして新芸術は動的《ダイナミック》だというのが、ボネやバリ随一の考古学者ストゥッテルハイムらバリ絵画評論家たちの見解だった。バリ美術の中身はヒンドゥー神話から日常生活の場面へと変貌を遂げ、そのおかげで独創性や自己表現が可能になったというのだ。[71] この主張はまったく正しいとはいえなかった。伝統絵画であっても、日々の生活場面は必ず描き込まれてきたからだ。それはがさつな平民一家の物語、『パン・ブラユ』のような説話からとった題材のこともあれば、架空の世界を描いた絵の隅に描き加えた縁どりの小さな絵のこともあった。[72] 新しい手法やスタイルの実験も、バリ美術の世界ではすでに一九世紀から進行中だった。[73]

ボネとその仲間は事実をまえにしても自説を曲げようとはしなかった。彼らはバリ絵画が中世の制約から解き放たれて、ルネッサンスに匹敵する高みまで昇る手助けをしているつもりだった。この種の歴史的な対比は何人もの書き手が露骨にもち出している。[74] その仮定はつねに恩着せがましいもの《パターナリスティック》だった。西洋はすでに発展を遂げ芸術面でも成熟している、他方バリ文化はなさけ深い西洋人の助けを借りて発展と成熟へのまっとうな道を歩みつつあるところだ、というふうに。したがって、バリを保護・保存するという倫理的思想は、現実には変化を防ぐものではなかった。そうではなく、変化は保存する側の西洋人の嗜好に即して生じるべきだということを意味した。シュピースはボネほど恩着せがましい使命感には燃えていなかったかもしれないが、ボネに賛同はしていたし、後年現代バリ芸術の〝父〟に祭り上げられたことについてはきっとまんざらでもなかっただろう。温情を受けたバリ人アーティストのうちの数人が、ボネやシュピースをはるかにしのぐ才能の持ち主だったとしても。

コヴァルビアスと『バリ島』

バリ・イメージについてシュピースから最大の影響を受けたのは、バリにかんする決定的な著作をものしたミゲル・コヴァルビアスだった。初版が一九三七年に出たコヴァルビアスの『バリ島 *Island of Bali*』は、ほかのどんな紀行書もしのぐロングセラーで、バリについての主要な写実的作品となった。バリ島を訪れる人すべてに知られているといってもいい。

ミゲル・コヴァルビアス（一九〇四〜五七）の経歴をみると、バリ・サークルがどんなにコスモポリタンの様相を呈していたかがよくわかる。ふっくらした体つきの、礼儀正しく教養豊かなこの人物はメキシコの裕福な名望家の家庭に生まれた。アメリカ人やフランス人の社交界に出入りし、主に漫画家として名声を築く。人生のほとんどを国外ですごしたにもかかわらず、世を去るまでのあいだに故国では国民的英雄の扱いを受けるまでになっていた。[75] 交際相手がみなそうだったように、彼もパリ

1930年代バリの革新的な踊りの天才、
マリオ。ミゲル・コヴァルビアス描く。

の教養人や有名人について回ったり、主に合衆国に暮らしたりもしながら、世界を旅して歩いた。『バリ島』のほかに祖国メキシコの紀行書も書いているが、ほかの分野ではあまりぱっとしなかった。彼は他人のアイデアをまとめ上げ、わかりやすく知らせる能力に長けていたのだ。

『バリ島』の序文は、一九三〇年代までに進化してきたバリ体験のあらゆる要素を網羅した概説のようなものだ。コヴァルビアスと妻のローズはクラウゼの本を読み、「その島をひと目みたくて、いてもたってもいられなくなった」という[76]。合衆国から蒸気船ではるばる旅してくる途中にマレー語を覚え、彼らは北バリに到着した。そこに滞在したのは、疲れ知らずの起業家《アントルプルヌール》パティマに出会うまでのことだった。パティマは頑固だが陽気な中年女で、バリの新旧両面を身をもって知っていた。一九〇八年の〈ププタン〉でクルンクン王朝の最後のラジャが他界したあと、あやうく寡婦殉死に巻き込まれるところだったという。彼女から車と人生話を手に入れたコヴァルビアス夫妻は、けわしい山岳地帯を抜けて栄《は》えある南バリに向かう。

まず立ち寄ったのはオランダの蒸気船会社が経営するバリホテルだが、夫妻は町になったばかりのデンパサールをすぐに逃げ出し、ホテルから一街区《ブロック》先にある、土壁と草ぶき屋根の〝ほんもののバリ〟へ移った。[77] そこである王子を家主にしてからまもなく、夫妻はシュピースに会った。シュピースのことをコヴァルビアスは尊敬の念をこめて、「バリでもっとも有名な住人」「バリ人の真の友で、彼らに愛される存在」と書いている。[78]

じつは夫妻は映画『グーナ・グーナ』の製作者アンドレ・ルーズヴェルトからの紹介状をもっており、シュピースにはKPMの旅行業者ボブ・メルツァー・ブラインスから引き合わされた。[79] こうしたくわしい事実関係を省くことで、コヴァルビアスは自分がなんの先入観もなくバリに着いたかのような印象を与えている。彼の考えでは、自分の見方を形作るもとになったのは観光体験ではなく、シュピースその人なのだった。

コヴァルビアスの著書によると、彼と妻は一九三一年のパリ植民地博覧会にまにあうようにいったんバリを離れた。だが再び戻ってきて、観光客や宣教師に出くわした。バリ人たちも西洋流の生活をしだいにたしなみ始めており、貧困も（それまでは貧しさなど縁のなかったはずの島に）広がりつつあるのがわかった。いずれも〝ほんとうの〟バリを台無しにする脅威の種だったが、さいわいミゲルが書きかけの本を仕上げるに足るだけのバリは手つかずで残っていた。本はローズの手になる写真集とシュピースの挿画を数葉加えて完成した。
序文が一九三〇年代バリの古典的体験のあらゆる面を総括したものだとすれば、四〇〇ページにもおよぶ本文のほうは、バリ・イメージの多彩な要素に深みと意義を与えている。のびやかな文章と的確な描写、図表、挿絵がそこここにみられ、古代神話がいきいきした口調で語られる。彼の一般化はほとんどが、引用はできても徹底した追及には耐えないものだった。だがそもそもコヴァルビアスの意図は、バリの〝鳥瞰図〟を提示することにあったのだ。[80]
本の中心部分は、「アジアの東側の前哨地点」としてのバリの地理的役割を述べるところから始まる。[81]ここで有名なウォーレス線にも言及している。これは一九世紀に生きたダーウィンの同業者で、アジアとオーストラリアの生物相のあいだの明確な分断を指摘した人物にちなんで名づけられたものだ。その生物相区分線はちょうどバリと隣のロンボック島を隔てる海峡に重なっていた。この点を強調するのに、コヴァルビアスはロンボックの不毛性を大袈裟に表現することで、バリとのちがいをきわだたせてみせようとしている。
住民について記述する段になると、コヴァルビアスの面目躍如たるものがある。「まるで果てしなく続く海中バレエのように、バリでの生命の鼓動は正確なリズムを刻みつつ動いている……」。[82]クラウゼ流のアプローチをとり、彼は続けてこういう。「これほどまでに自然と溶け合った暮らしを営み、しかも人と環境とのあいだにこれほど完全な調和感を創り出した人種はほかにない」。ここでコヴァルビアスは、従来の〝人種〟という概念をなんとなく今でいう「文化」にあたる言葉として使っているが、そこにはやはり血の通い合いとかはっきりした身体的特徴といったニュアンスも含まれている。第二章でコヴァルビアスはバリ土着の民こそが村落共和国の基層だという考え方を取り上げた。彼は原初的文化を今も保っている、〈バリ・アガ〉と呼ばれる山間の村々について書く。リーフリンクや植民地主義の理論家から継承された説にしたがえば、この文化はジャワ人のマジャパイト帝国がバリを征服したときに周縁に追いやられたものだ。この素材を脚色するのに、コヴァルビアスはこれら原バリ人の風評に人肉食の噂まで付け加えている。こうした議論や人種をめぐる考え方のなかで、彼はこれまでの著述にみられるバリ・イメージの特色をくまなくまとめ上げた。

原バリ人に続いて、コヴァルビアスは共同体《コミュニティ》の描写に移る。ここでも先人の記述にならい、調和を重んじるバリ人が野良仕事に汗を流し、稲の女神に帰依する姿を描いた。ちょうど田んぼがバリの風景の〝魂〟であるのと同じように、米作りは共同体の土台として紹介された。この点については稲の女神像について長々と説明することでさらに念押ししている。この女神は〈チリ〉と呼ばれる姿で、バリ人の作る供物をかたどってシュピースが描いたスケッチが無数に挿入されている。[83] コヴァルビアスによると、マジャパイト帝国のバリ征服は元来自治を保っていた村人に「貴族階級による封建支配」をもたらし、平等主義のうえに階級《カースト》を上塗りしたのだった。[84] これぞまさしく、純然たる形で反復された村落共和国概念である。

バリ人共同体の核は芸術活動にあった。「バリでは人という人がみな芸術家にみえる」からだ。[85] これはシュピースの考えをほぼそのままもってきたものだ。シュピースはバリ人が例外なく芸術の才に

バリの呪術的デッサン。ミゲル・コヴァルビアスによる転写。

恵まれていると考えた。だから野良仕事やブタの世話、子育てに料理といった仕事をこなしつつ、絵画や舞踊や音楽を日常生活のリズムに一体化できるのだ。シュピースにしてみれば、こうした芸術は〝命の神聖さ〟に捧げる祈り、共同体のなかの深い精神性だった。[86] またもこれは、バリのロマンティックなイメージの集約である。

バリ人の性生活を主に一九世紀のヤーコブスの叙述に即して仔細に語るあたりで、本はいよいよ佳境に入る。妖術の説明も、奇怪な妖魔の絵がいっそう関心をかき立てる。クラウゼの本と同じく、最後のくだりではバリ人の人生に輝かしい最後を飾る火葬儀礼を詳述している。

次々にくり出されるしゃれた言葉の数々やおとぎ話や説明は、ほかの文筆家が軽く触れたにすぎないものばかりだった。あふれる好奇心とわかりやすい例をもち出す才能のおかげで、コヴァルビアスはバリの真髄をとらえることに成功した。彼の『バリ島』は、紀行文学や写実中心の読み物のジャンルで頂点をきわめた。一九三〇年代のあらゆるバリ・イメージの集大成ともいえるこの本は大人気を博し、シュピースが著者にあててこう書き送ったほどだった。「観光客はひとり残らずこの本をもっています……ですから私にものを尋ねる人には必ずこういってやるのです。コヴァルビアスをお読みなさい、とね」[87]。イメージのなかにひそむ矛盾も、コヴァルビアスの流麗に綴られた文章にかかると不思議に消え去ってしまう。バリがカースト社会でありながら同時に平等な社会であろうと何の問題もないし、現代美術が発展する一方で伝統的なバリが保存されていようといっこうかまわないし、若く美貌を誇る舞姫と魔女が衝突することもないというわけだ。

マーガレット・ミードとバリの人類学

一九三〇年代のバリ・シーンに堂々登場したのが、この時代の文化人類学者の重鎮のひとり、マーガレット・ミードである。小柄な体つきとは対照的に激しい気性の持ち主であるミードは、三人目の夫にあたる、ひょろりとしたグレゴリー・ベイトソンとともに、バリ文化の分類に着手すべく到着した。バリ・イメージのいくつかの局面について筋を正す一方、彼らもまたシュピースの仲間に触発され、種々のイメージのうちでも重要度の高い要素、つまり調和、芸術的豊かさ、そして踊り子と魔女の邂逅といったものを通してバリ文化を考えるようになった。

一九三〇年代のミードとベイトソンは近代文化人類学の最前線に立っており、文化人類学を専門的職業として発展させるとともに、世界の文化を対象とした研究を真に科学的な営為としつつあった。

とりわけミード（一九〇一～七八）の著作は学者にしては珍しいほど広範な読者を獲得しており、そのおかげで、文化や文化がパーソナリティを形成する過程についての彼女の考えは広くゆきわたっていた。ミードは仕事に情熱を注ぎ、その仕事を通じて、当時のアメリカ社会を席巻していたピューリタン主義や人種差別に挑んだ。男性の牛耳る学問世界で生き残るには、ミードのような献身と強固な意志は欠かせなかった。そして彼女は、サモアに一九二五～六年、マヌス（アドミラルティ諸島）に一九二八～九年、アラペシュ、ムンドゥグモールとチャンブリ（ニューギニア）に一九三一～三年、そしてイアトムルに一九三八～九年というぐあいにフィールドワーク地を次から次へ精力的に渡り歩くことで、その強靱さを証明してみせた。続いての著作で、ジェンダー、子育て、教育、思春期や性の問題がいかに相対的で文化に左右されるものであるかを明示し、それらにたいする西洋社会の見方を変えていった。個々人の人生にあらたな可能性が開かれるような意識を生み出すことで、彼女は西洋社会を丸ごとつつむ解放のうねりの最前線に立っていたのだ。そのうねりは一九六〇年代の性革命やヒッピー時代、そして女性解放運動《フェミニスト》の最新の形で実を結ぶことになる。

身体も精神も巨人サイズの学者、ベイトソンと彼女が知り合ったのはニューギニアだった。ミードの慣れ親しんだアメリカ東海岸とは異なり、ベイトソン（一九〇四～八〇）は英国ケンブリッジ大学の精錬された知的空気のなかから出てきた。父ウィリアム・ベイトソンは前世紀末の遺伝子学の第一人者で、ダーウィンを始め、当時もっとも名を知られた科学者たちと交際があった。こうした家庭背景のため、ベイトソンはいくつもの学問分野を渡り歩いた。そのことが彼のバリ研究をなおさら複雑な、しかも興味深いものにしている。彼はすでにニューギニアの民族のあいだの儀礼と遊戯にかんする研究を完成し、文化研究の方法に新風を吹き込んだところだった。そしてバリの次には社会学（「構造分析」という概念を編み出した）、心理学（精神分裂症とアルコール中毒症についての〝ダブル・バインド〟理論）、サイバネティクスやイルカ研究などの諸分野で次々にめざましい貢献をしていくことになる。

ミードとベイトソンはいささか気まずい状況下で一緒になった。ニューギニアでは、ベイトソンは単独で、ミードは二番目の夫で武骨なニュージーランド人、レオ・フォーチュンと二人で、別々のフィールドワークをおこなっている最中だった。いろいろあった末、この三人が知的にも感情的にも三角関係にもつれ込むにつれ、ミードはベイトソンにますますのめり込んでいく。後年彼女は「自分が生まれて初めて半狂乱になった」時期と評している。[88] たがいの関係から生じた罪悪感が文化疎外やフィールドワークの知的緊張とあいまって、三人とも自暴自棄に追い込まれたのだった。

バリではありがたいことにこの緊張も解け、仕事の状況も個人的事情もうまく解決した。ミードが離婚し、二人とも自分のキャリアを立て直すまでのあいだの長い別離をはさんで、アメリカとイギリスの往復をくり返したのち、二人はバリへの途上で結婚した。ここでこの二人の物語がチャーリー・チャップリンとノエル・カワードのバリ到着にかかわってくるのだ。ベイトソンとミードはもともとバタヴィアで結婚するつもりだった。ところがオランダ当局は、この町が不道徳に荷担するという評判が立つことを恐れた。ベイトソンは次のように回想する。「ちょうどわれわれより三週間早く、チャーリー・チャップリンが結婚の目的で蘭印にやってきたそうだ。彼の離婚や結婚はいつも話題を呼ぶものだから、当局はそういうことで有名になりたくなかったわけだ」[89]。そういうわけでベイトソンとミードは、チャップリン同様自由意志論者の役目を無理やり負わされる羽目になった。当のチャップリンはといえば、一九二七年には離婚スキャンダルの渦中にあり、法廷で（当時としては）前代未聞のフェラチオなどという性行為におよんだかどで訴えられていた。この告発は芸術家たちのシュールレアリスト運動を誘発し、彼らは判事が「異常で自然の摂理に反するうえ、人の道にはずれ、堕落しきった猥褻行為」と決めつけたチャップリンの嗜好を賛美する意見を公表した[90]。ただしベイトソンとミードの私的な愉しみについては、その種のくわしい情報は入っていない。わかっているのは、彼らがバリに向かうスロウボートでの新婚旅行のあいだ、ベイトソンの処女作の校正と新しいフィールドワークの方法論を練るのに忙しかったということだ[91]。

チャップリンがバリにくるということ自体、バリ島にまつわる性的な評判、とりわけ胸をさらけ出した女たちについて多くを物語る。だがそれをいうなら、ニューヨークには「バリの罪」という名のナイトクラブもあった[92]。その手の看板についてはチャップリンもさだめしがっかりさせられたことだろう。現実は評判を裏切るものと相場は決まっているからだ。バリでのチャップリンをめぐるエピソードといえば、彼が諷刺的にバリ舞踊を試したことや、おおぜいの子どもたちが彼のゆく先どこにでもつきまとった様子くらいのものだ。しかしミードは、バリにまつわるこの種の風聞には惑わされなかった。「自由な知性はおろか自由な性衝動《リビドー》さえひとかけらもなかった」と後年書いている[93]。彼女

文化の出会い：〈ジョゲッド〉を
踊るロバート・コーク。
ルイーズ・コーク画。

の新しい夫ベイトソンのほうはといえば、バリ文化における日常生活の決まりごとが祖国イングランドを想起させるため、おちつかない気分になったという。[94]

チャップリンと同じく、ベイトソンとミードの二人もバリにかんする洞察を求めてシュピースのところに出かけた。チャップリンはシュピースについてコヴァルビアスの本で読んでいたが、彼の「上品で繊細で、さっぱりした容貌ともの静かな作法」はバリを代表する人物というよりも「典型的な……ドイツ貴族」といったほうがふさわしい気がした、とのちに語っている。[95] ミードをシュピースに紹介したのは、当時コリン・マックフィーの妻だった快活なアメリカ人、ジェーン・ベローである。もうひとりの共通の友人で、バリをフィールドワーク地として勧めたのはジェフリー・ゴラーだった。彼はバリの紀行書を一冊書いており、素人の観察者から人類学のプロに転換することをミードが期待した人物でもあった。[96] チャップリンはバリホテルにいったが、ベイトソンとミードのほうはまっすぐシュピースのもとを訪ねた。ちょうど彼は共著者ベリル・ド・ズゥトと二人で『バリの舞踊と演劇』を書いているところだった。「ヴァルター・シュピースはベリル・ド・ズゥトとの会話を中断し、品のいい魅力をたたえた顔を上げるなり……こういった、『もういらっしゃらないかと思いましたよ[97]』」。ミードは後年彼について、「バリにきたんだということを最初に実感させてくれた人」と述べている[98]。

プロの文化人類学者ミードが、このときばかりは才気あふれるアマチュアに身を委ねたわけだ。そのあとに続く、バリ人の生活の綿密な観察と写真はベイトソンとミードのバリ研究のデータとなったが、これらの研究のとるべき方向性として、変わることなきバリの〝庶民〟生活とバリ芸術について、精神《サイキ》の暗い側面を表出するものという観点から研究することを示唆したのはシュピースだった。

シュピースはまず、オランダ人学者たちの関心を惹きつけてきたバリの文献研究は横において、バリ〝庶民〟の現実の姿を観察し、植民地支配が保存し保護してきた文化、ミードのいう「比較的手つかずのまま残された土着の生活」をみつけ出すよう勧めた[99]。彼らはバリの支配者層の文化《ハイ・カルチャー》を意識的に研究対象から外した[100]。包括的な文化の研究はその文化のうち洗練度の高い産物を除外すればうまくいくと考えていたからだ。アメリカにおける芸術と生活の分離を批判した後年の論文のなかで、ミードは文化比較のために、「バリでは誰もが芸術家」式の議論を反復している[101]。じつのところ、この島は芸術過多で「儀礼がありすぎ」だと彼女は感じていた。このコメントはノエル・カワードがチャーリー・チャップリンにもらした詩的な評言にも通じるところがある。

今朝チャーリーにいったのだけど
バリは音楽がありすぎる
たしかに素敵な場所だけど
ダンスもちょっと多すぎる
バリ人というバリ人は
生まれてから死ぬまでクリエイティヴ
たしかに結果は素敵だけど
ちょっと芸術《アート》に凝りすぎてる[102]

ベイトソンとミードにとって、儀礼と芸術過多の問題は文化心理学の分析対象にされるべき症状だった。バリ文化は日常生活を規則ぜめにする、まるで拘束服《ストレイト・ジャケット》のようなものとみなされた。

この芸術過多にたいする興味から発して、ミードには奇態なものを好む傾向があった。彼女の同時代人でシュールレアリスト運動に加わった芸術家たち同様、ミードはバリの〝原始的《プリミティヴ》〟な芸術作品を収集していたが、すごく大袈裟だったり、西洋人の眼には奇異に映ったりする作品をわざと選んだ。彼女が集めたバリ・アートは、たとえばコリン・マックフィーの収集品にある洗練された絵画とは似ても似つかない。ただし今ではそれも、ミードのコレクションと並んでアメリカ自然史博物館の地下室に置かれている。マックフィーは音楽家として、洗練された文化が生み出した最高の見本《サンプル》を求めた。

それを彼は庇護《パトロネージ》を通じての文化生産の中心たる宮廷に探し当てたのだった。他方ミードは文化のそういう特定の局面には関心を示さなかった。家族を通じて継承される日々の暮らしの文化のほうが重要と考えていたからだ。彼女が選んだバリ芸術のなかの過剰や逸脱こそが、バリ文化の思考に分け入る道を示してくれるものだった。

彼らのバリ研究がある決定的瞬間を迎えたのは、ひとりの母親が幼い息子をからかいながらペニスをもてあそぶ様子を写真に撮ったときである。フロイトに通じている彼らはこれに飛びついた。これこそが典型的しぐさであり、バリ文化の作動原理に深い洞察を加えることを可能にするものだと彼らは主張した。二人の共著、『バリ人の性格――写真による分析 *Balinese Character : A Photographic Analysis*』と後年ベイトソンが発表した論文のなかで、彼らはこの性器あそびが示唆するものについてくわしく分析している[103]。

このからかいは抑圧の一部、つまり個々のバリ人のパーソナリティをある種の文化的精神分裂症に追い込む文化抑圧である、と二人は論じる。人々は穏やかで調和をなしており、抑制されすぎている面もある。しかし他方で、人々は文化に管理されながらもパーソナリティのふだん隠れた側面をあらわにすることが許されるような、感情の噴出に身を任せる傾向にある。ベイトソンとミードにすれば、魔女とクリス舞踊がまぎれもない噴出の事例だった。著書の本文では魔女の姿はからかう母親の姿にはっきり重ねられている。ミードによると、バリ人の男はセックスの相手が欲しいときには小柄な踊り子を探すが、その踊り子はいつのまにか魔女ランダに変身してしまうのだ[104]。

ミードの魔女への傾倒ぶりはここで終わらない。バリ・サークルの面々のなかから、ミードは注意深く、頭の切れるジェーン・ベローをより出し、当時の文化人類学としては先進的な仕事を勧める。それはトランスとバロン・ランダ劇の研究を通じてバリ文化の〝ワイルドな〟部分を探求することだった。[105] この研究はトランス儀礼の本質について独特の考察を導き出し、儀礼と舞踊を専門とする人類学者が特別な関心を寄せるものとなるが、ベイトソンとミード自身の主張にたいする一般的批判を裏づける結果にもつながった。しかしこれらのことは、バリ・サークルの人々がもともとトランスや〈ランダ〉に惹かれていたという背景に照らして考える必要があるだろう。ミード、ベローらはシュピースと一緒に、よくクリス舞踊の公演を特注していたが、それは学問的な記録が目的というより自分たちが愉しむためだった。シュピースの取り巻きのなかには、(バリ人のアドバイスで)幼い少女を年上の女性に入れ替えて昼間に上演させた演目を撮影する者もいた。[106] バリ文化のこうした細かな部分部分が文化全体の象徴にまで祭り上げられたのも、たんなる偶然ではないのだ。

『バリ人の性格』ではバリ・イメージの調和した側面もそれなりの位置づけを与えられてはいたが、夫妻の(とくにミードの)異様なものへの関心がきわだったために影が薄くなっていた。ベイトソンは別の論文で、調和が彼のいうバリの〝エートス〟の核心をなすものだと論じている。からかう母親の例や、バリ音楽にはまともなクライマックスがないというコリン・マックフィーの説やその他バリ人の生活をめぐるさまざまな事例から、バリ人の性格は彼のいう〝定常状態〟を保つ方向に働いている、と結論づける。これはバリ文化がほかの、対立を基調とする文化や、〝変数の価を最大化する〟

文化とは異なっていることを意味する。バリでは衝突を避けることに重点が置かれる、つまり調和が強調されている、ということだ。[107] この点が、社会がいかにして静的な様相を保ちつつ同時にダイナミズムをもち得るか、あるいは変化しながらも不変でありうるか、といった問題にたいする答えだったのである。

ベイトソンの論文が生んだある予想外の結論は、彼がもうひとつの著作でも説いていることだが、バリ人は歴史や変化について明確な意識をもち合わせていないというものだ。[108] これは植民地支配によるバリの保存という枠組みにぴったりはまる結論である。どちらの論文も文化の相対的性格について独創的な考察を与えたが、同時に、バリの歴史はたいしたことがなく、オランダ植民主義にさえ邪魔されないような静止状態にあるという、村落共和国の理論家が大いに賛同しそうな発想を植えつけた。こうして文化人類学の非歴史的性格が、非ヨーロッパ人は歴史をもたない人々であるとの判定を下すことになったのだった。[109]

ベイトソンもミードも自説をかなり慎重に論じており、その議論はきわめて巧妙に展開されているうえ、バリ文化の諸相をめぐってあっといわせるような洞察力も発揮している。彼らはバリ・イメージのステレオタイプを再生産する気は毛頭なかった。にもかかわらず、二人は一定の限界のうちで仕事をしていたのだった。その限界を設定したのは、バリが高度な文化をもち、民衆の基盤のうえに立つ社会で、そこでは魔女や踊り子の姿がとびぬけているという造詣深いイメージをベイトソンやミードの到着以前に築き上げていたシュピースやその他の人々の関心である。ベイトソンとミードはそうしたイメージに学問的裏付けを与え、バリを語るときには文化と芸術だけが話題に上ることを保証した。歴史、経済、政治など、あまり食欲をそそらない話題は無視されるか、バリ・イメージの片隅に追いやられた。ミードにとって、それらは彼女の思い描くほんとうのバリの〝背景〟にすぎなかった。[110]

メッセージは広まる

一九二〇年代から一九三〇年代にかけてのバリ・シーンは、ヨーロッパやアメリカ、そして西洋の価値観からより深く豊かな精神世界への逃避を意味した。それでも結局は、こうした価値観が在住外国人《エックスパトリエート》たちに追いついた。

ヨーロピアン・バリの黄金時代に幕を引いたのは第二次世界大戦ではなく、同性愛者の楽園というバリの評判だった。オランダ人高官が魔女狩りに乗り出すと、バリ・サークルの大半がその標的になった。警察は家々を捜索し（たぶん寝台の下に隠れた裸の少年でも捜していたのだろう）、定住外国人を弾圧し、数人余分に牢屋に放り込んだりした。コリン・マックフィーはこの抑圧の嵐のさなかにバリを去っている。[111]

シュピースとホリスはもっとついていなかった。一九三八年と一九三九年に同性の年少者と性交におよんだ罪で裁判にかけられ、逮捕された。シュピースはこの事態にいさぎよく対処し、独房にいるあいだにいくつかすばらしい仕事をしている。[112] あいにくホリスのほうは〝苦あれば楽あり〟というぐあいにはいかなかった。彼はシュピースのように有力者の友人には恵まれておらず、したがって刑期途中で牢を出ることもできなかった。それどころか出世の道は閉ざされ、牢獄ですごした期間はじつに苛酷な処罰となった。

第二次世界大戦勃発までに楽園はすでに失楽園と化していた。シュピースを始めとするドイツ人は敵性外国人として収容され、この芸術家貴族はコロンボに送還される途中、乗った船が一九四二年一月一八日にスマトラ沖で爆撃され、非業の最期を遂げた。すぐれた考古学者ストゥッテルハイムは、日本人の手でほかの大半の西洋人とともに捕虜収容所に入れられたあと、脳腫瘍を患いバタヴィアで他界した。オランダ政府お抱えの言語学者クリスチャン・ホーイカースほか数人は収容所から出され、ビルマ鉄道で辛酸をなめることになる。

皮肉なことに、鉄道でホーイカースと苦難を分かち合った仲間のひとりは、一九五〇年代にバリの評判を回復するのに大きな役割を果たすことになるイギリス人、ジョン・コーストだった。旅行家、作家、政治アナリストにして東南アジア独立の英雄でもあったコーストは、一九三〇年代の最盛期をとうにすぎてからバリに足を踏み入れたことになるが、彼が英国軍に志願したのは、多くの人々をヨーロッパから脱出させたのと同じ冒険心のためだった。そしてそれと同じあこがれの気もちから彼は東洋にとどまり、戦後オランダからの独立を求めるインドネシアの闘争に身を投じた。連合国軍に加わった大半がそうだったように、彼もまた戦争は自由のための闘いだと信じていたが、終わってみれば結局それはくだらない偽善で、もとの帝国主義的なやり口に戻るだけだったと感じた。コーストは戦後しばらくタイですごし、当時の第一線の政治家に知己を得る。そして一九四五年から四九年にかけてインドネシア革命の中心、中部ジャワに滞在し、のちにバリにしばらくおちつく。

コーストがインドネシア独立をかけた闘争に身を投じている頃、バリ音楽の専門家コリン・マックフィーは失われた楽園を取り戻そうとして、バリ関係の書としては秀作に数えられる著書を出版するところだった。彼の『熱帯の旅人 *A House in Bali*』は自伝的要素の強い作品で、バリの音楽や彼が一緒に仕事をした優秀な演奏家と踊り手たち、とりわけイ・サンピという若者のことが愛情あふれる筆致で詳述されている。このイ・サンピはまだ子どもだった頃にマックフィーがみい出し、当時最高の踊りの名手たちとの交流の機会を与えることでその才能を育てたのだった。[113]

戦後期のバリは心の傷を負った世界をなぐさめる妙薬のようなものだった。東洋と太平洋の両方にあらたな関心が生まれたこの時代には、『王様と私 *The King and I*』や『南太平洋 *South Pacific*』などといったブロードウェイのヒット作はまず舞台を、続いて銀幕を飾り、圧倒的な人気を誇った。[114] 一九五〇年代に描かれたこれらの理想郷は、一九三〇年代のイメージよりさらに現実離れしたものだった。太平洋を舞台にくり広げられた地獄絵、つまり密林での戦争や熱帯病の世界を過剰に償うかのように、ブロードウェイとハリウッドは戦前の失われた世界を取り戻さんばかりのイメージを創り上げた。そうすることで、かつてありもしないものが創造されたのだった。

戦前期のハリウッドでは蘭印は南洋諸島の一部とみなされ、巨大なゴリラ、キングコングが同名の映画のなかで発見された場所として描かれたのがもっとも印象に残る[115]。映画の初めに出てくる地図では、キングコングの島はスマトラ沖の、メンタウェイ諸島とちょうど同じ位置に置かれている。この映画のなかの浅黒い肌の原始人というイメージも、一九三〇年代に人類学的関心を集めたメンタウェイ諸島の文化に依っている部分があった。一九三〇年代には、プリミティヴな芸術と文化が知的および大衆的な関心をかき立てており、ジョゼフィーン・ベイカーの舞踊のほか、ピカソやシュールレアリストたちの作品にもそれが表われている[116]。こうした原始主義《プリミティヴィズム》への関心の一端として、バリの性的かつ呪術的な面を強調する傾向があったといえる。しかし一九五〇年代に入るまでに、ハリウッドはそうした解釈をもっと牧歌的なものに置き換えつつあった。

　一九三〇年代の、東インド諸島を〝原始的〟とする見方から、一九五〇年代の牧歌的な空想への転換をはっきり示したのは、一九四八年のジョン・ウェイン主演の冒険映画『怒涛の果て *Wake of the Red Witch*』[117]である。この映画はガーランド・ロークの書いた、人種差別・性差別的な同名の小説[118]に基づいており、ウェイン扮する私商人が腐敗しきった卑劣なオランダ役人とバタヴィアで渡り合う、という筋だった。バリを舞台にした場面では、ここをインド洋と太平洋の島々の合成物、『南太平洋』風、とでもいったものに仕立て上げている。とくに印象深いシーンでは、原始的なバリ人（顔を黒塗りしたアメリカ人）が輪になって座り唱和しているそのときに、火山が噴火する。これはまちがいなくケチャッ舞踊を模したものだが、唱和の対象になっているのは奇妙な異教の儀式で、イースター島の像をかたどった立像に向けられている。

映画『南太平洋 *South Pacific*』のなかの「バリ・ハイ」は、一九三〇年代にバリに住んでいた人々とはなんのゆかりもないが、バリのあらゆるイメージと大いにかかわっている。当時の理想のすべてをつつみ込めるような、究極の島を探し求めていたとき、バリの名がすっと浮かんだのだった。バリ・ハイとして描かれた島が見当ちがいの海にあっても、どうということはない。その名前と、ヒット曲の心地よい海のそよ風のような響きがあればじゅうぶんだった。その頃にバリにいってみたいと思った人がいたとしても、それは至難の業だったのだ。インドネシア革命をつぶす戦争の宣伝工作として観光を振興しようというオランダ政府の尽力をよそに、バリは動乱のさなかにあった。島は共和国派と反共和国派に二分され、双方とも自滅を辞さない覚悟だった。観光にとって健全な雰囲気だったとはいいかねるのである。革命のあともバリの動乱は続き、一九五〇年代のインドネシア政府がとった左寄りの姿勢も観光客を遠ざける原因になった。一九五〇年代後半にバリにいたアメリカ人とヨーロッパ人は、文字どおり片手で数えられるほどだった。[119]

しかし現実がイメージ創出の妨げとなることはめったにないのだから、ハリウッドは今やゆく手にはばかるものなしだった。ジョン・コーストとバリ人の一群はハリウッドのイメージ生成プロセスにじかに遭遇した。一九五〇年、革命が終結し独立が勝ちとられたあと、コーストはマックフィーの本を案内役にバリへと向かった。スカルノ大統領の承認の下、革命時の重要人物だったバリ人政治家たちの助けも借りて、コーストはデンパサールに身をおちつけた。彼の肩にかかっていたのはバリの文化を世界に知らしめるという、スカルノ大統領が熱心に支援した仕事だった。

コーストの眼に映ったバリはすさまじい混乱のさなかにあり、銃が枕の下になければおちおち眠ることもできないような状況だった。彼はマックフィーが雇っていた料理人と、そしてマックフィーが共同作業をした演奏家たちをみつけ出した。それからついに、サンピを捜し当てたのだ。マックフィーに最初にみい出され、偉大な革新的舞踊家マリオについて勉強するようになったとき、サンピはまだ一〇歳か一一歳くらいだった。今コーストのまえに現われたのは、スターへの野心がすぐにも再燃せんばかりの青年サンピだった。

　コーストが語るのは成就の物語である。彼は舞踊団を結成し、世界ツアーに連れ出して驚くほどの成功を収める。舞踊団に加わったのはウブッドにほど近いプリアタンの、高名な師アナッ・アグン・マンダラに率いられた演奏家たち、サンピ、そして優美な〈レゴン〉舞踊を教え込まれた三人の少女たちとその他もろもろのバリの人材だった。

　一行はイギリスで、世界最高のバレリーナ、マーゴ・フォンテーンと事実上同列の処遇を受けた。ことに幼い少女たちはブロードウェイで大評判を呼び、『バラエティ』誌が彼女たちを「一九五二年シーズン最初のブロードウェイヒット」と宣言したほどだった[120]。これはちょうど『南太平洋』がブロードウェイで絶頂期にあった頃で、「リチャード・ロジャースはほんとうの南太平洋からの表敬訪問に丁重なる賛辞を呈した[121]」。三人の少女はエド・サリヴァン・ショーに登場し、ハリウッドでサンピは『王様と私』に出演中のダンサー、ミチコに〈オレッグ〉舞踊を教授した。同じくハリウッドで一行は、サヌールの元住人で、シュピース、ベロー、ミードらの友人だった舞踊家キャサレイン・

マーションに会い、ディズニー・スタジオに連れていってもらっている。彼らはまた、大作家ヴィッキー・バウムにも会う。彼女はクリスマス前夜にバリの古い映画をみせ、ヴァルター・シュピースの思い出を語った。

一行がハリウッドにいた頃、ボブ・ホープとビング・クロスビーは『バリへの道 *The Road to Bali*』[122]を製作している最中だった。これこそ東南アジアと太平洋のイメージを徹底的に合成した代物で、ユーモアの陰に「人喰い人種、野性動物、巨大なイカ、そして『アフリカの女王』を引き寄せるハンフリー・ボガートとキャサリーン・ヘップバーン」をうまく紛れ込ませていた。あらすじは（そんなものがあるとすればだが）ホープとクロスビーがオーストラリアの「結婚熱にとりつかれた娘二人」のもとから逃げ出して「南洋の島（バリ）」を訪れ、そこでドロシー・ラモーア扮する美しい王女にめぐり会う。王女の有名なサロン［訳注　下半身に巻きつける筒状の布］はタイ、インド、そしてその他のアジア地域の布が少しずつ組み合わさったものだった。王女は、島の冒険家が必ずそうであるように、沈められた財宝を捜しているところだった。[123]コーストはプロデューサーたちを説得し、少女たちの踊るバリ舞踊のシーンを形ばかり入れることに成功した。この、バリの幻想を究極まで押し上げた作品のなかで、アメリカ人がこんなものだろうと考えて作ったダンボール製のバリの寺をまえに少女たちはこのうえなく優雅に踊ってみせた。かつてのバリのシンボルのひとつだった踊り子の姿の現代版を再現し、不朽のものとしたのだ。皮肉にも、クロスビーは後年、ＣＩＡがスカルノ大統領を貶めるために作った偽のポルノ映画に協力することになる。

だがジョン・コーストの本のよどみない語りには悲劇的な後日談がある。彼の本と彼が組織した公演旅行は、再び危険がいっぱいの楽園と化していたバリを〝平常に戻す〟試みだった。公演旅行も当時の映画も、バリの一九三〇年代のイメージをよみがえらせ、それを国際的な理想像として維持しようとしていた。コースト自身、バリ・イメージにしのび入ってしまった暴力を取りつくろう役割を果たしているつもりでいた。だが彼の本はやすらかな雰囲気とは程遠い終わり方をする。ストーリーの最後で、踊り手や演奏者たちは、自分たちが正統に代表しているはずの文化とは似ても似つかぬ環境のせいで、もっともなことながらホームシックにかかる。最後の献上の言葉が一行の帰還の様子を次のように語る。

「一九五四年、二月も末に近いある日、踊り手たちがバリに戻ってから一年たった頃であるが、サンピはプリアタンのグループとともにスカルノ大統領の面前で踊るようにと、ギアニャールのラジャの宮殿に召し出された。
サンピは現われなかった。三日後、彼の他殺体がウブッド川で発見された」[124]。

若くして西洋人のパトロンに抜擢された踊り手がこんな運命にさらされるバリに比べれば、非現実的で、理想化されたハリウッド版のバリのほうがまだしもよかったのかもしれない。
戦後のバリ・イメージの復興は、当初徐々に進行した。まずはマックフィーの本が出版され、続いてハリウッドがバリを取り上げ、そしてコーストが現実のバリを正常化する試みをおこなった。コーストのあとも一九三〇年代の生き残りの人々が、自分の書いたものを出版したり、ほかの人の仕事を復活させたりするようになった。一九六〇年には、単独バリに渡ったアメリカ人女性で、ロバート・コークとともにクタ・ビーチホテルを建て、バンリ王国の王子と親しくしていたクトゥット・タントリ（別名スラバヤ・スウ他）が自伝的小説『楽園の反乱 *Revolt in Paradise*』を出版した。この本の内容は一九三二年に（初期のハリウッド映画『最後の楽園 *The Last Paradise*』に触発されて）彼女がバリに到着したときから、インドネシア革命の際に宣伝工作員として活躍した時期にまでおよぶ。コースト同様、彼女も共和国側に立ち、革命中最悪の戦闘がくり広げられていたスラバヤで、革命家たちを支援する放送をした。彼女はインドネシア政治の指導者たちとも数多く知り合い、とくにアミール・シャリフディンと親しくなった。そのシャリフディンは一九四八年にスカルノから革命を強奪しようとした共産党での役割をとがめられ、処刑された。

学問上のバリ賛美が次に到来した。まずオランダでホリス、グラーデルほかの秀逸論文がオランダ学会の忘却の憂き目から救い出され、二点の翻訳書として出版された[125]。そして一九七〇年に、ジェーン・ベローが自分自身とミード、ベイトソン、シュピースらの書いた一九三〇年代の論文を編纂した論文集を出版した[126]。この本が出版されたのはじつはベローの死後で、マックフィーの大作『バリの音楽 *Music in Bali*』[127]も同じく彼の死後に世に出た。一方、一九三〇年代のバリ芸術にまつわる話をもち上げたクレア・ホルトの『インドネシアの芸術 *Art in Indonesia*』[128]が出たのも、彼女の死に先立つことわずか三年だった。ヴァルター・シュピースの一九三〇年代の英雄としての地位は、裕福なオランダ人で彼の熱心なファンだった故ハンス・ロディウスがシュピースの書簡と回顧録を出版するまでは、その時代を知る少数の人々のほかにはあまり知られていなかった。[129] この本を出してから、ロディウスは絵画や写真、情報を集め、シュピースの名を不滅にするためのヴァルター・シュピース財団を設立し、財政的にも支え、さらにシュピースにかんする映画や出版を後援するなど精力的な活動を続けた。[130] 同じような財団が近年、ボネの名を広めるためオランダに設立されている。当時を知る人々はもはや多くは残っていないが、著作活動を続けている。キャサレイン・マーションは一九七二年にバリの儀礼にかんする本を発表し、クタ・ビーチにホテル産業を興した人物の妻、ルイーズ・G・コークは一九八七年に回顧録『バリの私たちのホテル *Our Hotel in Bali*』を出版した。

書物や映画や財団やそのほかの素材は、バリに暮らした外国人たちの黄金時代が世界にとって今なお生き続けていることの証となってきた。こうした素材のすべてに、イメージが内包する自己矛盾をうまくならしてきた何かがある。なかでもバリの否定的な局面は忘れ去られてきた。バリの戦後イメージの構築には、そこに示されているバリこそが〝ほんとうの〟バリだという錯覚を生み出してきた部分があるのだ。それはイメージの作り手たちを一緒にした社会状況から、知覚されたバリを遠ざけるという工夫による。たとえば、ごく最近までシュピースとホリスの同性愛が公然と言及されることはなかった。回顧録の多くも内容は恣意的な選択に基づいている。マックフィーなどはシュピースにほとんど触れていないばかりか、前妻ベローの存在をまったく認めておらず、まるでバリ滞在中の時間はすべて自分とバリ人とのあいだの深遠な音楽談義に費やされたかのような書き方をしている。同様に、クトゥット・タントリの自伝的叙述は多くを、たとえばクタ・ビーチホテルの共同経営者、ロバート・コークのことをすっかり〝忘れて〟いるし、コークの妻は自分自身の追想のなかでクトゥット・タントリを〝忘れる〟ことで仕返しするという始末だ。[131]

一九二〇年代、一九三〇年代に著作が次々と生まれ、それらがその後もてはやされることで、理想的なバリがわれわれに与えられた。このイメージは絶頂期にあったときでも無欠とはいえず、矛盾をいつも抱えていた。それでもそのイメージは生き残り、バリの支配的なイメージとなった。第一次世界大戦後のヨーロッパやアメリカ社会の様相を否定したい気持ちにあおられて、芸術的で調和的な文化の究極としてバリ社会の理想化が進み、それは第二次世界大戦後の数十年には比類のない高みにまで押し上げられた。もはやバリを裸の胸もとに結びつけて考えることはないだろうが、それでもバリは依然として踊り子と魔女の島であり、自然と文化の豊かな地であり、そこで人々は神々との調和のうちに幸福に暮らすことになっている。

一九五〇年代のバリにおける生活は暴力的で不安定なものだったにもかかわらず、一九世紀にみられた野蛮なバリ、という古いイメージへの回帰はなかった。インドネシア政府と国際規模の観光のからんだ利害から、黄金時代の記憶が当時を経験した人々の大半が死んだあとも生き続けることが保証され、しかも一九三〇年代のイメージにあった魔物的な側面さえ薄れていったのだった。

1　［左］1597年の
バリの王：オラ
ンダ人のみたバ
リの王権の威光。
オランダの第１
回東インド諸島
遠征の記録の貴
重な初版本から。

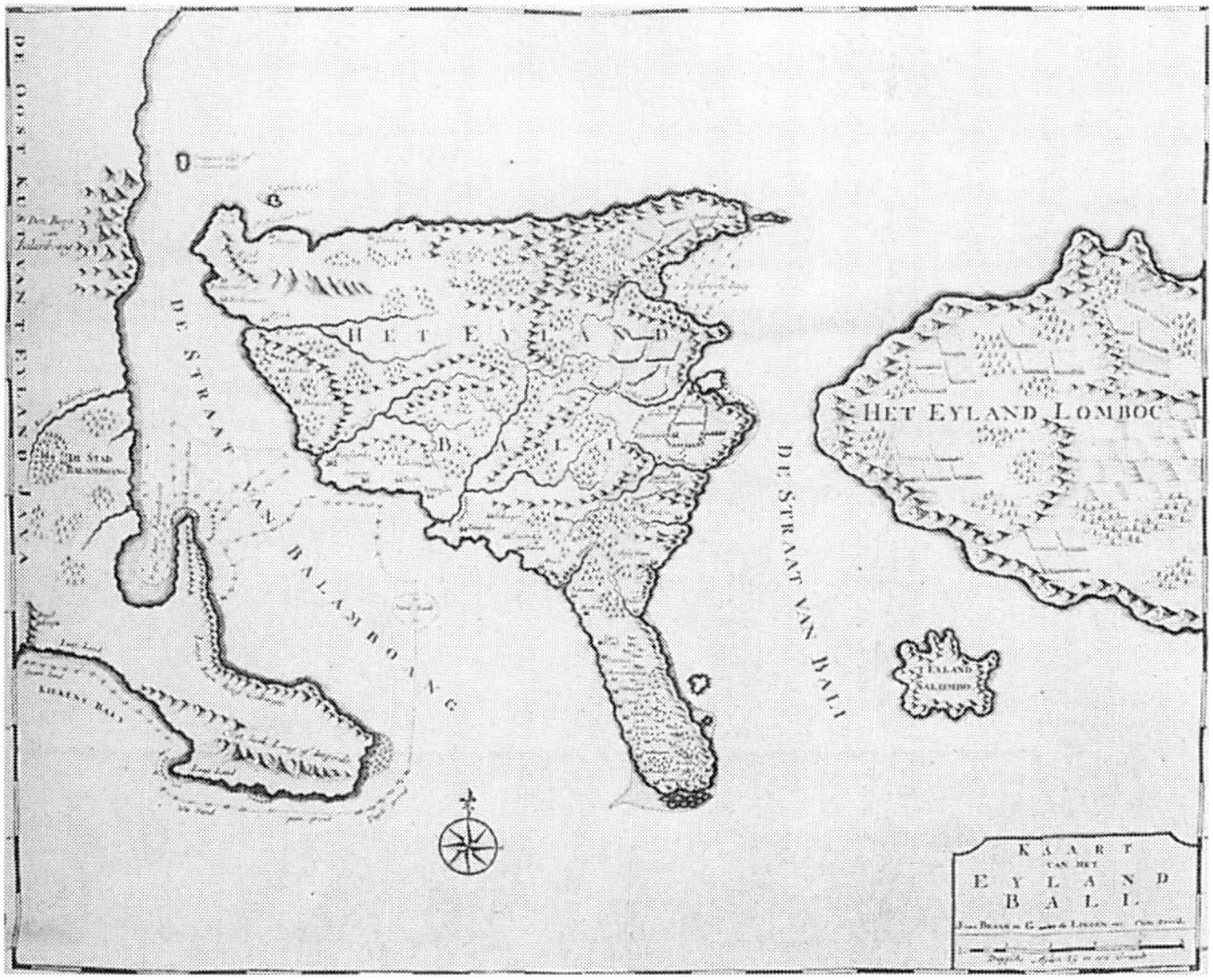

2　［上］オランダ人の地図作成家からみた1720年頃のバリ。この地図（バリが逆さに描かれている）はファーレンタインの蘭印研究書から取ったもので、それ以前の地図の複製である。地図の作り手はファーレンタインのテクストに登場する村々を入れたが、でたらめな位置に置かれている。

3 ［上］バタヴィアのバリ人奴隷、およそ 1700 年頃。

4　［左］バリ島の奴隷たち、1865年。パプア出身の“ブリット”と呼ばれる奴隷も含まれている。

5　［左］バリ人のみる寡婦殉死：パンジの登場する〈マラット〉物語から、ナワン・ルムとその下女の自殺。サヌール出身のイダ・マデ・トラガの画、1880年頃。ファン・デル・トゥークによるバリ絵画コレクションより。

8 ［上左］バリの高位祭司、聖水儀礼の最中。

9 ［上右］強欲だが滑稽に描かれている、バリ人からみたオランダ人。北バリより、19 世紀後半。女性の性器がオランダ人の頭のすぐ近くにきていることは作法に反する。バリ人の目にはヨーロッパ人の地位が低く映っていたことがわかる。

6 ［右頁上］ブレレンの国家祭司 2 人。プダンダ・イダ・グデ・マデ・グヌンとプダンダ・イダ・グデ・ワヤン・ブルワン、1865 年。

7 ［右頁下］恋愛遊戯的なガンドゥルン舞踊を描いた 19 世紀後半のバリ絵画。うら若い異性装者（中央）と男たちが順に踊る場面。異性装者は性的サービスのため雇うこともできる。ファン・デル・トゥーク・コレクションより。

10　［上］北部バリ、ブレレンのラジャ、グスティ・クトゥット・ジュランティック。彼の書記と、1865 年。

11　［上］カランガスムの王、グスティ・バグス・ジュランティック。妻、娘とともに王宮で。写真はティリー・ウィッセンボルン、1923年頃。

12　［右］ブラフバトゥ村の非常に古い〈トペン〉舞踊劇の仮面。

13　［上］植民地の支配層：カランガスムの王と王妃、その家族。バリ・ロンボック理事官夫妻、オランダ人およびバリ人の種々の官吏、カランガスムの地区長（前列左）、宮廷付き祭司（前列右）らとともに。写真には若き地区官吏、ヴィクトル・コールンも写っている。

14　[上]「トップレスの島」のイメージ。1930 年代の観光絵葉書。

15　［上］バリ人お気に入りのスポーツ、闘鶏。

16　［左］寺院の門のかたわらに立つバリ人少女。写真はティリー・ウィッセンボルン、1923 年頃。

17　［下］恐れの島のイメージ：〈レヤック〉つまりランダの姿をした魔女。イ・グスティ・マデ・ドゥブロによる、1937 年。

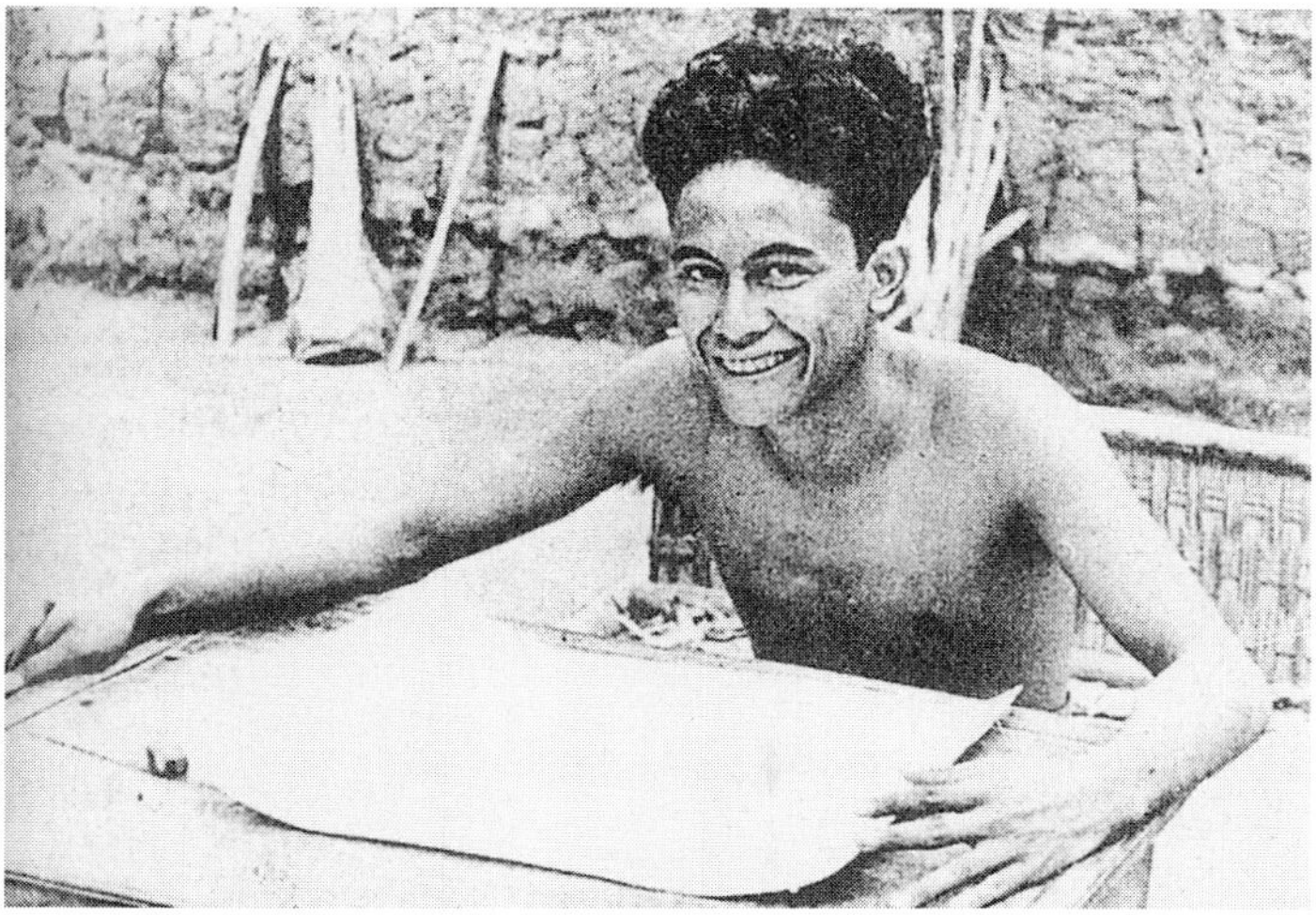

18　［上］バトゥアン村のイダ・バグス・マデ・ジャタスラ。写真はグレゴリー・ベイトソン。

19　［上］バトゥアン村のイダ・バグス・マデ・トゴッ。バリの名だたるアーティストのひとり。

20 ［上］1930 年代スタイルの観光。写真はロバート・コーク。

22 ［上］バリの踊り子たち：1930 年代のジャングル舞踊。写真はロバート・コーク。

21 ［上］バリのたおやかな美。写真はロバート・コーク、1930 年代。

23　［左］1930年代の定住外国人たちの英雄、ヴァルター・シュピース。アーティスト、音楽家、民族誌家にして夢想人。ペットのオウム、サルとともにウブッド、チャンプアンの自宅にて。

24　［下左］イダ・バグス・マデ・ジャタスラがバトゥアン様式で描いた火葬、1937年。この絵はグレゴリー・ベイトソンとマーガレット・ミードが収集したもので、グレゴリー・ベイトソンは「プリミティヴ・アートにおける様式、美、そして情報」と題する論文でこの絵を描写・分析した。

25　［下右］観光向けの露骨なイメージ：ウブッドのイ・グスティ・ニョマン・ランパッドによる同性愛シーン、1937年。この絵はグレゴリー・ベイトソンとマーガレット・ミードが収集。

26 ［上］人類学者とバリ：プリンストン大学のヒルドレッド・ギアツ教授とバトゥアンのイダ・バグス・マデ・トゴッの息子でアーティストのイダ・バグス・プトゥ・グデ。

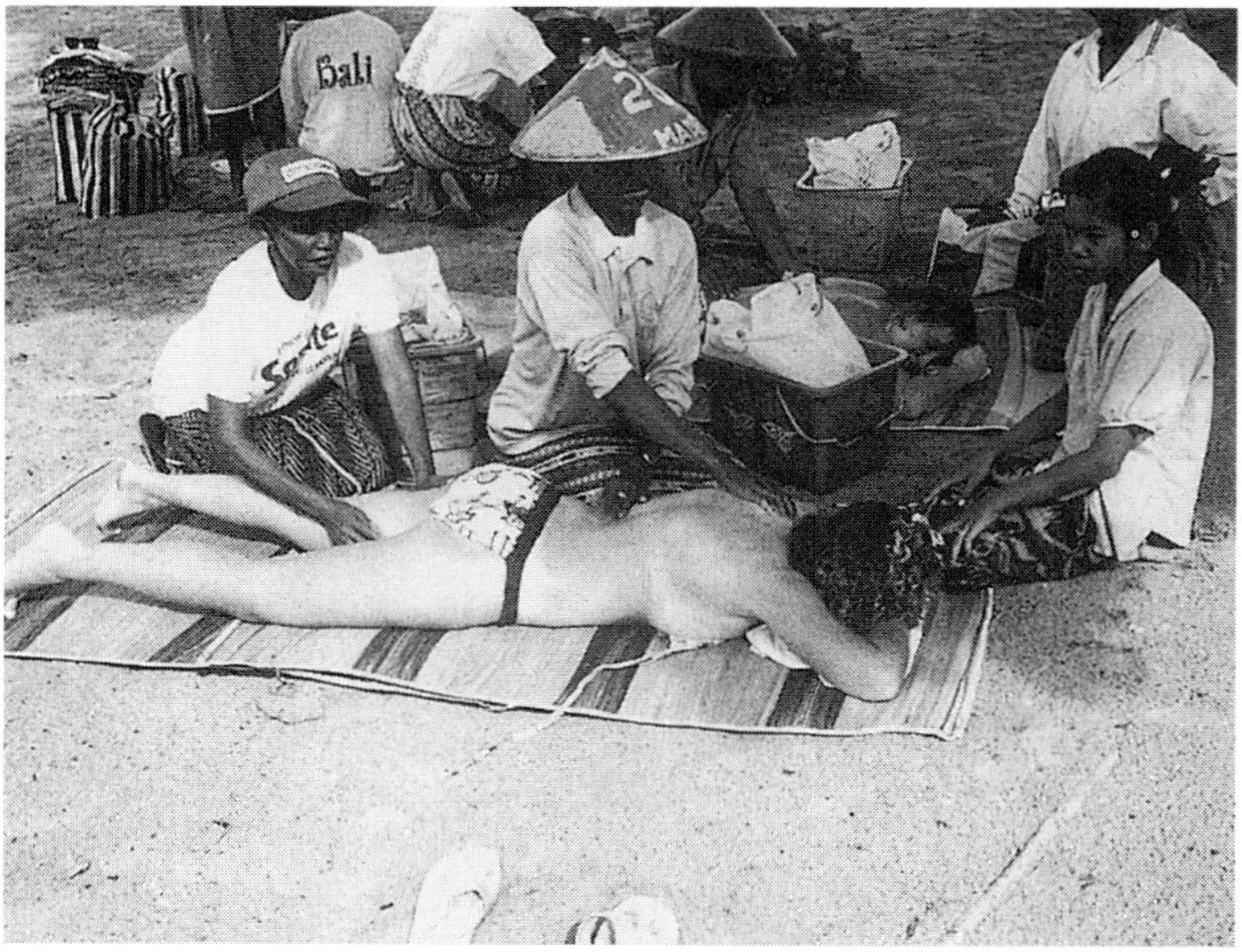

27 ［上］1980年代の観光：クタ・ビーチでのマッサージ。

28　［上］踊り子。ティリー・ウィッセンボルンによる。

29　［上］バリ・イメージの極致：パラマウント映画、『バリへの道』の1 シーンから、ビング・クロスビー、ドロシー・ラモーア、ボブ・ホープ。

30　［上］イメージ作成と現地の応答。

第4章

苦境に立つバリ——一九〇八年〜一九六五年

バリに暮らす西洋人が黄金時代を謳歌していた頃、バリ人は自分たちの生活がすっかり組み替えられていく経験をしていた。一九二〇年代、三〇年代までのあいだに、植民地支配・統治にたいするバリ人の反応はさまざまな形で出てきたが、それはバリの文化とアイデンティティをめぐる思想を核とするものだった。いたるところでバリ人はバリ人であることの意味を考え直したり、あらたな無秩序に立ち向かうため、儀礼や芸術の砦をせっせと築いたりしていた。天災に加えて、バリ人が生活を営む基盤としてきたものはすべて——国家も、村落も、寺院も、儀礼も——完全にひっくり返ってしまった。すがれるものがなにもなくなり、無法者になっていったバリ人もたくさんいたが、一方で西洋流の教育を受け、社会の本質を問い直す者もいた。土地を失い飢餓にさいなまれて生き延びるのが精一杯の者がおおぜいいるなか、ごく少数の選ばれた者たちは成功を収めた。こうした状況の下でも、植民地権力やバリに魅せられた在住外国人《エックスパトリエート》たち、

つまり当時のイメージの作り手だった人々にたいし影響力を行使できたバリ人がいたのだ。ただそういうプロセスに与《くみ》してはいても、どの程度、自分たちのかかわりが新生バリを形成しようとしていたかを自覚している者はほとんどなかった。

この島の文化は伝統的なもので、ゆえに不変であるという、西洋人とバリ人がともに信奉していた考え方のおかげで、バリ社会に起こっていた変化はみえにくくなっていた。一六世紀にオランダ人が初めて来航し、インドネシア諸島でバリの存在基盤だった経済的・政治的枠組みを一変させてからというもの、バリはすでに〝近代〟世界にからめとられていたのだ。官僚制や西洋式教育の導入など二〇世紀に入ってからの変化は、変化の過程に拍車をかけたにすぎない。ところが、バリ社会では変化にまつわるものはなんでも、たとえば左翼のもっとも革命的な行動さえも、過去から引き継がれた前例をふまえているという点で、伝統的なのだった。

オランダが導入した政治・行政改革により、かつてバリの王だった者たちの地位は強化された。だがこのことで、伝統の再編がバリ社会の亀裂をいっそう深めた。王や祭司はバリにおける〝カースト〟の意味づけが再評価されることで得をしたが、より低い社会階層に属する者たちはそうした考えに反発し、その反発の仕方がはっきりと社会を二分していくことにつながった。植民地時代に始まった、宗教、芸術、そして社会秩序のあいだの関係性を問う論議は、一九四〇年代以降ますます白熱した。その結果起こった衝突は、オランダが島を制覇したときの〈ププタン〉をずっと上回る数の死者を出した――その数はあまりに多く、一九六五年の終わりから一九六六年にかけて殺された人の数が約一〇万人と推定できるばかりだ。

世が太平でなかった頃

植民地化される以前のバリを語るとき、年寄りたちはいまだに「世が太平だった頃のこと」というい方をする。[1] オランダによる征服はごく一部のエリート貴族に影響をおよぼしただけだという見解がゆきわたっていたにもかかわらず、オランダ侵攻はありとあらゆる人の生活を泥沼におとしいれたのだった。国家も地方も村々も労働も、そして稲作も、すべてがオランダによる〝合理化〟の対象となり、その過程でバリはすっかり組織し直された。こうした変革は最終的に、オランダ支配下のバリの困窮化という結果を招いた。それは今の学者が「低開発の発展」[2]と呼ぶもの、つまり植民地下の収奪とそれにともなう生活の再編が第三世界諸国の恒常的な貧困と第一世界への従属に直接結びついたとする説に一致する。

オランダの植民地秩序はバリ社会にとっては無秩序にほかならず、その無秩序に対処するためにバリ人はこれまでとちがう戦略を編み出さなければならなかった。その戦略とは、王政を復活させ、あらたな政治的・経済的基盤を築いて権力を強化しようとする王家の対応から、バリ人のアイデンティティを表現する新しい手法をみい出し、当時の緊張や対立を払拭するためそれを形にするという芸術・宗教分野からの反応、さらにオランダの影響下で進んだ新しい、カースト制を基盤にする形のバリ文化を糾弾する急進派からの政治的反応まで多岐にわたった。

オランダの手になるバリの改編は、住民に植民地国家の連鎖の結節点《リンク》という位置づけを与えた。[3] ごく小数のオランダ人官僚が一〇〇万人（一九二〇年代のバリの人口）からなる社会を統治するのに必要だった戦略である。旧王家が第一の結節点《リンク》だった。彼らは王権を失いはしたが、オランダが島を再編成していくにしたがって、みずからの地位を利用して昔の権力を一部取り戻し、有力な行政官や大地主になっていった。

バドゥンやクルンクンの王族のうち、一九〇六年から九年にかけての大虐殺の際に死を免れたごくわずかの者は、オランダの権威に屈しようとしなかったほかの有力一族と同様、追放の身となった。もとの地にとどまった王族も、権力や威光をほとんど失った。彼らは一挙一動をオランダ人官吏に見張られ、そのオランダ人のことをバリ人ラジャたちは〝兄〟と仰ぐよう強制された。こうしてオランダ人がバリ社会の頂点に立つことが誰の眼にもあきらかにされたのだった。

行政区ごとの首長から村落の長、賦役担当の役人にいたるまで、あらゆる職階の者が役職を失うか職務の中身を改変させられた。役職にとどまった場合でも、王たちと同じくオランダにたいして責務を負うことになり、オランダの官僚制度に組み込まれた役人になるほかなかった。

植民地為政者としてのオランダ人は、社会を自己の目的にかなうよう組織することに長けていた。あらゆる人間の社会的身分や役割がいかなるものであるべきかを定め、その定めにしたがって行動した。さらにバリ内の各領土の範囲を決め、今までに一度もなかった境界線を引いた[4]。各王国では改革と行政上の便宜のため、行政区と水田灌漑組合〈スバック〉の数が減らされた。住民たちはある日突然新しい行政区長を与えられ、新しい、まえより規模の大きな灌漑組合のメンバーになる羽目となった。各王国内の民衆をとりまとめていた、かつてのパトロン－クライアント関係が乱れるにつれ、生活は以前よりも人間関係が稀薄なものとなっていった[5]。

オランダが手つかずで残すことになっていたはずの村落のレベルでさえ大きく様変わりした。宮廷のための奉仕労働やそのほかの儀礼的義務を果たすための共同作業をおこなっていた世帯のまとまり、〈バンジャル〉が村の行政区分とされたのだ。だが、もともと〈バンジャル〉とは村の境界の外の世帯を含むこともあり、村落と〈バンジャル〉のアイデンティティは相当異なるものだった。この行政改革で村落の規模が平準化され、各世帯と宮廷のあいだをとりもつ役割を果たしていた〈クリアン〉がお役ご免となった。人々はそれまでどんなかかわりももったことのない、あらたな村落に身を置くことになった。さてこれが、復元されたかつての〝村落共和国〟というわけだ。

民衆は宮廷ではなく、植民地国家のために働くことになった。苦役が任用されるのは王や王宮の虚飾のためではなく、実用的な公共事業のためであった。それは人々が、オランダ人に多くの肉体労働をただで提供しなければならなかったことを意味する。オランダ人の課した事業は、王家のための労働とはちがい、精神上の見返りをもたらすものではなかった。あらゆる特権は突如として失われた。芸術家もみなと同じ苦役につかねばならず、かつては特別な地位を占めていた氏族集団《クラン》の成員も平民の身分に甘んじることになった。画家も宮廷付きの官吏も一日中、一銭にもならない道路工事に明け暮れ、しかもこれこそが伝統的な職務の継続なのだといわれる始末だった。

自然環境と世界経済が束になって、状況をいっそう悪化させた。一九一七年に起きた大地震で村々は壊滅し、バリでももっとも重要な寺院や美しい宮殿のうちいくつかが破壊され、総勢一三五〇名が命を落とした。それからネズミの異常発生とその他の原因による米の不作が起こり、続いてスペイン風邪の世界的流行が何万人もの命を奪った。[6]ほどなくして大恐慌が起こり、バリからの輸出に大打撃を与えた。一九三四年までのあいだに、二大輸出産品のブタとコプラの値が元値の四分の一まで下落し、バリの通貨、〈ケペン〉も価値が実質的に半減した。さらに追い打ちをかけるようにネズミが再び異常発生し、米の収穫が惨憺たるものとなった。多くの人がこのとき土地を手放し、飢餓寸前の状態の者もおおぜいいた。[7]しかし特権階級だった在住外国人《エックスパトリエート》の面々は、こうした惨状にはまったく気づかずにいたのだ。

法と秩序というオランダの植民地主義的理想は、オランダ人にとっては管理とみせかけの平和を、そしてバリ人にとっては苦難を意味した。当時のバリ人は、この頃を賃労働の時代と受けとめていた。それはまた、官職に任じられた下級貴族がスパイ行為や暴力によって地元住民を脅したり支配下に置いたり、また汚職やきれいな地元女性をものにすることで私利私欲を満たすことはできても、社会秩序の崩壊が生み出した泥棒や盗賊団を取り締まることのできない時代でもあった。[8]

貴族たちは組織替えする

旧王家や〈ブラフマナ〉その他の貴族階層の成員たちは、今世紀初めに自分たちの威光と権力をできる限り救い上げた。財力と寵遇によりバリ社会での中心的役割をあらたに獲得することで、権力喪失の埋め合わせをしてのけた者もわずかながらいた。政治権力が交替するにつれ、宗教はバリ人の生活にとって中心のひとつとなった。とくに貴族階層の場合は、この宗教を通して社会における役割を書き変えることができたのだった。

カランガスムのラジャ、グスティ・バグス・ジュランティック（一八八七〜一九六八）は、オランダ支配下で伝統を作り直すことにもっとも成功した人物のひとりだ。美男で洗練され、すばらしく切れ者だが小男だった彼は、植民地時代のラジャの典型であり、率先して急速な社会変化にうまく太刀打ちできるような新しいスタイルやバリ社会のイメージを案出していった。写真映りのよかった彼の風貌は、ティリー・ウィッセンボルンのバリ貴族の写真にみることができる。

グスティ・バグス・ジュランティックは、カランガスムの旧統治者でオランダに主権を委譲したグスティ・グデ・ジュランティックの甥にあたり、その養子でもあった。グスティ・グデ・ジュランティックは主権委譲後まもなく他界し、厳しい状況下で弱冠二一歳のグスティ・バグスが王位についたのだった。彼が亡父のためにきちんとした葬儀を営もうとしていたところ、オランダの覇権を認めようとしない彼の叔父やいとこたち、それに国の高官たちを逮捕するためオランダ兵が宮殿に押しかけてきた。カランガスムの町を砲撃するとの脅しにあい、グスティ・バグスはやむなくこれらの者を引き渡した。[9] 親類縁者は流刑に処せられ、彼はとどまったが、いかなる形であれオランダの権力に刃向かえば武力の顕示と流罪が待ち受けていることを肝に銘じざるをえなかった。

レヘントという、オランダ側がラジャよりも好んで使わせた称号とともに地位保全を許されたグスティ・バグスは、父のもっていた権力を回復し、保持しようと務めた。一九一七年の地震にたいする彼の対応策は、バリの宗教を活性化する呼びかけをおこなうことだった。彼とギアニャール、バンリの兄弟分のラジャたち（いずれもオランダに降伏した王）はさまざまな祭司と協力してことを進めた。彼らはともに、宗教上の義務を怠ったことから当時の自然界や社会の乱れが生じたと判断したのだ。

それはまず、適正なカースト秩序を回復して、誰もがカーストごとの道徳上の訓戒を守りさえすれば調和が創り出されるようにすることを意味した。次いでこの刷新には儀礼の施行にもっと関心を払うことや地震で壊れた多くの寺を再建することが必要だった。後者の目標にかんして、王や宗教者たちは多くのオランダ人官僚の熱意に助けられた。こうした人々の支持を得て、復興を求める声は、寺院本体とそれらの寺院でとりおこなう儀礼のために政府の補助金を引き出すことに成功した。[10]

グスティ・バグスは他のラジャたちの先頭に立ち、人民への精神的義務としての王権復興を要求するとともに、東洋の暴君などといったラジャにたいするオランダ側のイメージの修正を迫った。彼はオランダ人のバリ理事官《レジデント》に向かって、バリの君主たちがほんとうにそれほどひどいと思うか、と尋ねた。「もちろんオランダ領東インド政府は公正なる統治者であります」と植民地支配者の矜持を守れるように彼はいい、「ですが、それは物質面での統治者にすぎません」。しかしバリの君主の場合は、と彼は説いた。「そういうことがらにはさほど関心を払いませんでした……民には神をあがめる心を教え、火葬儀礼をとりおこなうことで死者の魂が目的地にたどり着けるようにする機会を与えたのです」[11]。また彼はのちに述べている。王としての自分の務めは「究極的に自分の精神を高め昂じさせるようなことがらをつねに思索し続けること」であると[12]。

バリ世界の不穏な状況にたいする宗教面での対応は、もっと直截な政治的反応を押しとどめるのに役立った。宗教行事復活の呼び声は、本質的には旧秩序あるいは、少なくとも前君主たちの権力維持にたいする要請であった。これは一九一七年の地震やこの時代に起きたそれ以外の天災にたいするもうひとつの形の反応とも連動した。かつての臣民から出された王国復古の要求である。

クルンクンでは、こうした動きから王位継承者が王座に復帰し、流刑地ロンボックから王一族の生き残りが償還することになったが、ただしそれは、一二年にもわたる抗議と哀訴の末のことだった。王位継承者のデワ・アグン・オコ・ゲッグ（一八九六?〜一九六五）は〈ププタン〉当時やっと十代になったばかりだったにもかかわらず、一生消えることのない傷を負った。オランダ人の弾に膝を撃たれ、脇腹をバリ人のクリスで刺されたのだ。デワ・アグンと他の亡命者たちはロンボックで伝統的なバリの価値観について多くを学んだ。ムスリムが圧倒的多数を占めることから、ロンボックのバリ人コミュニティはバリの伝統を忠実に守っていたのだ。帰還に際して青年王は、りっぱな王国を築くためになすべきことについての明確なヴィジョンを固めていた。彼は伝統的権力と近代的権力を武器に、これを断固として実行した。デワ・アグンはダラム・バトゥレンゴンにさかのぼる血筋とバリ文学の膨大な読書量を拠りどころに、みずから〝最高位の王〟、〝最高位の祭司〟となった。そのことで、まえと変わらずオランダの敵対者で、不承不承彼らの支配下に下った人物とみなされた。のちに彼はグスティ・バグスの娘と結婚し、カランガスムとクルンクンの旧来の絆を復活する一歩を記すことになる。この盟約を通じ、グスティ・バグスの尽力でデワ・アグンは自分の役どころを周知させることができたのだった。

一九二九年までには、もとの諸王がみなじゅうぶんに手なづけられたので、独立の君主、つまり新しい機関「王家評議会」の一員として「自治領主《セルフストゥーダース》」にすることを許してもよいだろうとオランダは考えた。この評議会はデワ・アグンではなくグスティ・バグスが議長となり、一九三一年に設置された。評議会の任務は全島にかかわる政策決定をおこなうことであり、各王はそこでの決定にしたがっておのおのの王国を治めることになっていた。ただしこの過程ではオランダが監督役を務めていた。オランダ側は、王家間の位階関係についてもとの秩序が一番よいと考えてはおらず、むしろ植民地化に最小の抵抗しか示さなかった一族出身の王たちを優遇することを露骨に示した。

オランダ支配に順応した者のうちでもっとも聡明だったグスティ・バグスは、宮殿の建築様式を通じて新生バリの政治的現実を表現してみせた。従来、王宮の中庭には宮殿の文人ヒーロー、パンジ王子が闊歩したという世界のさまざまな王国を象徴する名をつけることになっていた。ところが、古代ジャワやマレーの諸王国の名の代わりに、グスティ・バグスは当時バリ世界に組み込まれつつあった世界の都市の名を選んだ――ロンドン、ベルリン、そして〝マスケルダム〟（現アムステルダム）といったぐあいに。伝統的な様式の宮殿に彼が付け足したのは、中国人の建築家や彼自身がしばしば訪問した中部ジャワの宮殿建築家、さらにジャワにあるオランダ式の公共建築のスタイルを取り入れた新しい中庭や建物だった。都から離れた、海岸近くのウジュンという旧港にみごとな庭園も造った。それは広々したオランダ様式の建物が完全に水に囲まれており、高殿になっているため午後の涼しい風を取り込める造りになっていた。周囲の丘には、そこが世界の中心であることを表わすような宇宙的なシンボルがあった。

グスティ・バグスの行動は、〝伝統〟に磨きをかけることで自分の地位を立証するやり方をとった、デワ・アグンらのような統治者とは対照的だった。デワ・アグンが当時手がけたプロジェクトは、たとえばクルンクンにある昔の法廷、クルタ・ゴサの天井を塗り替えることだった。続いてクルンクンの古い王宮のなかの、一九〇八年にオランダに破壊された庭園を再建した。庭園の新しい大きな東屋《あずまや》も、クルンクン様式として有名な伝統スタイルの絵画で装飾がほどこされた。近隣のカマサン村の平民芸術家たちは、デワ・アグンによる伝統の重視に熱心に賛同した。彼らの反応は、クルンクンをバリ全域でもっとも伝統的な地域にしようとの努力にたいし、社会のほぼ全階層で得られた支持を表わしている。

ほかの統治者たち、とりわけオランダのおかげであらたに地位昇進ができた者たちは、もっと露骨に〝近代〟なるものを標榜していた。伝統様式の宮殿の横に噴水を造ったり、オランダ様式を模したつもりで〈カントール〉と呼ばれる建物を建てたりした。[13]〝事務所《カントール》〟という名称までが新時代にふさわしい言葉とされ、あらゆる地位や職業のバリ人たちが自分の子に〝カントール〟という名をつけ始めた。

みずからの地位と政治権力、そして宗教的世直しの試みだった大規模儀礼を催すという行為のあいだに連関性を保とうとしたという意味では、どの王も〝伝統的〟ではあった。オランダの下でも王たちは従来の儀礼的役割を保っており、植民地の主人《マスター》を感服させようと、すきあらばその役割を拡大した。植民地時代には、王族が権力を誇示する道はほかにほとんど残っていなかった。彼らは植民地化まえからの結びつきを土地保有契約にすり換え、それによって小作人に力をおよぼすことができたが、以前のように臣下の生殺与奪の権を握っていたわけではなかったし、もはや戦争をしかけることはできなかった。残るは儀礼を遂行する能力だけであり、よってカランガスムの王は、植民地時代の王家の儀礼のなかでも最高に華麗な儀礼を一九三七年にとりおこなった。この儀礼についてはバリ人、西洋人の双方が記録を残している。[14]

一九三七年の儀礼は浄めの儀式で締めくくられ、このときグスティ・バグス・ジュランティックがアナッ・アグン・クトゥット・カランガスムという先祖代々の称号を受け継いだ。翌一九三八年には、オランダが浄化儀礼の植民地版ともいうべきものを編み出した。その年王全員をレヘントに任命し、カーストを公式化する道として彼らの称号を公に認知したのである。儀式はブサキにあるバリの母なる寺院でおこなわれた。この寺院の再建もオランダの資金援助によるものだ。そこに王や祭司たちが、理事官、副理事官、地区長官らとともにずらりと並び、植民地官僚からの浄めの水を授かった。[15]新しい称号に付随して、王たちには、各王国の財政と内政にかんするより大きな裁量権も与えられた。オランダの統治方法はこうして徐々に変わり、バリ人君主たちが植民地エリート官僚の一部を構成する形になっていった。それはジャワの君主たちが、もっと長きにわたる植民地支配の歴史を通じてやってのけたことに等しかった。[16] この過程において、バリ人君主たちの多くはオランダの体制内部に食い込み、同時にそこから富を引き出しもした。

オランダによるバリ島制圧の結果、理論上は、それまで王国内での奉仕にたいする報償システムに組み込まれていた土地はすべてオランダ政府所有となり、個人所有とみなされるわずかな土地だけが王たちの手元に残るはずだった。だが実際にはそうはならなかった。グスティ・バグスを始めとする諸王は、オランダの政策がどのように実行に移されるかをみてとり、それをうまく解釈してできるだけ多くの土地の管理権を掌握するのに絶好の立場にあった。

その後一九二〇年代終わりから一九三〇年代にかけて、デワ・アグンのような王たちはその立場をうまく使い、オランダの政策を解釈し直したり、自身の富や地位を利用して現存する土地を接収したりして、本来自分たちに帰属すると考えていたものを再び手に入れていった。こうした土地の再取得がうまくいったのは、当時起こった大恐慌とその他の天災のおかげでもあった。貧しい農民は借金を返済し、自分や家族が食いつなぐために、なけなしの土地を手放さざるをえなかったからだ。ただ、起こったことをこのように説明しただけでは、土地の所有権委譲を支える微妙な〝伝統的〟基盤を度外視してしまうことになる。王たちやオランダ支配下で主要な官職についていた人々は、王権を庇護《パトロネージ》に変換したのだ。かつての臣民は、困ったときには今までいつもそうしていたように彼らの保護を求めてやってくる。そこで王や宮殿の人々は金を貸すわけである。大恐慌がくると、これら臣下たちは莫大な借財を抱え込み、王の小作人になるほかなかった。[17]デワ・アグンその人は、一九四〇年代までのあいだにおそらく諸王のなかでも最大の地主にして、まちがいなく最強の王となったのだった。[18]

王たちはこうして権力の経済的基盤を回復し、あたかも〝伝統的な〟バリに変わったことはなにもないかのようにみせかけることができた。そのやり口はオランダ人官僚が非公式に腐敗とみなすようなもので、バリ人君主が東洋の暴君だという彼らの考えを裏づけることになった。〝権力の濫用〟にまつわる風聞が流れ、あるラジャなどはサディストであるという噂まで立った。[19]バリ人の王にかんするステレオタイプはヨーロッパ人たち自身が作り上げたものだ。そのヨーロッパ人たちはヨーロッパ人をみならうべき手本と掲げておきながら、ヨーロッパの習慣や文化を〝猿真似〟したりヨーロッパ人貴族のようにふるまったりしようとするバリ人貴族を陰でもの笑いの種にしたのだった。

ウブッド——政治的・文化的影響

中部バリのスカワティ一族もまた、オランダの体制内でうまく立ち回った王族である。オランダ体制下の権勢の政治力学と当時進行中だった文化的変容が交わったのは、ウブッドでのことだった。そこは西洋人のイメージ生成者がバリ社会をどこよりもつぶさに観察した場所でもあった。ウブッドの一族はバタヴィアに本拠を置く「国民参事会」への帰属を通じて政治勢力を形成した。これはオランダ支配下の東インド諸島で民族としてのインドネシア人の声を唯一代表する機関だった。さらにシュピースらヨーロッパ人との親交を通じて、この王族はウブッドをバリの文化的中心地にしてみせた。

一九世紀末には、一族の長であるウブッドのチョコルド・スカワティは、バリでももっとも有力な君主のひとりに数えられていた。彼はギアニャールの大半を支配し、事実上ギアニャールの王を意のままに動かして、オランダの援助を仰がせた。さらにギアニャールの王家にたいし義父の立場となり、またムンウィの有力な旧王族と縁組を結ぶことによって、その影響力を揺るぎないものにした。

彼の長子チョコルド・ラコー・スカワティは、オランダの下で国民参事会のバリ代表となった。このとき彼は最年少の参事会議員というまれにみる栄誉に浴していた。これはむろん任命を受けたポストであり、この任命はウブッドに有利にことを運んだ。オランダの到来以前にウブッドはまだ独立国の地位を得ていなかったため、オランダの眼からみればこの王家は王家評議会に加わる権利をもたなかった。にもかかわらず、バタヴィアにある国民参事会のバリ代表として、チョコルド・ラコーは王家評議会でも議席を与えられたのだった。このような立場からチョコルド・ラコーはバリの進歩的な若い声として発言することもできたはずだが、彼はたちまち超保守的な親オランダ派の役回りに立ち戻り、それにほかの有力貴族も追随していくことになる。

中部ジャワからバリに到着したヴァルター・シュピースを真っ先にもてなしたのは、このチョコルド・ラコーである。ほかのバリ人貴族同様、ウブッドの一族もシュピースが宮廷音楽家として働いていたジョクジャカルタのスルタンと交際があった。一九二五年にシュピースは最初の試験的訪問をし、中部ジャワでのネットワークを生かしてチョコルド・ラコーのもとに身を寄せた。

シュピースとバリ文化との最初の出会いは、彼が創り出していくバリ・イメージの方向性を決定づけることになった。チョコルド・ラコーはシュピースにとって初めてのバリ舞踊の演目となる、〈サンヒャン〉というトランス舞踊をみせた。それは一九一七年の大地震を始め、経済危機、農作物への被害などが今世紀初めの四〇年間にバリを席巻して以来、次々に演じられるようになった厄祓いのひとつだった。[20] ところがシュピースは、トランス状態にある少女たちが〈ラーマーヤナ〉の物語を演じているのだと誤まって教えられた。[21] だから一九二五年の時点で、チョコルド・ラコーはのちにシュピースを中心とするサークルの関心をとらえて離さなくなったバリ文化の二つの側面にシュピースを引き合わせたわけだ。それは幼い少女の踊り子と、そしてバリ呪術やバリ流の自己表現の一断面といえるトランス舞踊である。皮肉にも、シュピースは一九三一年に〈サンヒャン〉の男性コーラスを抜き出し、そこに〈ラーマーヤナ〉のストーリーを加えた〈ケチャッ〉（モンキーダンス）を考案したとき、〈サンヒャン〉を〈ラーマーヤナ〉の演目に変えてしまうことになる。

一九二七年にバリへの定住を決心したシュピースは、ウブッドにいき滞在した。やがては近くのチャンプアンという場所に居を構えるが、そこは王家の弟、チョコルド・アグン・スカワティの生地だった。バリ人の一族にはつきものの、兄弟間の反目がウブッドの王家を二分していた。チョコルド・ラコーとアグンの仲はチョコルド・アグンの学校時代からよくはなかったが、一九二〇年代になってからいっそう険悪なものになった。その頃父親が死に、二人は相続争いの当事者となった。バリの家族内のもめごとは遺産をめぐって起こることがじつに多かった（およそバリに限ったこととはいえないが）[22]。やがて二人の関係はますますこじれてゆき、よそよそしい兄より愛想のよいアグンのほうがどうしてもひいき目にみられるところがあった。バイオリンもたしなむこの兄はジャワへ渡り、貴族出身の植民地官吏の鑑ともいえる存在になった。

チョコルド・アグンとバリ定住外国人のサークルは、ウブッドのイメージをバリの文化的中心として喧伝した。このイメージを創り出すにあたっては、アーティストのイ・グスティ・ニョマン・ランパッド（一八六〇?～一九七八）の果たした役割が大きい。

ランパッドは天才だった。建築家にしてエンジニア、さらには彫刻家、大工、製図工、画家でもあったこの人物は、めったにないほどの長寿をまっとうした[23]。彼とその父親は、一九世紀後半に近隣のブドゥルの領主のもとを逃れ、横暴な領主にたいし伝統的に認められている亡命権《マティラス》を主張した。先代のチョコルド・スカワティが二人を受け入れ、彼らに王宮や寺院を建てさせた。この二人の仕事はバリでも最高に美しい王宮や寺院に数えられるが、その後あまりにも多くの建築家や彫刻家が彼らのスタイルをまねたので、今ではその価値を十全に認めることがむずかしくなっている。

父親が世を去ったのちも、グスティ・ランパッドは引き続きウブッドの領主たちのためにみごとな仕事をした。一九二〇年代後半になってからは絵を描き始め、バリ美術の伝統的スタイルの変種ともいえる独特の画風を用いて力強い作品を生み出した。ランパッドの作品はたちまちシュピースやウブッド周辺に住むヨーロッパ人たちの関心を集めた。ランパッドの息子、グスティ・マデ・スムンはのちにジェーン・ベローの調査助手となり、ウブッドの文化的名声に一族の影響をいっそう強めることになる。ヨーロッパ人たちの書物のなかで、ニョマン・ランパッドはバリの近代芸術《モダン・アート》の父（もしくは祖父）として描かれるようになった。[24]

ランパッドの芸術的才能はウブッドの発展に大いに寄与したが、ウブッドのチョコルドたちが必ずしも彼を厚遇したわけではなかった。チョコルド・ラコーはランパッドの娘を妾にしていたが、彼女と結婚はしなかった。一九三〇年か一九三一年には、別の兄弟がランパッドに田を担保として、強引に借金させた。ランパッドが自分の土地を失いそうになったときには、シュピースがこの借金を肩代わりしてやった。[25]

ランパッドがウブッドの芸術的名声を保証したように、この地域を舞踊と音楽で有名にしたのは陽気なアナッ・アグン・マンダラだった。彼はウブッドの南にあるプリアタン村出身の音楽家である。先代のチョコルド・スカワティは、ギアニャール中の舞踊と音楽の先生のうち最高の人材が定期的にウブッドに連れてこられるよう取り計らった。シュピースとコリン・マックフィーがこの習わしを引き継いだ。二人はバリ音楽を研究するなかで、バリ全土から演奏家を探し出し、ウブッドに連れてきて演奏の手本をみせてもらうばかりでなく、地元の演奏家にたいする指導もしてもらっていた。

ウブッドから次々に生み出されていた芸術作品は、バリにとっての新しいアイデンティティの多くの形のうちのひとつだった。バリはいよいよ文化的メッカとなりつつあり、社会のさまざまなレベルで、人々はその文化的地位を表現する形態をみい出そうともがいていた。シュピースやボネ、ミードらが純粋な文化生活、つまり社会の全体性に結びついた芸術活動の生活という理想を守ろうと手探りしていたそのとき、バリ人アーティストたちはバリで一堂に会したさまざまな文化スタイルを組み合わせることで植民地主義に応答したのだった。

ウブッドのグスティ・ニョマン・ランパッドの作品をみれば、この混合スタイルがどのようにしてできあがってきたかがわかる。ランパッドはシュピース、ベイトソン、ミード、マックフィーほかがその天分をたたえたように〝純粋な〟文化の保存者でありながら、創造的に異なる文化を混じり合わせる名手でもあった。伝統的に用いられていた（紙よりもずっと大きな）画布ではなく紙に絵を描くことで、ランパッドはそれまでの物語画の基礎となっていた、複数のシーンを並列する代わりに、ワンシーンの構成を試してみることができた。この点で、ランパッドのやったことは、一八一〇年代から早くもヨーロッパ製の紙を使って物語のシーンの組み立てや構成をいろいろ実験してみていた一九世紀の画家たちの仕事の延長線上にあったといえる。[26] ランパッドの作品は、ほかの〝伝統的〟アーティストたちが宗教的純粋性や現世・来世での精神的探求といった理想を表現したり、あるいは物質世界と精神世界の境界について語ったりするために用いたのと同じ長大な物語《ナラティヴ》を取り上げたものが多かった。

ランパッドは一九世紀のバリ人アーティストと一九二〇年代後半に絵を描き始めた若い世代とのあいだの架け橋のような存在だった。これらアーティストはバリのあらゆるところからきていたが、とくにギアニャール、バドゥン、タバナンの出身者が多かった。画家のほかに彫刻家もいた。たとえばマス出身で〈ブラフマナ〉階級のイダ・バグス・ニャノの彫刻は、ほっそりした、脆すぎるほどの細長いラインがすぐれた技巧をみせつける逸品だったし、ジャティ出身のイ・チョコッの手になる木彫りは奇妙にからみ合った分厚い木片から恐ろしい目つきで睥睨する魔物や、ぎょっとするような呪術的シンボルが浮き上がっているものだった。新興のアーティストのなかには、親の代から引き継いだ影絵芝居の人形遣いとしての修練が素地になっている者もあれば、ランパッドのように、建築や彫刻のトレーニングがものをいう場合もあった。ほかには、貴族や〈ブラフマナ〉階級などのエリート階層に生まれついたことで芸術の修練を積むことができた者や、オランダの下で官僚や宗教的指導者として確固たる地位を築いた一族の出身者などがいた。こうした芸術家たちとその家族にとっては、伝統的なるものと近代的なるもののあいだにはっきりした区別などなかった。

一九三〇年代のバリでは、芸術をめぐる言語は観光客向けのイメージ生成の言語とごちゃ混ぜになっていた。新しい芸術のためのほんとうのバリ市場などはなかったから、画家たちが絵を描くときにはむろん仮定上の観光客を念頭に置いて描いた。人々に〝ほんとうの〟バリについて語るために描いたのだ。成功を収めた画家たちの多くは、この文化的対話のなかで、芝居や文学、民話などのストーリーによりかかりつつ、バリ独自の標識《サイン》に満ちた言葉を使った。画家たちの描くバリは、伝統が連綿と維持されるべきバリであり、種々の儀礼がおこわれるべき場所であり、厄祓いが必要な恐ろしい混沌の世界なのだった。

バリ人画家たちが自分自身の文化的関心を表現しながらも、同時に観光市場に向けて仕事をしたさまは、グスティ・ランパッドの絵にみられる性愛的《エロティック》な内容をめぐってシュピースとミードのあいだに生じた見解の相違がよく物語っている。ミードとベイトソンが最初にランパッドのことを聞いたのは、「この男が非常に猥褻な絵を描いていながら、本人はいたって内気でつつましいという事実について語った」ボネからだった。のちにシュピースはミードにたいし、ランパッドの淫画は観光客から「勧められて」描いたものだといった。しかしミードは、ランパッドに「紙と絵の具を使って描く」やり方を伝授したのがシュピースであったにしろ、「こうして描かれているのはヨーロッパ人のよほどの変質者でもとうてい思いつかないような類《たぐい》のことがらだ」と述べた。つまり、ランパッドの絵はヨーロッパ人の好みに合うようなものではなく、むしろ彼本人の妄想を表現しているというのだ[27]。

そんなシーンとは一体どういうものだったのだろうか？　なかでもある一枚が、当時のバリに付せられた評判を象徴している。それは年上の男と幼い少年の同性愛の場面をなまなましく描いたもので、たいていの旅行者が土産にもち帰る柔和な踊り子の頭像とはかなり趣を異にしていた。ランパッドのこの絵は観光客のロマンティシズムに左右されたイメージなどではなかった。彼が描いたほかの多くのシーン同様、どこか暴力の匂いがあった。その暴力はサディズムというべきものでもない。それはむしろ、セクシュアリティと権力とがしばしば同居する、古来のテキストにはっきり表現されているようなバリのセクシュアリティの一面だった。こうしたテキストのなかでは、性をめぐる言語は戦いと征服の言語と同じだったのだ――たとえば、女を「死なせる」ために「愛の矢」で「貫き」「刺し抜く」、といったふうに[28]。

ランパッドの描いたシーンでは、権力の主は男で、その権力は少年にたいして行使されている。が、二人の顔に浮かぶ表情は攻撃と苦痛ではなく情動のきわみである。日常の一般的生活で起こるような種類のことではない。これはバリ人の感情生活の限界にある一瞬なのだ。

ランパッドの作品は、自分の友人シュピースに向けて、あるいはほかの誰に向けてでも、ある種ピューリタン的な戒めとして描かれたものではなかった。むしろ当時のバリにたいする論評のようなものだった。その頃は同性愛が公の場のやりとりの話題にされたり、バリを有名にするものだったり、バリ的な交流の仕方の特徴とされたりしていたのだ。ランパッドは、少なくともある部分では、同性愛行為というものを自分も身を置く不安定の時代に結びつけていた。同性愛が道徳的にまちがっているというのではない。ただそれが公的に重要なものになるということは、道徳秩序が急速に変化しつつあった放縦の時代の兆候《しるし》だった。

ほかのアーティストたちは、儀礼や呪術を描くことでバリの道徳的改変に応答した。観光客の関心を引いたのと同じ火葬が、こんどはバリの本質にまつわる視覚的会話の一部になった。火葬のようなものは観光客からも文筆家《ライター》たちからも重視されたのだが、そのことがかえってバリ人たちを、自文化のそういう面がもつ意味に向き合うよう仕向けた。儀礼がどちらの側にとっても重要だったことはまちがいないが、その理由はちがっていたのだ。

観光客からすれば、火葬は盛大な見世物にすぎなかった。バリ人画家たちにとっては、それは葛藤と調和を取り巻くものだ。ベイトソンとミードがフィールドワークの少なくとも一部をおこなった村、バトゥアンでは、一九三〇年代のアーティストたちが儀礼の場面をいくつも描いた。彼らは儀礼のなかでもとりわけ社会的緊張や攻撃性をあらわにする部分に注意を払った。自分たちが収集した絵画にかんするベイトソンとミードのコメントから、こうした内容のいくつかがはっきりわかる。画家たちは「バリがどのようなものであるか」を絵にしているつもりでおり、観光客にもそういっていた。だが、彼らの絵を買った人たちが自分の買い物をどう解釈したかは定かではない[29]。これらの絵は調和のイメージを描いていたり、バリを調和のとれた社会として描いたりしたものが多かったが、バリの調和というのは葛藤の末に、そして不断の強い社会的緊張のあいだでバランスをとることで生まれてくるものだった。ベイトソンが理解したように、これこそがバリ社会の「均衡状態」である。ただベイトソンにもよくわからなかったのは、その社会的緊張がどの程度まで植民地主義によって助長されていたのかという点だった。

ベイトソンは、彼のいうバリ人の不変のエートスをつきとめることに関心があった。だが、バリ絵画のなかに彼は変化の証をみてとった。日常生活でごくありきたりのものとされていた儀礼が、オランダによる征服後、じつはより頻繁におこなわれるようになっていた。そればかりか儀礼にかかわる社会関係も変質し、その結果平民がとりおこなう儀礼の数が増えるようになったのだった。

一九世紀には、平民は従者として王家の儀礼に加わることが多かった。たとえば王家の火葬の際には何百という、自前で儀礼をとりおこなうことのできない平民の火葬が一緒におこなわれることになっていた。王族の権力メカニズムと〈ブラフマナ〉祭司層は、平民が他の儀礼で高い位のしるしを用いるなど身のほど知らずの行状におよぶことのないように、諸儀礼を管理下に置いた。二〇世紀になると、平民の儀礼が制限されるかどうかは主としてお金の問題になった。しだいに多くの家族が、隣近所からあまりにも見栄っ張りだと哄笑を買いさえしなければ、好きなだけ豪勢な儀礼を主催できると考えるようになったのだ。このため二〇世紀には儀礼の施行が一気に増加することになった。

混沌の時代を厄祓いする

一九三〇年代の芸術家たちが取り上げたもうひとつの主題は、バリ世界の暗黒面だった。彼らの多くが、観光客も学者も魅了したのと同じ〈チャロンナラン〉舞踊（〈バロンとランダ〉舞踊の悪霊祓いの演目）を描いた。画家や彫刻家のなかでも、とくにウブッドの南にあるバトゥアン村のアーティストたちや独創的な木彫り師イ・チョコッなどが、魔女や怪物、それに異国の悪霊を描いて災厄祓いに一枚加わった。

バリの植民地期という不穏の時代は、畏怖の時代でもあった。画家たちのなかにはその怖れを払いのけたくて絵を描いていたような者もいた。彼らの作品は首尾一貫して、二〇世紀前半以降に飛躍的に増えていた災厄祓いの舞踊や儀礼を描き出したものだった。畏怖の体現者であるランダという具体的な形で怖れを表わすことで、アーティストも踊り手も怖れを具象化でき、そして逃さないようにすることができた。これはイダ・バグス・マデ・トゴッに代表されるようなバトゥアンの画家たちばかりでなく、ほかの地域の画家、とくにデンパサール出身のイ・グスティ・マデ・ドゥブロ（一九〇六〜

八五）などにもあてはまることだった。ドゥブロは小柄のもの静かな男で、奥深い地の語り部のような風貌をたたえていた。彼の人生は時代をほぼ完璧に体現してもいた。植民地支配の幕開けと同時に生を受け、一九三〇年代には植民地都市へと変貌していった王家の都に暮らしていたからだ。

ドゥブロの作品には魔女や奇妙な生き物や悪霊などの姿があふれ、この世のありとあらゆる化け物たちのあいだのすさまじい衝突がたくさん描かれていた。彼の描くヒーローはその時代にふさわしく、〈マハーバーラタ〉と〈ラーマーヤナ〉にそれぞれ登場する、二人の半魔人だった。パンダワ五人兄弟のうちのひとりであり乱暴者で攻撃的なビマと、白猿の将軍ハヌマンである。この二人はともに魔物や魔女と同じ恐ろしい力にあやかっているために、人間が唯一頼れる味方なのだった。ドゥブロの絵は怖れを、そしてなにか極端な結末によってしか万事が元通りにならないような時代を物語っていた。[30]〈バロン〉と〈ランダ〉はバリの真髄《エッセンス》のような存在にまでなった。それは、まえからずっとそうだったからではなく、この不穏の時代があらゆるレベルで徹底的に厄祓いを必要としていたからだ。

社会的軋轢の高まり

そういうわけで一九〇八年から一九四二年にかけてのバリは、バリ人にとっては社会的緊張と軋轢の島だった。当時の空気は悪霊に支配されているかのようで、呪術、政治、宗教、そして経済をめぐることがらが一体となった雰囲気だった。その端的な例はカーストの問題である。表面上は宗教的に秩序を表現する方法だが、これが政治的・社会的にも重要課題となっていた。

オランダはバリのカーストを固定化し、そのことでかえって地位をめぐる諍《いさか》いを引き起こすことになった。最高位のカースト集団に分類してもらおうとして人々があれこれ策を弄したからである。[31]カースト問題がオランダの植民地権益とバリ人支配層のあいだに同盟関係を生んだため、身分争いは物理的な争いへと装いを変えた。この盟約にたいし高学歴の平民たちは異議を申し立てた。彼らは自分たちの受けた教育が少なくとも、今や〝封建的〟と考えられる旧来の称号におとらず重要なものと考えたからだ。カースト制にたいする疑義はオランダ支配下で湧き起こったが、それがはっきりとした形をとるようになるのは、日本軍による占領が植民地下の権力関係を転倒させ、インドネシアの民族主義的感情を完全な民族革命へと成熟させるに至ってからのことだった。インドネシアが一九四九年に独立を果たしたあとの時期、バリ社会に台頭したさまざまな勢力はバリ人のアイデンティティや文化、宗教がとるべき方向性をめぐって衝突した。この文脈で、バリ社会の異なる集団間の争いは右派と左派のあいだの政治闘争という形をとった。それは左派が凄惨をきわめた形で敗れた闘いだった。

カーストに応じて人々の社会的役割を法制化し、分類することで、オランダはそれ以前にはなかったもの、つまり固定した位階秩序を創造した。今では位階を上昇しようと思えば、自分の主張を法廷で法的に裏づける可能性に望みをつなぐしかなかった。当時流行したジョークのひとつに、〈グスティ・ポニス〉、つまり〝評決によるグスティ〟というのがある。これはオランダ人の法廷で称号を得ようとした平民のことを指す。カーストの地位にたいする要求を正当化してくれるような系図の作成を依頼する家も多かった。こうして系図があらたに氾濫した背景には王家の家系の記述というものがあったが、その習慣が社会のあらゆる階層に広まったことになる。

オランダ人はバリ社会の細部まで理解していたわけではなかったから、カーストを固定化するにあたっては〈ブラフマナ〉高位祭司の助けを借りて、制度の説明を受け、それを単純化してもらわなければならなかった。王を名目上バリの社会秩序の頂点にすえたように、オランダは祭司層にたいしてバリの宗教と社会を説明するという特別任務を与えたのだ。いくつかの祭司一族がことに重要な顧問として選び出された。すべての旧王国のうちでクルンクンは最高の精神的権威を保持していたが、一九〇八年から一九二九年にかけては王が不在だった。そこで、クルンクンの処女女王の治世に興ったピダダの〈グリヤ〉(祭司の家)が選ばれて、もっとも崇高な精神的顧問を差し出した。オランダはグリヤ・ピダダのイダ・ワヤン・ピダダを選び、種々のカーストの権利と義務について助言を仰いだ。彼の碩学ぶりや王のなかの王にたいする顧問としての家柄などを考え合わせれば、それは当然の選択といえた。すべてのオランダ当局者や、コールンのようなのちの研究者までもが、彼とその同輩の祭司たちに頼ってもっとも専門的な知見を求めた。それ以外の者は、多少なりとも専門的知識をもっている平民層の種々の祭司や〈ブラフマナ〉カースト出身の女性祭司さえもないがしろにされた。

男性〈ブラフマナ〉祭司はオランダ人に向かって、個人的にではなく、伝統法廷の判事として公式に助言を与えた。これらの法廷は王がとりしきる裁きの場という昔の役割を失い、カースト法、もしくは一部のオランダ人が正統法と呼んだものによって裁定を下す場となった。王の家臣の生死を分けるような権力はもはやなかったが、法廷は今でも古来の法典や宗教的著作にしたがって判決を申し渡していた。そこでは誰がどの称号を用いることができるか、そして個々のカーストにふさわしい道義的責任や儀礼上の権利がなんであるかが決定された。

だから植民地政策の実際上の詳細を決めていたのはオランダ人ではなく、バリ人だった。とどのつまりオランダ人は宗教とカーストの総体を大いなる謎と考えていたし、自分たちの行政機構にうまくあてはまるような単純化した説明で満足していた。祭司たちは、オランダ支配という制約のなかで、自分たちの理想のカースト・モデルにしたがってバリ社会がどのように組織されるべきかをまったく自由に決めることができたのだった。その点では旧統治者たち、とくに〈ブラフマナ〉祭司層の威信を支えたカランガスムの王に援助されてもいた。

オランダ支配への移行と祭司層が理想とするカーストの強制は、流血沙汰を免れなかった。オランダ支配の最初の一〇年のあいだに、オランダ支配にたいする抵抗が何件も起こり、その際に祭司の法廷が裁定を下すよう求められた。これらの事件はいずれも、平民が国家のためにおこなうことになっている賦役をめぐって起きていた。誰が〈スードラ〉、つまり賦役への従事を義務づけられている最下層のカーストに属する者であるかを判断するのは、祭司の法廷だった。かつては重要な地位にあった平民の親族集団の多くが、無残に地位を貶められたと感じたのも無理からぬところだ。従来の地位を守ろうとする彼らの闘いは、カーストと社会組織をめぐる、より広範な闘争の先駆けとなった。

カランガスムでは、かつて宮廷の役人を数多く務めていたブンデサとパサッという氏族集団《クラン》がオランダ人のための強制労働への従事を拒んだ。彼らは武装兵により無理やり賦役につかされた。ギアニャールでは二件の異なった抵抗事件が起こった。一九一一年に起きた一件目の事件は、ベン村出身のパンデ（鍛冶屋）集団によるものだ。彼らがオランダの命令に服することを拒んだとき、いわゆる反乱の首謀者たちは流罪に処された。ギアニャールでの二件目の事件には、スカワティ村の村民たちがかかわっていた。一九一七年に地震がバリを揺るがしたあと、一二五人の村民は、かつての「王国時代」はもはや終わった、だから自分たちが労働奉仕をする必要もはやないと考えた。祭司の法廷による審判で労働に従事するよう命令されたが、なおも拒否したため、地区長官が兵隊を引き連れてやってきて、彼らと対決した。警告を発してから、長官は兵士に発砲を命じた。四人の村人が即死、五人目はのちに息絶え、さらに七人が負傷した。生存者のうち三〇人はよその土地に逃れ、新生活を始めた。[32] 悶着を起こして銃撃された、反骨精神旺盛なスカワティの村人たちのような農民層は旧秩序が崩れてしまったと感じ始めてはいたが、それでもあらたな要求に服従することを潔しとしなかった。

ベン村の鍛冶屋たちにたいする祭司らの審判は、伝統的なバリの再創造という過程でなにが起こりつつあったかを雄弁に物語る。鍛冶屋たちはカースト制度下でつねに反体制的集団に与する連中だった。彼らは四大カースト制を認めておらず、よって〈ブラフマナ〉祭司から聖水を授かることも拒否していた。裁定のなかで、北部バリの三人の祭司はクルンクンのイダ・ワヤン・ピダダおよびギアニャールの三人の祭司の助言を得て、「鍛冶屋」たちはほんとうは〈スードラ〉だという見解を公にした。自分たちを〈サトリア〉、つまり第二カーストの成員と認めてほしいという法廷にたいする彼らの訴えは退けられ、法廷は他のバリ人が日常「鍛冶屋」にたいして使う言葉づかい（高位カースト用の言葉かどうか）と、これもまたカーストを象徴する、火葬儀礼用の塔の屋根の数にかんして裁定を下した。法廷の判断では鍛冶屋集団はそれまでの通例だった七重の屋根を用いる資格がないということになった。なお〈ブラフマナ〉祭司からの聖水を拒否することについては、法廷は彼らがじつは〝原バリ人〟たる〈バリ・アガ〉の亜種であると認定したため、さほど重要な問題ではなくなった。[33] このときも、ほかの例と同様、祭司たちの知識を動員することで特殊なカテゴリーに言及し、制度のなかのはみ出し者をうまく処理することができたのだ。

この新しい、修正版カーストが導入されることで得をしたのは、上位三カーストの成員〈トリワンサ〉である。昔の宮廷は民衆であふれており、その数の多さこそが王の力の健在ぶりを示したものだった。そこでは平民もさまざまな役割を担い、しばしば村の長となったり、国の高官を務めることさえあった。これら平民のほかに〈トリワンサ〉層——王家の遠縁や祭司とならなかったブラーマンや各種の居候など——がおり、高官から小姓、召し使いにいたるまでさまざまな役を担いつつ、王宮の位階秩序に組み込まれていた。オランダの支配下では、徴税役人の頭、（アヘンが徐々に禁止されるまでは）アヘン監督官など、国の役職には限りがあった。そこで何百人もがあぶれ、多くは村長などどこかよそでなんとか職をみつけた。こうした事態になったのは、オランダ人が、上位カーストとは地位と権力の面で社会の頂点に立つ者だというイメージを抱いていたためである。つまり、上位カーストが平民に先立ってあらゆる高級職を占めるのは当然とされたのだ。これは、植民地期以前に国家官僚を務めていながら降格した平民が、地位ばかりでなくその地位に付随していた土地まで失うことを意味した。個々の職をめぐっては平民と貴族層のあいだに諍いが起こることもあったが、貴族層の側は伝統の新ヴァージョンと法廷とをいつも味方につけていたのだった。

ナショナリズムとカーストへの挑戦

公職につくことで諸王は国家に再度しっかりと組み込まれたが、この王たちがみずからの信用と伝統的な忠節を取り付けるためには、それほどあからさまにオランダ的ではない媒体を用いる必要があった。彼らのゲームの二重性がはらむ矛盾は、教育程度の高いバリ人の眼にはあきらかになりつつあった。こうしたバリ人は〝伝統〟の名の下に王族や祭司層の地位が高められていくことにいらだち、王族が称号を優位性と同一視することに異議をとなえた。主として北部の中心都市シンガラジャで形成された、教育を受けた新エリート層のなかから、やがて一九二〇年代から一九六五年にかけての革命的バリの中枢となる二世代の指導者が誕生する。

一九二〇年代にカランガスムのラジャ、グスティ・バグスは、宗教変化の本質をカーストの戒律に応じて方向づけるための宗教改革団体の設立に尽力した。南部バリで最初のこの種の団体は、〈ブラフマナ〉高位祭司の学寮《カレッジ》のようなもので、民衆にたいしそれぞれのカーストの責務を果たすよううながすことを目的としていた。クルンクンに作られた二番目の団体はグスティ・バグスのイニシアティヴによりできたもので、カーストの保持を目的とし、写本の研究に基づいた伝統的知識の収集と教授を通じてその目的を支えた[34]。同様にウブッドでも、伝統的文献を研究するための自前の組織を王家が創立した。

このような団体が作られたのは、北部バリで、カーストが直接疑義にさらされつつあったからだ。一九二五年には、ブレレンのブラタン出身で「鍛冶屋」集団の一員である二五歳の教師、ネンガ・メトラが宗教改革団体の指導者となった。その団体は進歩の名の下にカーストの古い封建的紐帯を覆すことをめざしていた。ネンガ・メトラは近代化という新しい理想に傾倒していた。彼はオランダの下でいち早く良質の公教育を受けたひとりであり、その教育を通じて彼とその教師仲間は、今こそオランダ領東インドという新社会であらゆるバリ人のために場を切り開くチャンス到来と考えた。バリ人教師の第一世代はほとんどがそうだったように、彼もまたジャワで研修を受け、ジャワ人の教師たちと一緒に仕事をした経験があった。

オランダ側は当初、研修中の教師たちが接点をもつことについて懸念を抱いてはいなかった。そもそも一九一五年までは、ほとんどのバリ人は学校にさえいかせられない状態だったからだ。農民はごく初歩的なレベル以外には教育機会を与えられていなかったし、なんとか生き延びるために両親を助けて働くのに忙しかった。他方、上位カーストのほうは、学校にいき馬跳びのような遊戯に参加することで地位が貶められるのではないかと危惧した。下位カーストの子弟が身分の高い者より物理的に上位に立つ姿勢をとったり、教室で身分差に応じた敬語を使わなかったりするかもしれないからだ[35]。

近代化を呼び水とし、また必要に応じて強制もすることでやっと学校の出席率は上がったが、それと同時に外部からの〝有害な〟影響が入り込んでしまうという余分な要素も付け加わった。教員を研修のためジャワに派遣したり、ジャワ人の教員を呼んだり、あるいは卒業生をバリの外で働かせたりといったことを通じて、当時ジャワで興りつつあった反体制的な、民族主義的理想主義にバリ人が触れるという危険が現実のものとなっていた。そこで一九二〇年代にはオランダはバリの学校の数を増やし、バリ人教師をそこに配属したほか、卒業生もバリ内で公務員になれるよう配慮した。

平等や教育の価値といった新しい観念に触れ、学校にいった平民たちはカーストの考え方や貴族層の特権に不満を抱いた。一九二一年、ブレレンの伝統的領主グスティ・プトゥ・ジュランティックは、教育志向の初の宗教改革団体を設立した。この団体は一九二三年にサンティという団体に取って替わられ、ネンガ・メトラが主要メンバーのひとりとなった。二年後、バンジャル地区の区長で〈ブラフマナ〉のイダ・グデ・スワンディの屋敷で開かれたサンティの会合の席でことは起こった。メトラの盟友のひとりクトゥット・ナサが、カースト制の価値観にたいする弾劾演説をぶち、古臭い封建的価値観に固執することがいかにバリの宗教を芯まで腐らせたかをまくしたてた。ナサがいうには、イダ・グデのような狂信的な上位カースト出身者は敬意をこめた言葉づかいをされるに値しない、真に尊敬に値する人というのは、生まれではなく、教育による啓蒙（彼の言葉では〈ブディ〉）を通じて敬意を博した人物なのだ。

ネンガ・メトラ、クトゥット・ナサと三人目の友人、ニョマン・カジャンは、ほかの多くの人々と一緒になってサンティから分かれ、平民グループ、〈スルヤカンタ〉を創設した。彼らは自分たちが〈スードラ〉だという考えを受け入れないことにした。侮辱的な用語と思えたからだ。これにたいして、〈トリワンサ〉（上位三カーストの成員）を自認する強硬派は、自分たちも新しい団体、〈バリ・アドニャノ〉を組織した。この二つのグループは、それぞれの雑誌や公開集会を通じて争った。スルヤカンタ・グループはさまざまな領域で論陣を張った。彼らは大衆が発展し、近代化できるようにするための重要な手段が教育であると考えた。宗教については、領主らが大規模儀礼の施行を重んじるのは金の無駄遣いであり、農民層にとっては儀礼を簡素化し、協同組合に加入するほうがためになると主張した。

ネンガ・メトラはみずから〈ブラフマナ〉の女性と結婚することで、カースト制にいっそう大胆な攻撃をしかけた。カースト間の婚姻原則により高位の女性は同等もしくはより高位の男性としか結婚できないはずと考えていたバリ・アドニャノのメンバーは激昂した。そこでオランダがこの夫婦をロンボックに追放するよう仕向けた[36]。オランダ側はその当時、潜在的な反政府勢力をことに警戒していた。一九二六年終わりから一九二七年初頭にかけて、インドネシア共産党（ＰＫＩ）がオランダ植民地支配の根幹を揺るがす反乱未遂をいくつも起こしていたからだ。

メトラが流罪の身のうえとなった一方、不穏分子を黙らせる強硬策に出ることにしたオランダの勧めもあって、貴族層は組織を立て直した。カランガスムのラジャがあらたに設立した諸団体、とくにクルンクンの教育団体などは、すべての集団にカースト思想を受諾させることを意図していた。同様に、ブレレンのグスティ・プトゥ・ジュランティック王は、バリ・アドニャノを強力にあと押ししたことは一度もなかったとはいえ、それでもあらゆる潜在的衝突を鎮めるよう尽力した。このため彼は、「オランダ・リーフリンク＝ファン・デル・トゥーク文書館《キルティヤ》」を支援していた伝統的諸集団のあいだに協力関係を育んだ。これは伝統的なバリの知見を保持するための財団で、バリでのオランダ植民地支配の啓蒙されたヒーローたちからその名を取ったものだった。

グスティ・ジュランティックは私有文書の多くをこの威風堂々たる機関に寄贈し、また他文書の収集や写本に協力した。こうすることで彼は、上位カーストのメンバーたちが秘めたる知を占有しており、だからバリ宗教を支配しているのだといった北部の急進派たちの疑いを晴らすことに貢献したが、同時にかつての反体制組織、スルヤカンタのリーダーのひとりで、したがってネンガ・メトラの朋友だったニョマン・カジャンが、教育と知識という政治的に無難な目標に向けて働くよう仕向けたのだった。「文書館」の内外で活動していた他の指導的知識人らとともに、カジャンは自分の調査と、伝統文学や文化雑誌の宗教的教えを分析したり要約したりすることを通じて、大衆的伝統にかんする公的議論を活性化した。

「文書館」はこうして、新生オランダ国内での、バリ宗教の調和的もしくは平等主義的性格の発現とされたのだった。この組織を通じて、メンバーたちは当時のオランダ人学者、とりわけロルフ・ホリスや彼のあとを継いで「文書館」の言語アドヴァイザーとなったクリスチャン・ホーイカースと交流した。この学者たちは植民地期の知的エリートのあいだに自信とバリ文化の存続を強く信じる気概とを育てた。この自信はつねに両刃の剣だった。一方では調和のとれたバリのイメージを強化したが、他方ではこの自信が、ついにはオランダ支配に異議を申し立てる民族主義的《ナショナリスト》な自己覚醒の一部でもあったのだ。古い文書をひもといたり、神学を論じたりすることなどたいして過激にはみえないかもしれないが、バリ人の指導者たちがナショナリストの文脈で他のインドネシア人に向けて自分の文化的アイデンティティを規定していくにつれ、こうした営みはバリ人アイデンティティの基本要素を提供したのだった。「文書館」に関係した多くのバリ人は、ナショナリスト・アイデンティティ獲得の古典的道筋にもう一歩深入りするまでになり、自作をバリ文化のモデルとして意識的に提示しつつ、バリ語とインドネシア諸語で小説を書いたりもした。[37]

一九二〇年代に「文書館」周辺で進行していた知的進展は、教育分野での宗教的展開とも結びついていた。新設された学校や宗教のための財団、伝統的文献を使った学習グループなどは、王族の権力維持につながるものもあったが、その頃ジャワで芽生えつつあった、教育を基盤とするナショナリスト集団と特定の絆をもつものもあった。興味深いことには、貴族層の全成員が完全な親オランダ的見地に立ったわけではなく、なかには率先して汎インドネシア的ナショナリスト思想をバリに紹介する者もいた。バリではその思想が、前述のような多彩な運動、組織、財団などに育まれた、バリの伝統にたいするあらたな知的関心と混じり合ったのだった。[38] こうした行動をとるうえで、バリ人貴族たちはバリの王家が交際していたインドネシアの他地域の王族を手本にした。たとえばカランガスムのグスティ・バグス・ジュランティックは中部ジャワのマンクネガラの王家と親交を結んでおり、彼の息子や娘たちは中部ジャワの学校で学んだ。

オランダの政策を率先して利用しながら、同時に反オランダナショナリズムの先頭に立つといった貴族層の二元的性格は、じつはそれほど矛盾していたわけでもない。同じ衝動が親オランダ的態度にも親ナショナリスト的感情にもあり、こうした衝動はほかのインドネシア人貴族、とりわけ中部ジャワの貴族層も共有するものだった。バリ人貴族も〈ブラフマナ〉層もそして教育を受けた平民の有力集団も、社会的身分や役割、バリ宗教の意味などをほかのインドネシア人や、観光客、植民地支配者として現れる西洋人にわかる言葉で説明できなければならないという、これまでにない立場にみな立っていた。彼らに必要な言葉とは西洋式教育の言語だった。とはいえ彼らはそれを、自分たちの文化的価値観をうまく取り入れた形で使わなければならなかった。その文化は意識的に明晰化した伝統として提示したものだったからだ。

カースト制を使えば、宗教的信条との関連で社会的身分を説明することができたため、カーストがバリ文化のひとつのかなめとなった。さらにバリの指導的知識人たちは、自文化を表現するのに、アジア宗教の価値についての国際的に知られた思想に訴える必要があった。そういう思想は神智学の影響のなかにみつかった。一九三〇年代までに神智学はインドネシアで確立しており、オランダ人もインドネシア人も東洋の宗教を学ぶのに熱心だった。「文書館」に関係していたオランダ人学者のなかにも同じような関心があり、宗教、文化、教育団体のジャワ人メンバーのなかの同好の士とつながりをもっていた。インドの一流の作家で知的指導者でもあり、ガンディーのように神智学とナショナリズムの一致を代表する人物だったラビンドラナート・タゴールがオランダ領東インドを訪問した折には、ジャワの古代ヒンドゥー・仏教寺院（とくにボロブドゥール）とバリの両方に案内された。バリではホリスらが案内役を務めた。[39] 神智学は、インドの文化的影響のおよぶ世界、叡智の源である〝神秘の東洋〟にバリをあてはめるのにもってこいの理論だった。

オランダ人、ジャワ人、そしてバリ人はこの点で、また神智学やインドの宗教、ジャワとバリの文化などにたいするより広い関心から、文化と宗教をバリ固有の文脈から引き上げ、正統な東洋の型《パターン》と考えられるものに関係づけようとしていた。このことによってバリの宗教は、ジャワやインドの文化的世界から隔絶している場合よりもはるかに大きな重みを与えられ、その意味では、ラッフルズのようなごく初期の学者たちの遺したものがバリ側にたいし有利に働くことにもなった。バリの宗教は真正で《オーセンティック》国際的にも権威あるものとなり、バリ人の王や君主たちは植民地の舞台でジャワの、さらにはインドの君主やスルタンたちとも同列に並ぶことができた。ここで皮肉なのは、一九三〇年代の観光客、植民地研究者や定住外国人《エックスパトリエート》たちと同じやり方で、バリ人もまた文化を高尚にしたり、理想化したりする営みにかかわったということだ。ただしそれはちがう目的のためだった。

第二次世界大戦とその直後

バリの植民地期は、バリ社会内部でそれぞれ、封建勢力、近代を称揚する勢力と目された勢力間の争いのおぜんだてをしたが、その時代も一九四二年の日本侵攻によって終わりを告げた。バリ社会が調和的だという考え方はオランダによって育まれ、一九三〇年代に教育や宗教にたいする一般的態度によって助長されたものだが、これがみかけ倒しにすぎないことは、日本の圧倒的勝利によってあきらかになった。日本の占領期とそれに続く期間にバリ社会の分極化は進み、それはインドネシア全体の政治的分裂によってさらに悪化した。こうした緊張状態がクライマックスを迎えたのは、ちがった種類の〈ププタン〉によってだった。一九六五年以後の、何百何千という共産主義者およびシンパの殺戮である。一九四二年から一九六五年にかけての時期に、バリ・イメージのなかには〝文化〟と〝伝統〟という観念がしっかり根づいた。その当時の対立や闘争に身を投じた者の多くにとって、バリ文化とはなにか、文化を支配するのは誰か、といった問いはなによりも重要だったのだ。

植民地支配による社会変動がバリ人のあいだに怖れの感情を呼び起こしたとしても、それは日本統治がもたらした恐怖の比ではなかった。当初日本人は解放者、または帝国主義にたいする闘争のヒーローとして歓迎された。村人の大半は、戦争が進行し食料不足が蔓延する段になってようやく、日本人について憂慮し始めたのだった。

日本の戦前のプロパガンダは〝大東亜共栄圏〟やアジア人アイデンティティといった観念を鼓舞していた。オランダ人の排斥を主目標にしていた多くのナショナリストにとって、同志たるアジア人に向けてのこのアピールはきわめて重要だった。これらナショナリストたちこそがやがて苦難を味わうことになるのだが。

バリ社会のエリート層の多くは、日本時代を残虐の時代と記憶している。軍が威信を強めるために武力を行使したからだ。北バリの主だった宗教指導者のひとりは、非協力的な活動が理由で打ちすえられ、何日も逆さ吊りにされた。バリのほかの地域でも、たとえば刑罰として両足を切り落とされたクルンクンの男性など、拷問や残虐行為にまつわる話が多い。

日本人の暴力の矛先は、封建的でオランダの協力者だと彼らがみなした貴族層に向けられた。日本人の残忍さは、インドネシアの他地域では輪をかけて極端な形で現われ、伝統的指導者がおおぜい処刑されるなどした。けれどもそれはバリでは起こらなかった。日本が島の運営にあたって貴族層が必要だと考えたことも一因だろう。伝統的君主を不可欠の存在にするような位置に残したまま、オランダが去ったからだ。バリ人王族の若い世代はオランダの援助をうまく利用して、日本人の下でもあらたな役回りを作り出した。ギアニャールのラジャの息子で、バタヴィアで法律を勉強したアナッ・アグン・グデ・アグンが、陸軍士官の訓練を受けて昇進したのもその一例である[40]。

反植民地主義の立場と「アジア人らしさ」重視の一環として、日本はバリ文化を奨励した。このことは親日的な戦争協力を強化し、同時にバリ人のアイデンティティ感覚を高めるという二重の効果があった。日本は数々の芸術興行を主催し、グスティ・マデ・ドゥブロのようなすぐれた近代画家たちの作品は賞を受けた。バリ文化というものが宗教と、そしてカーストともこれほど強く一体化しているからには、バリ文化にたいするどんな支援も結局は、まさに日本が嫌う封建君主の大義を助けることになってしまうのだったが。

戦争がさらに進むなか、インドネシアのナショナリストは日本軍の飛行機がダーウィンを爆撃するため離陸していくのを手をこまねいて見送った。あるいは一九四四年以後日常必需品がますます入手困難になるにつれて、苦難をしのぶしかなかった。戦争が終結すると、日本がインドネシアに差し出していた餌をついに引き渡すときがやってきた――独立である。

ナショナリストたちは、日本の約束が対オランダ闘争のための武器供与によって裏づけられるものと期待した。スカルノを始めとする国家指導者たちは、連合国軍が広島に原子爆弾をまさに投下しようとしている頃、ジャカルタで独立を宣言した。日本が降伏すると、連合国軍は日本にたいし、インドネシア人には武器を渡さず、自分たちに差し出すよう要求した。マウントバッテン率いる東南アジア方面軍が介入し、オランダが到着して回収するまでのあいだインドネシアを占領した。場合によっては協定を遵守し、武器を奪おうとするインドネシア人を阻止するため冷酷に戦う日本人もあった。バリでは、インドネシア他地域と同じくインドネシア独立に同情的な日本人が多く、ナショナリストが武器を奪った際も目をつぶるか、みせかけだけの抵抗をしたりした。[41]

オランダ傀儡の封建君主

一九四五年の日本降伏からバリを取り戻すためオランダ軍が一九四六年に上陸するまでの期間は、バリ社会の今後のゆくえを占う重大な時期だった。この間《かん》、旧王国がそれぞれにみずからの重要性を主張する一方で、暫定的な共和国政府がバリ内外で承認を得ようとしのぎをけずるなど、バリは単一の権力の中心を欠いていた。諸王は共和国に参加するかオランダ派として残るかをめぐる派閥争いで、それぞれの領土内の有力一族と張り合っていた。一族の内部でさえも、こうした路線のちがいから深刻な分裂が起きた。デワ・アグンは自国クルンクン内部の強力な統治機構もろとも、もっとも忠実なる親オランダ派の君主となったが、その息子のひとり、チョコルド・アノム・プトラは共和国派となった。

混乱期を経てオランダが政権に復帰したとき、バリでのもっとも頑強なオランダ支持者のほとんどはラジャたちだった。そのなかには父や祖父がオランダ支配に抗《あらが》う闘いで命を落とした者も含まれていた。このような親オランダの立場がすべてのバリ人貴族におよんだわけではない。若手の多くはバリに暫定的に敷かれた共和国行政にかなり満足していた。しかし次に起こったできごとは、バリ社会で勢力が拮抗するときにつきものの、暴力沙汰を暗示していた。続く数年のうちに少なくとも二〇〇〇人のバリ人が命を落とすことになる暴力である。[42]

暫定政権の指導者たちは、オランダが到着するや否や牢獄につながれた。地下活動に入って共和国派の戦いを続けることを選んだバリ人もいた。オランダによる抵抗運動弾圧のあまりの厳しさから、この決断を余儀なくされたのだった。オランダに抗する共和国派の闘士たちの指導者は、やはり下層貴族の出で、ムンウィ出身のグスティ・ングラ・ライだった。彼と仲間たちはオランダを相手に戦闘をくり広げ、ついには丘陵地帯で英雄的な戦いの末、死を迎えた。ングラ・ライと九〇人に上る支持者たちはマルガ地域で包囲されたが、降伏することなく、〈ププタン〉の伝統的態度に訴えた。つまり全員が虐殺されることになった。[43]

この最後の抵抗を〈ププタン〉と呼ぶことで、ングラ・ライは意識的にオランダに抗《あらが》う伝統を引き合いに出したのだった。有名な左派の著作に代表されるようなナショナリスト思想では、一九〇六年の〈ププタン〉は、一九世紀終わりから二〇世紀前半にかけて続いた長く血なまぐさいアチェ戦争と同じくらい、オランダにたいするインドネシア人の抵抗の強力なシンボルとなっていた。[44] ングラ・ライの最後の抵抗は、インドネシア国家の戦力としてバリが一人前になったことを記すものであり、その闘いはマルガにある伝統様式の記念碑と、トゥバンの国際空港をこの英雄にちなんで名づけることで記念されている。

革命期にオランダに向かって〈ププタン〉がおこなわれたということは、バリの伝統の専有をとなえたのが親オランダ派の支配層に限らなかったということだ。ラジャたちが帰還したオランダ支持に回った主な理由のひとつは、伝統君主に限定付き自治権を与えるという一九三八年の裁定に沿った、伝統バリの復活をオランダが意味していたからだった。革命の陣頭に立つナショナリスト青年団、「プムダ」の熱狂ぶりは不確実性を表わしていた。オランダ相手ならば、戦前の植民地期に慎重に構築された政治・経済的権力構造、すでに〝伝統文化〟の同義となっていたものの継続だけは保証されていたのだ。

バリ文化についてナショナリストはこれといった政策をもたなかった。プムダの一方の極は北バリのスルヤカンタ運動の反カースト路線を引き継いでいたが、もう一方の極は、アジア的伝統を喚起しさえすればなんでも西洋帝国主義への挑戦になると考えていた。革命後の行動から考えると、大多数の共和派バリ人は、このスペクトルのちょうどまんなかあたりに自分たちを位置づけていたといえるだろう。

スルヤカンタ運動の遺産は、教育の流儀と、社会的な力としての学びの評価だった。これは北部の中核都市シンガラジャに引き継がれていた遺産である。そこではネンガ・メトラが追放先のロンボックから戻って再び教鞭をとっており、メトラの友人ニョマン・カジャンを始めとする知識人が「リーフリンク＝ファン・デル・トゥーク文書館」で働いていた。このシンガラジャは一九四〇年代、五〇年代の実際上すべてのバリの政治的指導者たちが学んだ場所でもあった。シンガラジャの大きなオランダ学校で、バリ人の青年男女はメトラのような教師に感化を受けると同時に、ネットワークを作る機会を得た。このネットワークは革命のゲリラ組織に引き継がれていく。メトラはみずから武器を取って革命に身を投じ、一九四六年に四〇歳で死を遂げた。オランダ人部隊の銃撃を浴びたのだった。カースト位階秩序にたいする彼の挑戦を記念して、シンガラジャの「鍛冶屋」氏族《クラン》集団の地区、ブラタンの村人たちは、メトラを第二カースト〈サトリア〉のやり方で火葬に付した。[45]

貴族階層そのものも、インドネシアの独立問題をめぐっては完全に分裂しており、大衆の多くも好むと好まざるとにかかわらず、自分たちが仕える貴族と同じ立場をとる傾向にあった。当時のバリの、平民知識人を含む事実上すべての政治指導者たちは、伝統的パトロンの役割を強調することで支持を取り付けており、派閥争いはパトロン－クライアント関係の網の目に沿ったものとなっていた。亀裂がそういうものだったために、ウブッドの二人の領主の場合のように、兄弟同士が反目することさえあった。チョコルド・ラコー・スカワティは折衷案として設立された親オランダ派の政体、ＮＩＴ（東インドネシア国《ヌガラ・インドネシア・ティムール》）の大統領に就任していた。ジャワのインドネシア共和国を抹消することもできなければ無視することさえできないと悟り、オランダ側はオランダを頭とする連邦のなかにいくつもの国を建設しようと企てたのだ。その企てのうちでＮＩＴはもっとも成功した例だった。ただし頓智のきく共和派は、ＮＩＴという略語を「ご主人様についていくだけの国《ヌガラ・イクット・トゥアン》」と読み替えた。

大統領のチョコルド・ラコーは、バリの統治機構だった王家評議会と、それからとくにギアニャール王宮出身の姻戚と密に協力した。そのなかにアナッ・アグン・グデ・アグンがいる。彼は父のあとを継いでラジャの座についたが、ＮＩＴの首相になるためその地位を弟に譲った。アナッ・アグンが政治に果たした役割をめぐってはバリ人のあいだでも賛否両論があり、反動的な敵側協力者とも熱心な愛国者ともいわれてきた。やがてはインドネシアの外務大臣に就任したという事実があるため、革命における彼の役割を評定することはむずかしいが、彼はその時々の状況を意のままにあやつるというよりも、状況に応じて行動してきたように思える。つまり、ときには自分の政治的主張を完全にひるがえしたりもした。

彼の故郷のギアニャール‐ウブッド地域では、堅実で高潔なチョコルド・ラコーと野心的なアナッ・アグンとが抵抗運動《レジスタンス》を激しく弾圧した。ギアニャールの刑務所は反オランダ派バリ人の監禁、拷問、ときには処刑のための主だった場所となった。チョコルド・ラコーの弟チョコルド・アグンは、一九四六年にアナッ・アグンの尋問を受けてからここに放り込まれた。「刑務所に到着する寸前に、彼らは私の両膝の後ろをつかみ、まえにつんのめらせた。まず私のいとこから殴り始め、次は私の番だった……。背中や頭を殴られながら、自分が犬になったような気がした」。チョコルド・アグンはほかの者に比べればまだ運のいいほうだった。この時期にまつわる彼のもっともつらい記憶は、自分が受けた取り調べではなく、近しい友人二人がオランダ軍の手で処刑されたことだった。その二人はウブッドのすぐ南にあるプリアタンの王宮出身の兄弟で、ギアニャールの共和派グループの参謀と同定されたのだった。数ヵ月におよんだチョコルド・アグンの監禁は、NITが樹立され、チョコルド・アグンとチョコルド・ラコーのあいだに和解が成立したことで解かれた[46]。

アナッ・アグンは、反オランダ闘争初期に狂信的な共和派に拉致され、そのことで気もちが大義から離れたこと、だがのちにNITの議会で共和国を支持し、共和国の救済を助けたこと、などをもち出して、自分の反革命的見地を弁護した[47]。だからといって、ギアニャールのオランダ支持者がとった残虐行為を正当化はできない。もっともよく知られたケースは、バトゥアンの村民がおおぜい、共和国を支援したかどで公開拷問を受けた例である。これら村民の多くは〈ブラフマナ〉で、なかには当代の代表的な芸術家や舞踊家も含まれていた。
バトゥアン村に共和派の影響をもち込んだのは、芸術家のイ・ゲンドン（一九二二〜四七）である。彼は平民の教師で、一九三〇年代に中部ジャワにいき、そこでインドネシアの一流の芸術家や知識人と交際したのだった。将来への希望に胸ふくらませ、ングラ・ライ隊長の部隊に入った彼は、才能を生かして革命支持のポスターを制作した。だがオランダ軍のしかけた罠で囚われの身となり、拷問にかけられた。出身村に連れ戻されてからも、死ぬ直前に墓場に連れていかれるまで再度拷問を受けた。ギアニャールの王家がバトゥアンの村民に、ングラ・ライとかかわりのあった村人を公に辱めるよう命じたのだ。ングラ・ライ支援者のなかでももっとも傑出した人物に、最高の才能に恵まれた一九三〇年代の画家のひとりとして名高いイダ・バグス・マデ・ジャタスラ（一九一五〜四七）がいる。ベイトソンとミードのバリ人の気質についての本のなかに、仕事中のこの青年がくつろいで、微笑んでいる写真をみることができる。彼がスケッチをしているさまからは高ぶったところのない、人のよさがにじみ出ている。[48] 彼は何人もの係累や友人もろとも自分の村で鞭打たれ、あざけられたのち、受けた傷がもとでギアニャール刑務所で獄死した。[49]
バリ社会の封建勢力と近代的勢力のあいだの亀裂は革命期を通じてさらに深まり、一九四九年末にインドネシアが独立を獲得したあとも、解消されないまま残った。バリのラジャたちは独立達成にあたってそれなりの役割を果たし、昔からの特別な地位をある程度保持することができた。とりわけアナッ・アグンは、ジャワの共和国政府までもあやうく壊滅するところだった一九四八年のオランダの軍事行動（いわゆる〝第二次警察行動〟に抗議してNIT政府を転覆させたとき）から、国政の場面に踊り出た。この対応は、連邦構成国も期待したほど盲目的に親オランダというわけではないことをオランダに悟らせ、また国連からの国際的圧力にもひと役買った。これでオランダは無理やり共和国側との交渉テーブルにつかされることになった。その地点からアナッ・アグンはジャカルタ政治とインドネシア外交において卓抜したキャリアを積んだ。そののちには引退してギアニャールに戻り、王という伝統的任務を引き継いだ。

インドネシア共和国のスカルノ始め新リーダーたちは、長期にわたった党派色の強い革命の末に、ようやく新国家建設にこぎつけた。共和派はオランダにたいし、主にジャワの農村地帯で長く苦しい戦闘を展開してきた。そして逆説的に、オランダ側が共和派の本拠地ジョクジャカルタを今にも武力制覇しそうになった段階で、外交手段により独立を果たしたのだった。闘いが終わってみれば、スカルノと短期間で交替をくり返した新内閣は、オランダ側についたインドネシアの他地域出身者ばかりか、スカルノの指導体制に異をとなえる共和派ともあらたな団結を生み出していかなければならなかった。後者のなかにはオランダとの武力闘争の継続を望んだ共和派もいれば、和解交渉にあたって指導者層がおこなった譲歩に不満をもつ者もいた。一九五〇年代初期はしたがって、スカルノが対立から合意を引き出し、反対勢力をひとつに束ねようと骨折った困難な年月だった。

伝統主義者、新《ネオ》伝統主義者、そして共産主義者たち

共和国成立後まもなくは、テロリストの襲撃や怨恨による諍い、復讐のための殺人などが横行したが、一九五〇年以降になると、封建勢力・近代的勢力間の抗争は徐々に微妙な形を取り始めた。一九五〇年から一九六五年のあいだに、文化をめぐる対立はインドネシアの政党間の闘争へと変わり、ついには国民党支持者と共産党に連なる人々のあいだに激しい衝突が起こるまでになった。関係する政治勢力の性質は変化していたものの、バリの文化問題は戦前に出てきたものと変わらなかった。

当時の政治闘争には経済闘争が付け加わっていた。そして共産党の幹部も含む、バリ政治の両サイドの指導者が大会社のトップでもあったことは偶然ではなかった。革命期もそうだったように、伝統的指導者の家系の者は世襲的役割や社会的協力の既存の形態をうまく使い、共和国という新しいコンテクストでも権力を掌中にした。当時のある貴族がこう断言している。「やつらはわれわれから政府を取り上げた。なら、こっちは経済をものにするまでさ」[50]。ラジャなどの権力者が、一九世紀ならば自分たちの家来だったはずの人間たちを労働力にして、ホテルや小工場や運送会社を次々に作るにつれ、生まれながらの指導者という感覚は企業家活動にすり替わっていった。貴族階層はこれに成功した。が、共産主義の支持へと発展していく社会的緊張を主として生み出したものは、上位カーストが巨大ビジネス階級になってしまったという認識だった[51]。

共和国の当初の政治対立は、革命期に達成した地位によっていた。共和国が勝利したことで政治上最強の地位を得たのは、抵抗運動《レジスタンス》のメンバーだった。このうちもっとも著名なのは、のちにバリの州

知事に就任した左派で、バリ人のむき出しの胸部に覆いをした人物、アナッ・アグン・バグス・ステジョである。ジュンブラナの王家の傍系の出のステジョは、革命の熱意の鑑《かがみ》のような人で、オランダとの円卓協定以後も闘いを継続することを望んだ一派の指導者だった。[52]

多くの革命家がそうであるように、彼もまたピューリタン的熱情につき動かされていた。女性の胸部を公の場では覆い隠すとの決断は、かんたんに下せるものではなかった。オランダ当局も同じことを試みながら失敗したし、一九三〇年代にはナショナリスト運動にかかわったバリ人もそれを提唱したことがあるからだ。[53] ステジョの決断は、前代の扇情主義的《センセーショナリスト》ツーリズムに真っ向から挑戦するものだった。西洋の文筆家たちはこの扇情主義が続くことを望んだが、インドネシア人たちは、近代的、進歩的な国としての自己主張のためには百害あって一利なしと判断したのだ。この件にかんするステジョの道義的立場は、彼が社会改革全般にたいして抱いていた熱意からくるもので、左翼の代表だけがシロとみなされた、ジャカルタに端を発する汚職の蔓延ぶりとの関連でもとらえる必要がある。[54] ところが政治的に失脚すると、勝利を収めた政敵から、ステジョは道楽にふけり地位を悪用したとさんざん責められた。[55]

ステジョはバリにおける革命左翼を体現する人物だった。シンガラジャで教育を受けた新世代リーダーたちと親交があり、オランダが帰還したときには郡長に任命されたが、あまりに共和派寄りだというので逮捕された。一九四九年に彼は親しい友人のイ・グデ・プグルとともに革命闘争を継続する組織を創設した。彼に対抗して、翻意したオランダ派の王家のメンバーともっと「新伝統主義《ネオ》」的アプローチをとっていた革命家たちのあいだに同盟関係が生まれた。

　こうした差異を白日の下にさらす最初の契機は、一九五〇年に訪れた。王家評議会の残党に率いられたバリの保守勢力は、バリ島を「特別区」（ジョクジャカルタとアチェに与えられた地位）に認定してもらう申し立てをした。「特別区」になれば王家による伝統的指導権を確保できるからだ。デワ・アグン・オコ・ゲッグの息子でありながら共和国の支持者だったチョコルド・アノム・プトラが地方代表の候補に擁立された。ステジョとその盟友は旧王家評議会に残された権力をことごとく剥奪する運動の先頭に立ち、チョコルド・アノムではなくステジョがバリの代表の任を負うべきだとする立場にあった。国民党内のチョコルド支持者が大勢を占めていたバリの臨時議会は、ステジョではなくチョコルド・アノムを選出した。だがスカルノが介入し、選挙結果に拒否権を発動して、ステジョをバリの地方代表にすえた。このときバリは独立州ではなく、「南東諸島州」の一部だった。

　一九五九年にスカルノは再度介入しなければならなかった。バリは独立州となったが、地方議会は、別の国民党員で折り紙付きの右派、マンティックを知事に選出していた。この選挙結果は覆され、ステジョがマンティックに代わって知事に任命された。スカルノにすれば、これは保守勢力を選ぶか、スカルノが理想とする革命継続を支持したステジョに代表される、急進派を選ぶかという選択の問題だった。

　国民党（ＰＮＩ）《パルタイ・ナショナリス・インドネシア》もいろいろな意味でスカルノ派ではあったが、時間の経過とともに徐々に右傾化し、土地所有者の利害を代表するようになっていた。右派のなかには、自分なりにバリの伝統と思うものを守る目的で、純粋主義かつ伝統主義の立場をとる人々もいた。このグループはPNIを支持する傾向にあったが、ギアニャールなどいくつかの地域は保守的な社会党（PSI）の拠点となっており、スカルノが一九五〇年代に社会党を禁止するまでそれは続いた。ほかには新《ネオ》伝統主義の立場に立つ人々がおり、彼らは一九二〇年代の改革派教育組織から始まった風潮を発展させ、PNI内部に一種の左派を形成した。

新伝統主義者たちは一九二〇年代に始まったバリ宗教の改革を引き継いだ。バリ文学の活性化を支援する人から、バリのヒンドゥー教をインドの〝純粋な〟ヒンドゥー教のようにしたいと願う人までさまざまだった。こうした領域での活動は、バリの新首都デンパサールに大学を創設したり、宗教改革団体を設立したりする形で結実した。このときの宗教改革団体のひとつ「パリサダ・ヒンドゥー・ダルマ」は今日まで存続している。

別のグループはデンパサールに文学部を創設する構想を暖めるまでになった。文学部設立を正当化するうえで、この知識人たちは秀でた古代バリ研究者であるオランダ人、ロルフ・ホリスから受けられる援助に言及した。ホリスは一九三〇年代に投獄されて以来衰弱していたが、革命を支持してインドネシアの市民権を選んだオランダ人仲間に加わっていた。文学部は一九五〇年代半ばに設立され、一〇世紀バリのもっとも高名な王、ウダヤナの名にちなんで名づけられた大学の一部となった。右派と左派は学部支配をめぐって競り合ったが、PNIのあるグループはマルヘーンという名の私立大学を別に創設した。その名まえはスカルノ哲学にある農民層の神話的原型にちなんだものである。

文学部グループは、この段階ではインド志向の改革派と固く結びついていた。バリの知的生活に遺産として残っていた神智学に加え、あらたに第三世界と呼ばれるようになった国々の指導的国家としてインドが台頭したことから、バリ的伝統の再生を求めて向かう先としてはインドがうってつけだったというわけだ。若手のバリ知識人がおおぜい、直接インドに渡って学んだ。

改革派は、〈ブラフマナ〉カーストのような伝統的権威の出もいれば、カースト権威の世襲的性格に異議をとなえるパサッのような平民集団の出身者もいるなど、多様な社会階層からなっていた。一九五〇年代のあいだに、バリ人は自分の出自について新しい意識をつちかっていた。一九世紀の終わり頃と一九二〇年代に貴族階層が先鞭をつけたのにならって、平民の系譜作成が大いにはやったのだ。こうした系譜を書くと同時に、全島規模の氏族《クラン》集団組織を設立して貴族階層の優位性に対抗し、そうすることで氏族集団間のつながりを再建したり、強化したりする企てが出てきた。一九五〇年代、六〇年代には、これらの氏族集団組織が、諸政党を支援する政治ネットワークとして利用されたり、あるいは宗教的ネットワークとしてバリ宗教の合理化、とくに儀礼における〈ブラフマナ〉祭司の中心的役割に異議を突きつけるなどの合理化をめざす論争に動員されたりした。一九六〇年代後半に政治活動が禁止されてからも、氏族集団組織や宗教改革団体内部では政治的エネルギーがくすぶり続けた。[56]

バリ政治の各党派は当初、一九五七年に創設された最初のヒンドゥー改革組織、「ヒンドゥー的徳の青年世代（アンカタン・ムダ・ヒンドゥー・ダルマ）」をこぞって支持したが、まもなく組織はいくつかの集団に分裂し、それぞれが異なる政治党派の支援を受けることになった。[57] この組織はバリ文化のもっと合理的な提示の仕方をとなえていた。つまり儀礼を簡素化し、文献をインドの原典に照合したものとし、宗教を部外者にたいしてもっとわかりやすく示したり説明したりできるように、単一の神的存在をもってくる、といったぐあいに。

このような改革は一見、観光や植民地主義に始まるような外部にたいする応答として打ち出されたもののようにみえるが、じつはそうではなかった。一九三〇年代からの連続した要素はあるものの、これらの提案をうながす指令はジャカルタからきていたのだ。じゅうぶんな法的位置づけを得るためには、バリ・ヒンドゥー教が国際的に通用する宗教であることを示す必要があった。キリスト教やイスラームなど、インドネシアのほかの世界宗教と同じように、バリのヒンドゥー教も聖典や唯一神への信仰をもたなければならなかったのだった。

改革派は文学研究者と密接に協力し、バリのヒンドゥー教にも文学的、倫理的そして儀礼的テキストからなる教典がたしかにあることを示した。彼らはシワ、ブラフマナ、ウィシュヌやインドラなどのさまざまなヒンドゥーの神々がじつはみなサン・ヒャン・ウィディまたはアティンティアつまり最高神の顕示であると説明することで、バリ宗教のなかの唯一神信仰を証明した。サン・ヒャン・ウィディはバリ宗教においてけっして目新しい存在というわけではない。主として〈ブラフマナ〉がする神秘的瞑想の究極の中心だったのだが、改革派はその瞑想のなかのサン・ヒャン・ウィディに関係するシンボルをバリ宗教全体のシンボルに仕立てたのだった。実際上は、このことでバリ寺院の性格がわずかながら変わることになった。サン・ヒャン・ウィディのシンボルは、彼が祭司の瞑想のなかで顕示される神の座、蓮台《パドマサナ》である。すべての寺院が（一九五〇年代までほとんどの寺院になかった）このような台座を備えること、さらに改革後のバリ宗教はどんな人でも祈りを捧げたり説教（さらなる刷新）を定期的に聞いたりできる独自の都市型寺院をデンパサールにもつことが決まった。

伝統主義者と新伝統主義者のあいだに実質的な対立はなかった。どちらの側も、バリ文化とほぼ同義語になっていたバリ宗教を積極的にあと押しした。伝統主義者は儀礼の合理化を認めはしなかったものの、ジャカルタの新政府がバリ・ヒンドゥー教にきちんとした承認を与えることを喜んだ。

伝統主義者のなかでもっとも活動的だったのはデワ・アグンだった。変化をものともせず、クルンクンの高位王の地位を維持することをつねに考えて行動した。彼は主に仲裁人として、また儀礼の主宰者として動き、この役割を通じてクルンクンの境界の外にも多大な影響を行使できた。

デワ・アグンの伝統的役割が功を奏した調停分野として、一九五〇年代の系譜作りの大流行がある。全バリ的なアイデンティティ探索のなかで、平民の社会集団が次々に祖先を再発見するようになるにつれ、彼らは伝統的専門家に助力を仰ぎ、自分たちの氏素姓にまつわる系譜上の記録をみつけ出そうとした。素姓にまつわる物語の多くは一族離散や貴族としての地位喪失をゲルゲルでのできごとに関連づけていたから、クルンクンのゲルゲル朝の王位継承者が権威の源となるのはもっともだった。デワ・アグンは寺院や親族集団を訪ねては彼らの出自を説明し、一族の物語に関係した、生まれの正確な日付、寺院の祭礼やその他の儀礼上の詳細などを話して聞かせた。デワ・アグンのもとへは、たとえばブラフバトゥのイ・クトゥット・リンドなどほかの専門家から紹介された人々が訪ねてくることもよくあった。イ・クトゥット・リンドは踊り手や人形遣いとしてすぐれた技能をもつ人物で、伝統文学に造詣が深いため、現存するテキストの一部分をさらにくわしくすることによってさまざまな家族の系譜を発見することができたのだった。

儀礼の面で、デワ・アグンはおおぜいの高位祭司との親交や重要な寺院の改築、儀礼の刷新などを通じて権威を保っていた。これは一九三〇年代に彼自身とカランガスムのラジャとが築いた文化的基盤のうえに立つ行為だった。一九六〇年代までに、デワ・アグンは〈ブラフマナ〉祭司たちの非公式の評議会のトップとも目されており、あらゆる儀礼のテキストにかんする彼の博学ぶりは、これらの〈ブラフマナ〉を試したり、助言を与えることができるほどだとまでいわれていた。一九六二年には、クルンクンの主要な寺院のひとつ、ゲルゲルのプラ・ダサルの大がかりな改築に着手した。その名はバリの〝基層寺院〟という機能をもつことを示したものだ。プラ・ダサルは、一段高い地位にある平民氏族集団パサッにとっても、そしてゲルゲル王家と世襲的つながりがあると表明する人々みなにとっても重要な寺院である。この寺院の再建は、大半のバリ人諸家族にとって原点の場所といえるゲルゲルにたいする注目度を増し、さらにデワ・アグンとウブッドのスカワティ家のような有力一族との関係を一気に強めた。[58]

こうして家族史や寺院活動が活発化する動きは一九六三年に、バリの儀礼という儀礼のうち最大のものとなるはずだった、荒ぶる神の一一の化身を祓う一〇〇年に一度の祭礼、〈エカダサ・ルドラ〉をとりおこなうことで頂点に達した。あらゆる浄めの儀礼のなかでも最大のこの儀礼は、デワ・アグンによって始められた。儀礼の進行中にアグン山の大噴火が起こりさえしなければ、伝統的なバリの最高位に位置する人物としてみずからの位置を確保することになったはずの、一連の政治イベントを彼は発進させたのだった。

儀礼の規模はあまりにも大きかったので、国からの財政援助が必要だった。したがって、改革派組織と、バリ州知事のステジョを含む行政内の左派寄りの人々の両方から支持を取り付ける必要があった。ステジョは自分の政治的立場を度外視し、バリ文化全体のために儀礼を支援した。パリサダの改革派も、デワ・アグンの権威にたいする態度はどっちつかずのものではあったが、同じように儀礼を支持した。しかしアグン山が噴火すると、これら支援者たちのほとんどは出席者の安全を考えて儀礼をとりやめようとした。

儀礼はアグン山の斜面にあるブサキ寺院でおこなわれた。火山から灰や石が降り注いだにもかかわらず、この神聖な、バリの母なる寺院は比較的、噴火の痛手を免れていた。だがカランガスムとクルンクンの火山周辺地域はそうはいかなかった。噴火が頂点に達したときには、溶岩流が村々を丸ごと押し流し、多くの命を奪い、家々や寺院や田畑を壊滅させた。一〇年以上を経たのちも、溶岩流が通った道筋にある土地の一部は石だらけの荒れ地のままだった。[59]

デワ・アグンとその祭司は果敢にもその場に残り、人間としてかなう限り儀礼の一部始終を見守った。彼を非難する人々は、惨害のことを思えば万事が失敗だったと考えた。だがバリ人の儀礼的思考によるなら、噴火は儀礼の成功を記すものともいえた。今回のような重大な国家儀礼は、世界に調和の時代をもたらすことになっていたが、それを実現する方法は、黄金時代の再生に先立って混迷と破壊の勢力を利用したり、増幅さえもするというものだった。多くのバリ人にすれば、噴火は悪い結果と同時にいい結果をもたらすこともありうる、大変化のしるしだったのだ。

共産主義者の〈ププタン〉

ブサキでの儀礼をバリ人流解釈に照らしてみると、一九六三年から一九六六年にかけての混乱期は、ある種の儀礼的浄化だったというふうにもいえた。この場合浄化されたのは、共産主義者およびその他の左派の人々だった。PNIの見方では、彼らはバリ的伝統の本質に異議をとなえた連中だった。一九五〇年代、バリの政局の中心はPNIのナショナリストとPSI、つまり社会主義者《ソーシャリスト》のあいだの抗争だった。これら社会主義者たちは保守派グループで、共産主義者《コミュニスト》とは一線を画していた。一九五五年の、スカルノ時代に一度だけ実施された選挙では、彼らとPNIがバリの票の大半を獲得し、共産主義者のPKIがかなり遅れをとった。PKIを支持したのはステジョの出身地域で、彼のいとこのアナッ・アグン・ニョマン・デニアが党代表を務めるジュンブラナのみだった。一〇年のうちにこの状況は劇的変化を遂げ、一九六五年までにバリはPKIの拠点のひとつとなる。[60]

この変化は、インドネシア全土で土地改革の試行をめぐり、政治がしだいに過激化していたことから説明できるだろう。植民地主義は、王家が経済的圧力を通じて臣下にたいする〝伝統的〟支配を強めることができるような地主―小作人関係を助長した。スカルノ時代の大幅なインフレと腐敗が多くの小規模土地所有者と土地なし農民に苦難と飢えをもたらしたため、ステジョとPKI、そしてPNIの左派までもが、農民層の苦しみを和らげられるような、ある程度の土地改革を支持したのだった。一九五〇年代末に、スカルノはジャカルタの政局を掌握した。一九五〇年から一九五八年までの八年間にジャカルタでは無数の内閣が生まれ、インドネシアの立憲民主制は悪評を得た。スカルノは新しい、インドネシア式の民主主義形態である「指導された民主主義」を宣言し、その過程でPSIを含むいくつかの政党を禁止した。この禁止により離反したPSI支持者が過激化して、PKIに移ったとも考えられる。共産党は多くのジャカルタの政治家がはまり込んだとみられる汚職に手を染めていなかったし、多数の政治家が約束はしながらも履行しなかった農地改革の公約をなんとかすると請け合った。

一九六〇年代初頭の、バリにおけるPKI党員の大幅な拡大は、農地改革実現に向けての共産主義者の押しの一手、「農民の一方的行動」と同時に起こった。これは農民たちに、頑《かたく》なに抵抗する地主の土地を自分たちのほうから要求するよううながすものだった。この「行動」は社会的緊張を高めるという犠牲を払ったものの、とくにバリのようにごく少数の（最大でも数百の）地主が大部分の土地を所有しているようなところでは、より公正な状態を達成することができた。一九六四年の飢饉で一八〇〇〇〇人のバリ人が危機に見舞われると、大衆感情は悪化した。もっと公正な土地所有の分配があれば軽減できたのに、とおおぜいが感じるような危機だったからだ。[61]

一九六〇年代初めのバリは、その時代をかいくぐった人々にいわせれば、緊張と絶え間ない政治集会の場だった。ＰＮＩとＰＫＩの亀裂が深まるなか、全員がどちらかの側につくよう圧力を受けた。その亀裂はカーストや古い封建秩序にたいする挑戦をめぐるものと理解された。デンパサールの公開集会で、ステジョと彼よりさらに過激な友人でデンパサール出身の革命家、グデ・プグルは、支援者に向かってカースト制を完全につぶしてしまおうと熱心に説いた。彼らは平民男性と〈ブラフマナ〉女性とのあいだの結婚を勧めた。一九二〇年代の北部バリのスルヤカンタによる改革とも直接関係のある政策である。これにたいしＰＮＩは、反ＰＫＩの幹部養成をもくろみ、ゆくゆくは左派への直接攻撃につながるような村落ベースの活動で応戦した。どの政党も数かぎりなく公開集会を組織し、社会の構成員は全員が政治にコミットするよういっそうの圧力をかけた。これらの集会では暴力沙汰が頻発した。たとえば一九六四年七月には、デンパサールのある集会で手榴弾が爆発したことで、政府当局は集会開催を抑制し、いずれの政党にも〝扇情的演説〟は避けるよう説得を試みた。年間を通じ、土地をめぐってＰＮＩとＰＫＩおのおのの支持者のあいだで小ぜり合いが起こっており、ＰＮＩは「非合法的行動には武力で応じる」と公言してはばからないほどだった。[62]

村々では農民たちが封建地主の強欲ぶりを攻撃するようせき立てられ、党幹部は村役人を味方につけようと奔走した。緊張は村落や寺院の信徒集団や家族の内部にさえも亀裂を生んだ。論争の基盤となったのは、依然としてバリの文化とアイデンティティをめぐる問題、すなわちバリが封建的カースト社会であるべきか否かという問題だった。共産主義者たちも宗教それ自体の禁止を提唱したわけではなく、自分たちのメッセージを広めてくれるような〝伝統的〟舞踊集団を支援したりもしていた。

芸術はプロパガンダとないまぜになったのである。

カーストへの挑戦から人々は〈トリワンサ〉（上位三つのカーストの成員）か〈スードラ〉（平民カーストの成員）のどちらかの側につくということになったが、ほんとうの分裂はその区分によるものとは限らなかった。貴族層出身の知識人の多くは、〈ブラフマナ〉祭司階級出身者でさえもＰＫＩのメンバーとなったし、あるいは社会的平等を拡大するというＰＫＩの目的に賛同した。

一九六五年になるまでに、さまざまなレベルで緊張は暴力に炸裂しつつあった。この当時を経験したＰＮＩのメンバーは、共産主義者が伝統に反対していたという。ある意味ではたしかにそのとおりだった。彼らはしばしば貴族層の主宰する大きな儀礼を阻止しようとしたり、介入したりしたからだ。もっとも重大な事例は、一九六五年に起こった。それはジャカルタでの事件が一連のできごとをクライマックスに導く直前のことだった。古きバリを維持することに精力を傾けた最高位のラジャ、デワ・アグン・オコ・ゲッグが他界したのだ。彼の火葬はその地位に敬意を表することになるイベントとなるはずだった。クルンクン中が動員され、労働と資材とを提供したほか、一一層からなる最高の火葬塔が用意された。葬儀のための行列がおこなわれる前日、ＰＫＩは王宮の外に支持者を集め、なかに押し入って塔を焼き捨てようと待ち構えていた。それこそはこのうえない侮辱であり、儀礼を台無しにする行為だったのだ。惨事をかろうじて免れたのは、忠誠心の篤いタピアン家出身の平民一族が身内の警官を送って軍の援護を受け、ＰＮＩから助っ人を呼び寄せたためだ。短い小ぜり合いののちにＰＫＩは引き上げ、儀礼は予定どおり、とりおこなわれた。

一九六五年九月三〇日、ジャカルタでクーデタ未遂が起こった。敵側からPKIのしわざといわれたクーデタである。当初はたしかなことがわからなかった。六人の主要な将軍がクーデタを主導した空軍の将校によって無残に殺害され、誰もスカルノの身に何が起こっていたか、また彼の役割がどのようなものだったのかよくわかっていなかった。続く数週間のうちに破壊の火がじわじわとジャワ全土に広がっていった。それはPKIの残虐行為とクーデタへの連座にまつわる噂にあおられたものであり、突如登場してクーデタを鎮圧したもの静かなジャワ人司令官、スハルト指揮下の軍指導層が支持を与えたものでもあった。「農民の一方的行動」と先立つ数年間の政治的二極化現象を経て、PNIとその他の反共産主義者たちはみずからことを運んでPKIを完全に撲滅しようとしたのだった。

バリでの殺戮は一九六五年の一〇月から一九六六年の二月にかけて起こった。左翼がもっとも強力だった北部と西部から始まったが、この期間の終わりまでにはバリ全島が焦土と化し、村全部が焼き討ちされたり、墓地は遺体を収容しきれないほどになっていた。

ある村の破壊の物語は典型的なものである。「ある夕方、コミュニストたちは集会を開いており、集会はコミュニストの兵士に護衛されていた」。地元の中心部から取り調べのため軍と警察が到着すると、PKIの銃撃を浴び、ひとりの警官が死亡した。彼らはデンパサールからの援護を求めるために撤退したあと、すぐ戻ってきた。「あっという間に村全体が包囲され、彼らは誰もかも撃ち殺し、村ごと焼き払った[63]」。

死は、黒シャツを着た若者たちの手で押し寄せる波のように広がっていった。このPNIの若者たちは血気さかんで、オーストラリアの左翼紙が「ジャワの虐殺者」と呼んだ軍司令官、サルウォ・エディをして次のようにいわしめたほどだった。「ジャワではコミュニストのやつらを殺させるのに民衆をあおらなくちゃならなかった。バリでは引き止めなけりゃならないほどだったよ」[64]。闘いは互角の激しい戦闘からPKIによる受け身的な死の受容へと移っていった。プグルのような指導者らは一堂に集められ、「八つ裂きにされた」[65]。ジュンブラナの王宮など彼らの住まいは瓦礫の山となり、あたかも左翼の痕跡が微塵も残ってはならないかのようだった。殺戮にまつわる物語は、左派がみな殺しにされていくにつれ呪術的な闘いが進行したことを語っている。PKIの〈プダンダ〉（ブラーマン高位祭司）の処刑に加わったある若者は、オーストラリア人観光客に向かって、自分の剣がどうしても祭司の肉に切り込めなかった様子を語った。別の〈プダンダ〉が連れてこられ、聖水をふりかけて最初の〈プダンダ〉の力を打ち砕いてのち、ようやくPNIの殺し手たちは彼の首を切り落とし、身体を切り刻むことができたのだった。

軍のほうは殺戮から距離を置いていた。彼らはただ村々にいって殺されるべき共産主義者のリストをみせ、村長にそれを手渡して勝手に組織させただけだった[66]。多くの場合、村人たちがこの隠れた〝命令〟を実行したのは、もしそうしなければ彼らが共産主義者のシンパとして告発されかねないと承知していたからだ。集落《バンジャル》全体として村の暗殺隊を入れることを拒んだ例も一、二あったが、ごくまれなケースにすぎない。PKIに参加するよう誘われたことがあったり、党と身内のかかわりがあったりした人々は、青年の一団が通りすぎるのを家のなかで待ちながら、自分の家の戸口で立ち止まるのではないかという恐怖に身を震わせていた。

当初の苦闘がすぎると、殺戮は冷静な様相を帯びた。ＰＫＩと認定された人々は白装束に身をつつみ、墓場に連行され、〈ププタン〉のスタイルで処刑された。これに立ち会ったひとりのバリ人はこう語っている。「こういうことのどこにも個人的な憎しみはなかった。拷問もなかった。すべてきちんとしていて、丁寧だった」[67]。これらの殺戮についての主たる申し開きは、ＰＫＩがもし勝利していたとしたら、まったく同じように残忍なことをしただろう、というものだった。この種の運命論的アプローチはインドネシアの他地域でもくり返されたし、いずこでも処刑の形態として好まれたのは斬首だった。故意にインドネシアの首狩りの伝統に立ち戻ろうとしたのかもしれないが、よく使われた武器はサムライの刀だったから、これは日本の軍人精神の遺産ともみることができる。二月までには牢獄はあふれんばかりに満杯となり、毎晩黒シャツの青年たちがさらに多くの人を墓地で処刑するため軍のトラックにつめ込んだ。

推定では――われわれは推定することしかできないが――殺された人の数は十万人である[68]。数はもっとずっと多かったかもしれない。この恐怖の時代のことを話してくれる気のある人は、河川や大きな墓地が死体で埋まった様子を語る。殺戮は、積年の恨みを晴らす口実を与えたのだ。たとえばバリとジャワの華人が処刑されたのは、中国がＰＫＩと関係づけられたためと、そしてバリ人が華人の商売の成功をねたみ、彼らの商売が急激なインフレの時代の経済的搾取にかかわっていると感じていたことによるものだった。もっともなこととはいえ、この時代を会話で再現してくれようとするバリ人はほとんどいない。ほかの紛争を生き延びた人々と同様、たいていの人は記憶の彼方に押しやってしまいたがっている。全殺戮がそれに先立つ年月のあらゆる問題の極致であり、「島のすべての問題や病をある種神秘的に浄化すること……島からコミュニストを一掃することで、ほかのすべての問題もなんとか取り除かれるだろうと信じた」[69]とする見方にうなずくバリ人は多い。

一九六五年のあとに起こった虐殺は、植民地時代からの一連の紛争や係争がいき着く先だった。恨みつらみや派閥争いの経済的基盤となった土地所有の問題にしろ、ことの起こりは植民地化がバリ社会を作り変えたことにあった。一九六五年、一九六六年のできごとがおぞましければおぞましいだけ、一連のできごとやバリ文化の思想をめぐる論争の一部として長期的な見地から理解する必要がある。一九六六年以降はすべてが一変し、これほど多くの人が殺されたことと、そういう暴力が再発するのではないかとの恐れとがあいまって、ある種の〝鎮圧された〟バリを生み出した。

一九六五年〜六年の虐殺は、〝凶暴〟で〝アモック〟のバリの最後の片鱗といえるかもしれないが、直接の当事者にしたがえば、そこで問題となっていたのは〝宗教〟や〝文化〟だった。それはバリの伝統を〝保護・保持〟することに関心を抱いた西洋人が同定し、理想化したのと同じ〝宗教〟や〝文化〟だったのだ。一九四〇年以降にバリ人たちが〝文化〟の名の下に行動したとき、それはけっして植民地支配者の思惑に盲従していたのではない。彼らがしていたのは、異なる目的のためにバリを定義づけた用語《ターム》と同じ用語《ターム》を利用することだった。文化の島というバリ・イメージに疑義をはさむバリ人は、共産党の党員といえどもいなかった。なかには、ステジョのように胸部の露出を禁ずることでその文化をより〝恥《リスペクタブル》ずかしくない〟ものにしようとした者もいれば、パリサダ・ヒンドゥー・ダルマのメンバーのように、いかにバリ文化がインドのヒンドゥー教とつながっているかを示すことで、その文化に国際的尊敬を集めようとした者もいた。その文化の特定の側面、たとえば〝カースト〟の称号や儀礼などは、とぎれることなく続いてきた権力闘争の一環であり、オランダ人の渡来以前からバリで進行中だった。反共産主義者による大量虐殺という忌まわしい瞬間がすぎてからは、バリ人は対立を公的、政治的なやり方で表現することをためらうようになった。殺戮は目にみえる社会的緊張の時代の終焉を告げた。左派の知識人や活動家の世代が一掃されてのち、バリ文化とはどうあるべきかについて、バリ人たちは議論の余地がないほどの合意を作り出したのだった。

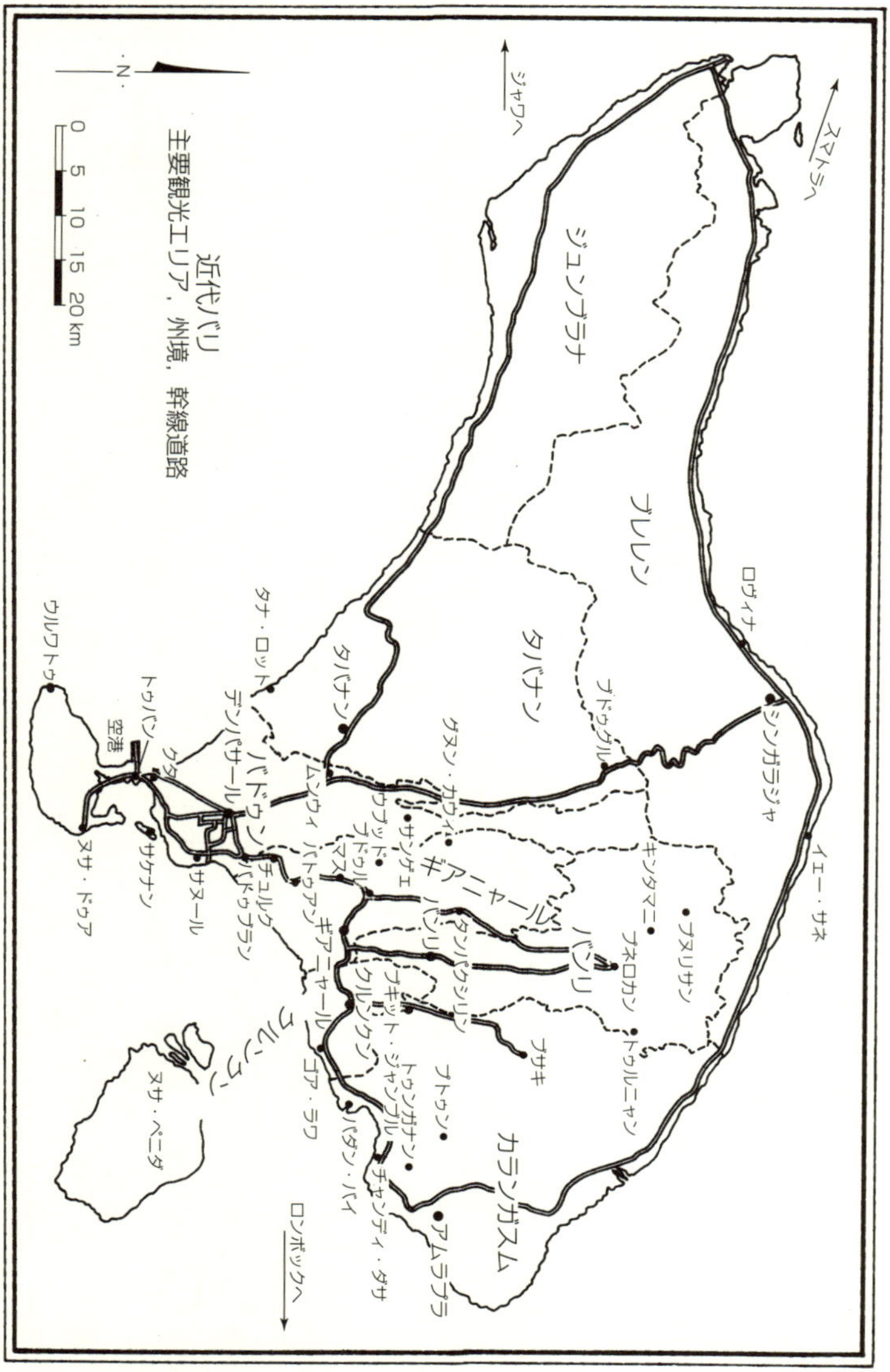
近代バリ
主要観光エリア，州境，幹線道路
0 5 10 15 20 km
N
ジャワへ
スマトラへ
ロンボックへ
ジュンブラナ
ブレレン
タバナン
バドゥン
ギアニャール
バンリ
クルンクン
カランガスム
ロヴィナ
シンガラジャ
イエー・サネ
ブドゥグル
キンタマニ
プネロカン
トゥルニャン
ブサキ
プトゥン
トゥンガナン
アムラプラ
チャンディ・ダサ
パダン・バイ
ゴア・ラワ
ヌサ・ペニダ
タナ・ロット
ウルワトゥ
トゥバン
空港
クタ
デンパサール
ヌサ・ドゥア
サヌール
サケナン
チュルク
バドゥブラン
ムングウィ
ウブッド
マス
バトゥアン
サンゲ
タンパクシリン

第5章 インドネシアのバリ

インドネシアの島々がオランダからの独立を果たしたインドネシア革命を経て、バリは正式にインドネシア共和国の一員となった。インドネシアの大統領二人、スカルノとスハルトの下で、バリは国家開発に重要な役割を与えられてきた。スカルノにとり、バリの第一義的役割は国民文化の発展にあった。彼はバリをインドネシアの母なる文化と位置づけた。つまり、インドネシアをバリ化すると同時に、バリをインドネシア化したのだった。

華やかさでは劣るスハルトの政権下では、バリは経済開発計画にとって重要だった。観光は貴重な外貨獲得手段であり、バリはインドネシアのなかでも第一級の観光地だったからだ。観光を統制するにあたって、インドネシア政府、とくにバリの政府機関は、観光による脅威とみえるものからバリ文化を守ろうと躍起になった。彼らの眼に映る観光は、近代的生活や近代化にまつわる悪しきものをなにもかももち込む存在だったが、正しくあしらいさえすればよい方向に働く力でもあった。

いずれの大統領の時代も、文化はバリの決定的特徴であり続け、観光の広告主やマーケティングの権威は平和で芸術的なバリという植民地的イメージにあらたな命を吹き込んできた。それでも、文化の豊かさというこのイメージが〝ほんとうの〟バリの特性とされることに異議がさしはさまれることはなかった。西洋人もバリ人もそしてほかのインドネシア人も同じ問いを何度も投げかけた。「バリの文化は生き残れるだろうか？」と。

バリは世界でも指折りの人口密度の高い島だったが、こんどはもっとも多く観光客の集まる島のひとつとなった。各種の数字からはよくない前兆が読みとれるが、儀礼や芸術活動がなんらかの指標になるとすれば、この観光の時代に、バリ文化は強化されこそすれ、弱体化してはいない。バリが観光を経てなお生き延びることができるかどうかという問いは、一九二〇年代後半から発せられてきた。まさにこの問いそのものがイメージ生成過程の一部であり、それによってバリは楽園とみなされているのだ。バリ文化をもろいものと考えることで、われわれは観光客、ジャカルタのインドネシア人プランナー、あるいは社会のあらゆる階層のバリ人たちにとってそのユニークさや重要性がいっそう高まる手助けをすることになる。

バリの文化的生存をめぐる関心は、いくつもの異なった前提に依拠していた。固定した、真正で不変のバリ文化というものが存在するということ、その文化が不安定でまがいものの、バリ的でない文化にならないように保たれ、守られなければならないということ、バリ文化を保存することはバリ人のためになることであり、そのバリ人は一枚岩と考えられるということ、などである。植民地化のまえもあとも、バリ文化はつねに変化し、世界に応答し、バリ社会の有力集団の利害と一致する限りはジャワ、オランダその他からの影響を吸収してきた。そのプロセスはポスト植民地時代にも止まったわけではない。バリ文化は文化的影響を与えると同時に受けとめ、その途上にはスカルノや国家的エリートのような勝者もいれば、公的庇護や観光ネットワークから外されたバリ人の村人たちのような、敗者もいた。

インドネシア独立から四〇年のあいだに一九三〇年代の観光イメージはよみがえり、ありうべきただひとつのバリ・イメージとして大事にされた。楽園のなかの楽園というバリの役どころは、スカルノの国家建設やスハルトの開発政策に役立った。旅行代理店やロマンティックなヒッピーや映画製作者や旅行ライターらはみな、それぞれちがった仕方で楽園イメージを強化した。バリそのものでは、地元エリートが新支配層の形成過程でバリ文化のイメージを上手に利用した。観光への反対や観光による脅威といった観点からバリ人アイデンティティを規定することで、彼らはあらゆるバリ人のために語り、ほんとうのバリを代弁しているかのような印象を与える。だがそんなに同質性の高い社会など実際にありはしない。たいていの場合、伝統を引き合いに出す人々はごく少数の利益集団のためにだけ語っているものだ。

スカルノの劇場国家

「全世界の眼がバリに注がれている」と熱く説いたのは、新生インドネシア共和国の力みなぎる大統領、スカルノである。ときは一九五〇年十月。派閥間の抗争や復讐のための闘いを続行したがっていたバリの革命分子の青年たちに向かって、彼は論戦を挑んだ。「諸君は革命の英雄になりたがっている……だが、諸君の〈ラーマーヤナ〉や〈マハーバーラタ〉のどこに、闇夜に乗じて短剣で人殺しをするようなヒーローがいる？　いったいいつクリシュナやアルジュナが女性に怒りをぶちまけたことがあろうか？」[1]

そう、スカルノ大統領はバリをめぐるみずからの葛藤を口にしたのだ。一方で、彼は革命の熱気を継続しインドネシア文化を築くという考えに同調していたが、他方では、その革命的熱情がバリの文化をじかに脅かしつつあることをみてとった。スカルノはバリ文化を国家のための豊潤な蓄えとして活用したかった。だが、その過程で文化の本質がそこなわれることはよしとしなかった。彼はバリ文化をインドネシアのために利用したが、同時に、調和の場というバリ・イメージを温存することによってバリ文化を保護・保存もしたのだった。

スカルノ（一九〇一～七〇）は謎の多い人物だった。ジャワ人の学校教師の父親とバリ人の母親は幼い頃からそれぞれの文化の価値を彼に教え込んだ。インドネシアの民族主義運動の指導者の多くとはちがい、彼はオランダではなく、ジャカルタに次ぐジャワの大都市、スラバヤとバンドゥンで教育を受けた。そこで彼は、ムスリム、共産主義者、社会主義者といった初期の民族主義政党の主要な指導者らと知り合い、一人目の義父（五人中最初）でイスラーム民族主義者の激しい指導者、チョクロアミノトに弟子入りした。チョクロアミノトからスカルノは、あらゆるインドネシア人に語りかけ、この国の文化的多様性のなかからなにがしかのまとまりを創り出し、聴衆に向かって彼らが聞きたいことを話すというたぐいまれな能力を得た。

チョクロアミノトから伝授された、リーダーとしての素養を実行に移したときになって、スカルノはオランダの手で投獄され、流罪となったのだが、のちにはインドネシア人を国家体制へと導いた。一九六〇年代半ばになるまで、彼はこの国の唯一無二の指導者だったが、同時に極端に自己中心的だった。また鬱病の発作を起こしやすく、首尾一貫性を欠く傾向のある人物でもあった。彼を予言者とみなし、インドネシア独立を果たさんとする彼の意志が一九二〇年代以降の民族主義の原動力だったと考えた人は多い。が、第二次世界大戦中日本に協力したことや一九六〇年代の特殊インドネシア的な腐敗状況を根拠に、彼を堕落した独裁者とみる向きもあった。

キャリアの初めの段階では彼の意志も役には立たず、圧力に負けて譲歩したこともある。彼は流刑を免れるためにオランダ側と取引きする用意があったし[2]、同様に、独立にたいする日本の支持を取り付けるため、ジャワで何千人もの強制労働者の命を犠牲にしてもいる[3]。スカルノ支配が末期に近づく頃は、女性や上等な暮らしにかける情熱と経済面への関心の欠如から、彼は民衆から遊離してしまった。その民衆はといえば、激しいインフレと社会の政治的二極化の下で辛酸をなめていたのだ。その昔好男子だったその面差しは病気のために膨れ上がり、かつてはインドネシア人に非常に魅力的に映っていた自分のパーソナリティ――その華々しさや、性的な意味合いの征服を自分の権力の暗喩《メタファー》として用いること――が今では公的批判の対象となり、大衆の支持が陸軍とその支援者になびいていることを彼は悟った。共産党が嫌疑をかけられている一九六五年のクーデタ未遂に続いて陸軍が実権を掌握したときも、スカルノ自身の地位保全にたいする援護はまるで取り付けられなかったのだった。

一九四五年～九年の革命前やその最中には、スカルノが物見遊山に出かけたり、バリ文化の機微をじっくりみつめたりする時間などほとんどなかった。だが一九五〇年代には、最愛の母の故郷であるバリに関心を向けることができた。一九五〇年に、新生インドネシア共和国は、限定付きの政治権力を備えた大統領としてスカルノを掲げる立憲民主主義の国として樹立された。この時期にスカルノは、〝劇場国家〟インドネシアの進展を手がけることができた。[4] そのなかで彼は演劇的表現、芸術、建築、そしてみずからの威風堂々たる弁術を手段として、ほかの国家組織メカニズムではつちかうことのできないような一体性を創り出した。一九五〇年代に実行したこの基盤整備は、インドネシアに「指導された民主主義」を申し渡すことでスカルノ自身がいっそう力を強めた一九五八年以降になって、じゅうぶん生かされることになった。スカルノにいわせれば、これは正真正銘インドネシア版の民主主義だった。不安定な議会連立による政府の混迷状態が大統領の安定した力に取って替わられたのだ。

国父たる大統領は国家権力の主だった手段を指示したり任命したりすることになる。一九六〇年代初期の緊張した雰囲気のなか、スカルノの実質的な権力の大部分は国家諸機関の働きではなく、一九六〇年代に二七〇〇万人の加入メンバーを誇った[5]共産党と陸軍とのあいだの危険な均衡《バランス》ゲームから引き出されたものだった。

インドネシアはきわめて多様性に富んでいたため、それをひとつに束ね、しかもＣＩＡの支援する分離主義者やイスラーム原理主義者、地域ごとの民族主義信奉者らの主張するインドネシア分割への傾倒を相殺するには、スカルノの修辞《レトリック》とシンボリズムが必要だった。〝多様性のなかの統一〟（国家標語）の体裁をつくろうために、スカルノはインドネシアの文化のなかの同定しやすい要素はすべて動員した。

スカルノの演説はインドネシアのアイデンティティと同じで、混成した言語でおこなわれた。基本的にはインドネシア語を話したが、オランダ語やその他のヨーロッパ語を借用してナショナリズムや植民地主義の概念に通じていることを誇示し、さらにこれらの言語をインドネシアのさまざまな地方言語の語彙と組み合わせた。多様な民族的背景をもつ人々にもっとじかに語りかけるためである。芸術の庇護者《パトロン》として、彼は近代的で、真にインドネシア的な文化の発展を援助した。それはジャワ文化のような地方文化や、華人文化の要素も含む大都市の都市的な文化、そして近代西洋からの要素を混ざり合わせるものだった。

スカルノ時代に構築された文化的シンボルの典型は、今なおジャカルタにそびえる記念建造物、た国家記念碑《ナショナル・モニュメント》のとえば新生共和国の闘争を表現した、巨大で大袈裟な社会主義リアリズムの銅像や、黄金の炎などである。都市の大広場に配置された記念碑は、神々の支配者であり豊饒のシンボルであるシワ神の男根的神性にかんするヒンドゥーージャワ思想と、希望と国家精神の炎といった国際的シンボリズムとに依拠するものだった。

スカルノはたとえば古代王国に言及するなど、ふつうに理解されているようなヒンドゥーージャワの過去を利用し、バリにたいしては、ジャワ・シンボリズムの文化的レパートリーに別な顔を与えてくれることを期待した。演説のなかでは有名な、それでいて深遠な意味をもつイメージや思想をかつぎ出す術《すべ》として影絵芝居《ワヤン》のストーリーに触れたりする。バリの青年革命家向けの演説にみられるように、彼は〈ワヤン〉のもとになっている〈ラーマーヤナ〉や〈マハーバーラタ〉の物語をたんにジャワの伝統としてではなく、バリ人にたいしてもそれを使って訴えかけられるような神話としてとらえたのだった。

〈ワヤン〉はスカルノが用いたインドネシアの文化遺産のうちのほんの一部にすぎなかった。彼やインドネシア・ナショナリズムのイデオローグたちの多くは、インドネシアという近代国家創造にあたり前例を提供してくれるものとして歴史上の大帝国シュリヴィジャヤとマジャパイトを仰いだ。[6] スカルノらは、「公明正大なる君主《ラトゥ・アディル》」が到来して植民地主義を一掃し、黄金時代を築いてくれるというジャワのメシア信仰的思想も強く意識していた。スカルノはむろん自分自身が「公明正大なる王」だと思っており、この考えを受け入れてもらうために、インドネシアでは誰でも知っている王権の呪術的シンボリズムを使った。とくに、不思議な力を備えた先祖伝来の短剣《クリス》を、ジャワのものもバリのものも多数所持していることが人に知られるようにした。これらの短剣は彼をインドネシア史上の有名な諸王国と関係づけてくれる代物だった。手榴弾を投げつけられたり、反体制派の空軍士官らにジャカルタの大統領公邸を猛攻撃されたりといったたび重なる暗殺未遂をくぐってスカルノが奇跡的に命拾いしたことから、彼のもつ武器の神秘的力は大衆の想像力のなかでさらにふくらんでいく。一九六五年にスカルノが権力を喪失したときには、大統領の神秘性を支えたのと同じ巷の噂で、これらの短剣が不思議にも姿をくらましたのだとささやかれる始末だった。

スカルノの目的は伝統的要素と近代的要素を混ぜ合わせた、純インドネシア文化を創造することにあった。その目的のために、自分の知っているさまざまな文化から一般原則を抽出しようとした。ジャワ文化は父なる文化のようなもの、バリ文化は母なる文化のようなものということになっていた。古風な〈クロンチョン〉という音楽は、ギターとバイオリンで、ジャズとハワイアン音楽の混じり合ったものをしのばせるような音を奏でるポルトガル－オランダ風の音楽だが、クロンチョンの当時の流行歌は、バリをインドネシアの本来の〈アスリ〉文化と歌った。これがまさしくスカルノのバリ観だった。バリが古代ジャワのマジャパイト帝国の文化博物館であるとする見方は、主としてオランダ人学者が創造したものだったが[7]、ナショナリストたちもこの見解を採用し、島嶼部が国際的に重要な国家だった時代の遺産としてバリを愛《め》でたのだ。スカルノが再創造しようともくろんだのも、この種の国家だった。

スカルノが自分の父や一九二〇年代、三〇年代のインドネシア人エリートから学んだ神智学は、インドネシア文化の精神を含む、アジアの偉大な神秘的精神力を解する心を与えた。[8] 古代ジャワのヒンドゥー芸術の重要な要素がこれほど堅持されているバリは、インドネシア文化の一構成要素としては模範的な例だった。だからこそスカルノは、バリを古代ジャワの博物館とみる一九世紀ヨーロッパ人のバリ観がインドネシアの国家神話のなかでも長らえるようにしたのだ。

スカルノのバリ

スカルノの新生インドネシア共和国の下でバリはさまざまな役割を担った。彼はインドネシア人にバリを訪れるよう勧め、バリ人芸術家を援助し、ロバート・ケネディからホー・チ・ミンにいたるまで海外からのあらゆる客を案内する名所にバリを使った。スカルノ時代には、インドネシアの最高のアーティスト、作家や知識人たちのなかにもバリに興味をもつ人々がいた。スカルノ失脚後も関心をもち続けた人々のなかに、インドネシアの近代芸術家のおそらく最高峰であるアファンディや、近代インドネシア語と文学の父であるスタン・タクディル・アリシャバナがいる。二人とも島に居を構え、インドネシア国内のどこよりも多くの時間をそこですごした。

アファンディは、作品に国家の庇護《パトロネージ》を受けた多くの芸術家のうちのひとりで、作品数点がスカルノによって始められたナショナル・コレクションのなかにかかっている。これは二大テーマがバリと裸婦というコレクションだった。[9] アファンディ自身は闘鶏や美しいバリ人女性、寺院で祈りを捧げるバリ人、バロンとランダの舞踊、そしてのどかな海岸風景などを、いずれも力強い表現主義的スタイルで描いている。[10] ほかにスカルノが作品を収集したバリ人以外のインドネシア人アーティストも、ヨーロッパやアメリカ生まれで革命後インドネシアに定住し、インドネシア国籍を取ったアーティストたちも、同じ主題を絵にした。ボネを始めとする後者のグループは、植民地下でできあがった戦前のバリ・イメージとインドネシア的なバリ・イメージとのあいだにはっきりした連続性を示した。

一九三〇年代から一九五〇年代にかけてバリでは動乱が起こっていたにもかかわらず、この頃から引き継がれたバリ・イメージの主流は、楽園というものだった。バトゥアン絵画やあるいはデンパサール出身のイ・グスティ・マデ・ドゥブロの絵にみられるような、一九三〇年代のダイナミックで緊張度の高いシーンの代わりに、ナショナル・コレクションに収められたのは一九五〇年代の作品で、ある批評家によれば「自然主義的あるいは装飾的な度合いを強め」、一般に「力なく、ときに無味乾燥な」代物だった。[11]

一九五〇年代のバリ芸術がよりおとなしくなったのは、時代にたいする反応でもあり、またバリで創作していたインドネシア人やヨーロッパ人のアーティストの影響からくるものでもある。一九五〇年代のバリ芸術がもつ静寂主義的性格は、ある種こうありたいと願う気もちの表われで、アーティストたちが生きていた前途多難な時代に調和をもたらす試みだった。一九三〇年代のアーティストは、まだ全貌があきらかになっていなかった緊張を描写したのだったが、一九五〇年代に入る頃までには社会内部の対立があまりにもあからさまになっており、いろいろな意味で、それをことさらに描く必要もなかったということだ。

一九五〇年代にバリで製作活動をしていたヨーロッパ人とインドネシア人のアーティストが、あいかわらず平和なバリを描くことに専念していたため、バリ人アーティストたちも市場の場面《シーン》や踊り子といったスタンダードな内容が外の世界にみせるべき表象《イメージ》なのだと考えるようになった。そうした場面《シーン》が売り込める市場は小さく、島を訪れる外国人（多くは政府がスポンサーとなっていた）やスカルノのあとについてバリに関心を向け始めた他島のインドネシア人くらいのものだった。ある意味で、バリを調和に満ちた場所として描く以外のことをすれば非国民ということになったのだろう。それは革命の成功に否定的な論評《コメント》をするようなものだったからだ。

ウブッドは共和国支持者である外国生まれのアーティストと、なによりも君主チョコルド・アグン・スカワティの存在によって、スカルノから庇護と関心を頂戴した。同時にスカルノは、バリのサヴォナローラともいうべき州知事ステジョを通じて、バリの革命的側面も奨励したのだった。[12]チョコルドはこの時期たび重なるスカルノの訪問を受け、ときには文化的出し物やイベントを外国人の賓客のために上演する手伝いもしたりした。[13]海外の元首、大臣らの公式訪問やスカルノの休暇旅行の折、一行は空港でバリ人の、ふつうウブッドまたはギアニャール内のどこかから連れてこられた踊り手の出迎えを受けた。踊り手たちは伝統的な戦士の舞踊や事実上バリを意味するともいえる〈レゴン〉を披露することもあった。あるいは、いわゆる社会主義舞踊《ソーシャリスト・ダンス》を踊るよう命じられることもある。社会主義舞踊とは、「社会主義的現実主義」の絵画や彫刻に呼応するはずの、しごく単純な所作の連続で、農民の日常生活をもとにしたということになっていた。そのなかには（漁師が投網する）〝漁師の踊り〟や（機織りや糸紡ぎをまねた動作をする）〝織り子の踊り〟などがあった。古典舞踊の崇高さや技は新しいスタイルにほとんど役に立たないとバリ人の踊り手は感じたが、それでも彼らはバリの名声のためにそれらを演じたのだった。[14]

スカルノは、タンパック・シリンの山中に建てたとっておきの邸宅でこうした舞踊を上演させた。この館は改修したオランダの保養所にほど近い、一面の緑のなかに建てられ、そこから聖なる泉と村の水浴場が見下ろせるかっこうになっていた。これは大統領が愛用した三ヵ所の公邸のうちのひとつだった。残る二ヵ所は、ジャカルタの大広場にある「独立宮殿《フリーダム・パレス》」とジャカルタ郊外ボゴールの涼しい丘陵地にあるオランダ人総督の旧邸である。

スカルノの館にはひとつ難点があった。というのは、寺院よりも高い場所に建てることで、彼は運命をもてあそんだようなものだったのだ。こんな大胆不敵なことをやってのけると、館の主《あるじ》は神々の上位に身を置くことになるからだ。[15] バリの専門家として名高い二人の人物も同じあやまちをすでに犯していた。チャンプアンのヴァルター・シュピースの住まいは二本の川の合流点（バリではつねに魔力に満ちた場所とされる）にほど近い寺院より高い土地に建っており、コリン・マックフィーはその近くのサヤンで、死の寺の敷地内に家を作った。[16]

汎インドネシア文化の支柱に支えられた、国を挙げての劇場国家建設という壮大なプランに比べれば、スカルノにとって公邸のロケーションなどという些細なことはどうでもよかった。このプランの実施にあたっては、インドネシアの他文化と調和可能なバリ文化の一部分が文脈《コンテクスト》から抜き出され、国家思想に組み入れられた。こうして〈ワヤン〉などバリの〝古い〟要素を、非バリ人アーティストの絵画、社会主義舞踊といった〝新しい〟インドネシアの諸要素とこれといって不協和音を生むことなく統合できたのだ。

バリの芸術や舞踊はインドネシア文化のなかでもきわめて輸出しやすいものだった。ジョン・コーストの手がけた、ウブッド-プリアタンの踊り手と演奏家のヨーロッパ・アメリカツアーは、大統領の後援を受けた数多くの公演旅行のうちのひとつだった。たとえば一九五〇年代のバリ最高のアーティストのひとり、バトゥアンのイ・ニョマン・カクルは舞踊の天才であり、そのしなやかな演技をアンリ・カルティエ-ブレッソンが映画に収めたし、ブラフバトゥのイ・クトゥット・リンドは、舞踊技術と学問や創作、影絵芝居を組み合わせて事実上独力でギアニャールの演劇を一変させたが、この二人も、インドネシアの文化メッセージを広めるためチェコスロバキアという、よりエキゾティックな土地に派遣された。

芸術や儀礼に代表されるバリの真髄《エッセンス》を拾い、それを国家レベルに引き上げるなかで、当時のスカルノはイメージ生成の過程にかなり意識的に関与していた。その過程は植民地期にすでに始まっていたものである。だが外国の植民地権力とはちがい、スカルノが植民地時代から継承したイメージ群を使ってバリをくいものにしたとしても、けっして非難を浴びたりはしなかった。なぜなら、彼がめざしていたのはこの島を近代インドネシア国家に統合することであり、そのなかでバリ文化は相当な地位を与えられ、バリの支配階級出身の人々はインドネシアの支配階級の一員になれるはずだったからだ。

ほとんどのバリ人も、同じくインドネシアの新国家に統合されたいと願っていた。たとえその代価が、社会主義舞踊をしぶしぶ踊ることであったとしても。バリの政局では、左派、右派（それぞれPKIとPNIに代表された集団）の双方がスカルノ主義を強力に支持していた。ただし、大統領を批判する保守中道派も存在した。ギアニャールの領主で一九五〇年代にインドネシアの外務大臣を務めたアナッ・アグン・グデ・アグンは、保守派のインドネシア社会党（PSI）と結ぶ批評家グループの一員だった。PSIはスカルノの浪費癖に向けたより一般的な批判の道具として、彼の文化政策にたいする攻撃を利用した。アグンの眼には、スカルノはバリ文化をそこなっていると映った。アナッ・アグン・グデ・アグンが強固な伝統の側に立つ人物だったことを暗に示す申し立てである。一九六二年、スカルノに反対したがために、アグンはPSIの主要メンバーとともに投獄された。そのなかには一九三〇年代の左翼学生リーダーとして独立闘争できわだった役割を果たし、日本軍への抵抗運動《レジスタンス》の主要人物であり、活動的な国会議長でもあった前首相、スタン・シャフリルも含まれていた。[17]

アグンのような人々にとり問題なのはスカルノがバリ文化のとるべき方向を指図しようとした点であって、近代インドネシアでバリが果たす文化的役割の是非ではなかった。反スカルノかどうかは別にして、反愛国主義者は誰ひとりいなかったのだった。インドネシアの他地域とは異なり、バリの場合、共和国からの分離が話題に上ることは一切なかった。バリ人の農民にとってさえ、独立のおかげで誇りに思えることはほかのインドネシア人たちと肩を並べられるということだった。インドネシア人であることがなんら経済的恩恵をもたらさなかったとしても、自負で懐《ふところ》を満たすことだけはできたのだった。

観光発展

バリでの大衆観光《マス・ツーリズム》の確立はスカルノより精彩に欠ける後継者、スハルト将軍の管轄だったとはいえ、プランニングはスカルノ時代から始まっていた。農民の子に生まれ、軍で早々と出世したスハルトは、インドネシア文化や文化提示にたいして前任者よりはひかえめのアプローチをとった。中部ジャワの古い宮廷スタイルを国民文化のスタイルとして発展させることに執着していた彼は、ほかの地方文化にはスカルノほど力を入れてこなかった。それでも、ジャワとバリの宗教的信条に共通した文化基盤を強調することで、インドネシア文化のなかのバリの特殊な位置づけは確保した。

一九五七年にバリにあったのはサヌールのシンドゥー・ビーチホテル、クタのクタ・ビーチホテル、デンパサールのバリホテルという三つのホテルだけで、いずれも政府の国家観光局がオーナーだった。そして一九六三年に、スカルノが日本の賠償金を使って高層のバリ・ビーチホテルをサヌールに建設した。

豪華なバリ・ビーチホテルの開業は、観光開発というスカルノの壮大なプランの第一歩にすぎなかった。大規模開発はサヌール海岸地域で始まり、やがて、政府が必ずしもコントロールできないような形で現在の観光の中心地、クタやウブッドに広がっていった。スハルト将軍の政権は観光ブームがちょうど幕開けした頃に登場し、このブームをインドネシア経済の利益とバリ文化のために制御・統制しようと試みた。ただこの二つの目標は、政府の政策ではとうてい両立不可能なものだった。

一九六〇年代初頭はインドネシアの観光関連の出版物でバリ特集があいつぎ、観光開発のプランニングに国際的助成を得る試みも初めておこなわれた。バリの観光産業を援助するにあたってのスカルノの腕のみせどころは、ブサキでの〈エカダサ・ルドラ〉という大がかりな厄除け儀礼に合わせて、一九六三年に旅行代理店の国際会議をバリで開催することだった。この企てはアグン山の噴火によって頓挫し、スカルノの面目喪失とバリ人にはまったく喜ばしくない結果を招いた。それでも旅行代理店関係者の多くはすでにバリに到着しており、その文化的豊かさをいくらか味見したので、帰国後この島を宣伝することができた[18]。

一九六三年の災害や一九六五〜六六年の共産主義者虐殺は、長い眼でみればバリの観光にとって一時的な障害でしかなかった。クーデタとその余波にかんする報道はジャカルタに集中していたので、インドネシアにおける共産主義壊滅とバリを直接関連づける新聞報道はほとんど見当たらなかった。あえていうなら、PKIの終焉はきっとアメリカ市場にバリ観光を売り込む好材料だっただろう。一九五〇年代のほぼ観光客ゼロの状態から始まって、一九六〇年代には数がじりじりと増え始めた。それは、スカルノの思惑ではバリ・ビーチホテルへの宿泊を誘いかけるものになるはずの、戦後ハリウッドの「バリ・ハイ」イメージに触発されたものだった。

多くの観光客にとって、バリ・ビーチはごてごてしすぎていて、楽園の島の観光開発にはふさわしくなかった。趣味のよさにかんする彼らの基準にしたがうならば、バリ的スタイルの要素を備えたホテルが必要だった。しかし、バリ・ビーチがまったく観光開発の足手まといだったというわけでもない。近代的な国際級ホテルのあらゆる快適さを求めるタイプの観光客の要求には応じたし、観光の道具立てとしてサヌールの中心となったからだ。ちがう種類の好みに応じるために、もっと規模が小さく料金のそれほど高くないホテルが、エリア内の、多くはバリ・ビーチからかなり離れた場所に作られた。戦前の家や小さなホテルをもとにしたものもあれば、〝バンガロー〟や〝コテージ〟の原型のような宿泊先を提供するところもあった。

バンガロー形式の場合は、各室がバス・トイレ付きの独立したユニットとして別々に建てられており、草ぶき屋根や彫刻その他のちょっとした仕上げでほんもののバリらしさを演出した。徐々にこのバンガロー・スタイルがあらゆる開発形態のなかで最大の成功例となり、バリ・ビーチでさえもかたわらにバンガロー群を設けざるをえなくなったほどだった。アリット・ビーチバンガローズがバリ・ビーチの近くにオープンし、さらに離れた場所にタンジュン・サリがこぢんまりした感じのいい安いホテルから、今日のような、広々として贅沢ながらも居心地満点のコテージ群へと姿を変えた。一九七〇年代には、タンジュン・サリのあとに続いて大規模ホテル・チェーンも次々に開業した。

バリ・ハイアットはもともとタンジュン・サリの所有だった地所に建てられており、タンジュン・サリの建築様式と造園にならっている。開放的な東屋《あずまや》や草ぶきの屋根、伝統的な彫刻などをうまく使い、建築家と造園家は国際的な宿泊施設の水準と快適さを維持しつつも、バリ文化に忠実といった印象を創り上げた。大きなホテルの周囲には美しい庭園が設けられ、熱帯の花々のうちでもとりわけ色鮮やかなもの、とくに、枝々に花がみごとにつく非自生種のツル植物、ブーゲンヴィリアが咲き誇っていた。

ングラ・ライ空港という、革命の犠牲となったバリ人英雄の名を冠した新空港がサヌールのすぐ南に建設されたことから、一九七〇年代末にかけてインドネシア観光はさらなる拡大を約束された。観光客の大半は、興隆途上の国家が歳入を一気に増やそうと期待をかけた金持ちのアメリカ人ではなく、西洋の中流階級出身の新種の若者、すなわちヒッピーたちだった。いく先々に恋と安物のドラッグ天国が待ち受ける、ロンドン、アムステルダムからシドニーにかけての「アジア・ハイウェイ」の末端にバリはあった。直接歳入の点からみると、インドネシア政府にとってこうしたツーリストたちは期待外れだった。場合によっては、連中は懐《ふところ》の淋しい状態かまったくの文無しでやってきて、滞在期間の多くを人々の好意といいノリに頼って生活した。そうはいっても、彼らは観光発展の中核を形成したのだ。

豪勢なバリ・ビーチには手が届かないため、一九六〇年代終わりから一九七〇年代初めのヒッピーたちはデンパサール（主にアディ・ヤサホテル）かクタのビーチに好んで滞在した。クタでは、一般人の家に泊めてもらうインフォーマルな取り決めが、次々にくる外国人客のために住人がつねに備えておく〝ホームステイ〟というセミフォーマルなシステムに発展した。地元の屋台だったポピーズとマデズの二軒から、レストランやまかない付き下宿形式の宿泊施設〈ロスメン〉と呼ばれる）のネットワークができあがっていった。クタは単独の観光エリアとなった。サヌールやデンパサールとはじゅうぶんな距離があるので、当局も、もし悪影響があったとしても地域内に収まるだろうと見当をつけた。

ホームステイを通じてバリのことをもっと知りたいと思ったヒッピーたちは、一団のバリ人と日常的に密接なかかわりをもつことができた。多くはバリ人にある種の思い入れをしたり、バリ人を理解したいと願っていた。もっとも共通言語がないために、ほとんどの場合はバリ人の生活スタイルを美化するのがせいぜいだったのだが。インドのグルや麻薬服用で悟りをひらくことに関心を深めていたこれらの若者たちは、結局、神智学の継承者だった。濃密な、宗教心篤い文化というような戦前のバリ・イメージは、神秘の東洋に思いをはせるヒッピーたちを即、満足させるものだった。もっと読書量が多ければ、グレゴリー・ベイトソンやマーガレット・ミードがバリについて書いたものに出会った人もいるかもしれない。ベイトソンは当時南カリフォルニアのヒッピーのメッカで西洋人グルのひとりとして暮らしており、他方、ミードの著作や公の発言は、米国中産階級のうんざりするほどピューリタン的な主潮からの解放思想を展開するうえで重要なものとなっていた。二人とも今までにない生活スタイルを積極的に提唱する存在であり、おそらくはバリ文化がもっとも完璧なお手本だったのだ。

ヒッピー連中に続いて、〝波乗り野郎〟がやってきた。こちらはいつもオーストラリア人が一番多かった。サーファーたちの神話では、バリは魔法のキノコ《マジック・マッシュルーム》と危険な波を完備した〝宇宙トリップ〟として登場した。オーストラリアの新しいサーフィン雑誌、とりわけ『トラックス』が『オズ』などとともにバリの海岸とライフスタイルを広め、他方で何本ものオーストラリア映画は全盛期のクタでのサーフィンを描いてみせた。[19] バリの評判はうなぎ上りで、一九七三年までには、クタのレストランやホテル経営者も観光客向けのよりよい設備が必要だと感じていた。数年のうちに、エアコンまでついたもっとましな部屋をサヌールのホテルよりは廉価で提供する中級ホテルの数が急増した。一九七〇年代後半にはヒッピーもオーストラリア人サーファーも、騒々しい音楽と酒びたりと商業主義が特徴的な、〝独身プレーボーイ《スウィンギング・シングルズ》〟のような若者のシーンに取って替わられた。

一九八九年には大小何百というホテルがひしめき、毎年世界中からバリを訪れる四十万人の観光客を受け入れたが、以来、その数は倍増している。産業の急成長にともない、バリのイメージに付随した、観光客向けの大袈裟なうたい文句が力を得て再浮上した。第一次国家開発計画（Repelita I）も一九七一年の世界銀行による観光開発マスタープランも、観光をインドネシアにとってのドル箱ととらえ、バリをインドネシア観光の目玉に位置づけていた。[20] 開発計画は、サヌール、クタ、ウブッドなどの中心地に確立した観光を利用し、その基礎のうえに計画を進行することを含んでいた。

バリ観光に将来性をみたインドネシア政府は、一九七四年に国際観光協会（ＰＡＴＡ）の会議をバリで催した。この会議でバリのさらなる開発に向けての初期計画が練られた。観光マスタープランでは、観光の成長とその成長に見合うだけのホテルの室数について見積もりが算出された。サヌールの南にあるビーチスポット、ヌサ・ドゥアに隔離された高級リゾートエリアを作る計画もできた。実際ほとんどの見積もりは過剰で、ヌサ・ドゥア地域の計画はなかなか軌道に乗らなかった。ヌサ・ドゥアがようやく本領を発揮してアメリカ合衆国大統領の宿泊先になるほどのリゾートになったのは一九八〇年代であり、一九八〇年代終わり以降にようやく観光予測の数字に追いつくようになった。

サヌールに続いては、ウブッドが芸術の中心地という評判を売り物に観光スポットとして人気を集めた。チャンプアンにあるヴァルター・シュピースの旧宅やウブッド中心部のチョコルドの館は第一級の来客用宿泊設備となった。品があってもいささか孤立した性格のサヌールや、クタの喧噪に代わるものを大半の人が求めていたため、ウブッドでの観光の焦眉は、外国人がこの地域の文化的豊かさに間近に触れていると感じられるような、こぢんまりして気のおけない形態の宿泊先だった。ウブッドはこれまで小さめのホテルの数を増やすことでその親しみやすい感じと文化的な評判を保ってきた。それは、観光客の数が増加するにつれて、ウブッド地域がマス村方面に三、四キロ南へ、そしてサヤンに向かって二、三キロ東へ拡大することを意味した。

ウブッドには今も外国人定住者《エックスパトリエート》がおおぜいいるが、一九三〇年代にシュピースの周辺に集っていた知的なイメージの作り手たちには比べるべくもない。その代わり、あまたの芸術家や老境に入りつつあるヒッピーが、バリ文化の信奉者というシュピースの役どころをあえて手本とし、一九三〇年代の黄金時代を生活の糧にする状態に甘んじてきた。だが彼らが後世に名を残したり、美術史の本を著したりするようなことはないだろう。

ウブッドの次に主要な観光エリアとして成長したところは北海岸と東海岸だけだ。ブレンには物故した小説家で北部バリの王でもあったグスティ・(アナッ・アグン)ニョマン・パンジ・ティスノ(一九〇八〜七八)が先鞭をつけ、小さな海岸沿いのホテルがいくつかできた。パンジ・ティスノは一九五〇年代にキリスト教に改宗したのちに引きこもったロヴィナの自分の館をホテルの基礎にした。そのあとに続いて、黒砂のビーチとスキューバ・ダイビングを主な収入源とする、より小規模のホテル群が島の最北端に立ち並んだ。もっと最近では、バリ東部の旧王国カランガスムのチャンディ・ダサに、もう一ヵ所ビーチリゾートエリアが発展した。このエリアで最初の〝ホームステイ〟は、知識人でガンディー信奉者のイブ・グドンがオーナーだった。彼女の夫は一九五〇年代、六〇年代に政治の要職についた人物である。この地域の今日の発展ぶりは、静かな隠遁所《アーシュラマ》または瞑想センターを作りたいという彼女の本来の意図を曲げたものになっている。ほかの連中が彼女のアーシュラマをまねて、観光客の集中する場所からは逃げ出そうとしている人々のためのオールタナティヴな場所の長いリストにチャンディ・ダサを付け加えたのだった。[21] 貴族層の出身だったイブ・グドンとパンジ・ティスノはどちらも、とくに観光や国際的な文化の出会いの場面で、そういう一族がどうやって新しい役割を創り出してきたかをよく示している。

楽園への回帰

一九六〇年代以降のバリのマーケティングは一九三〇年代の楽園イメージを採用し、それをやたらと誇張で塗り固めた張り子にふくらませてきた。同時に政府による公式のスポンサーシップはバリ・イメージを上品《リスペクタブル》なものにしておこうと努め、そこで一九三〇年代に強調されていた島の性愛的《エロティック》かつ呪術的な側面は割愛された。

学者というものは社会を厳密に評定することに重きを置き、通俗的なステレオタイプに異をとなえられるものと思いたがるが、楽園バリという一九三〇年代のイメージの復興は、近年のバリ研究の充実ぶりにかかわりなくどんどん進行していった。バリについて調査する研究者は数多い（舞踊や音楽を学びにいく人も含めると年間一〇〇人は下るまい）が、一九三〇年代にシュピースやミードが手にしていたほどの影響力をもちうる人物はめったにいない。このような影響力の欠如は、インドネシア国家内における西洋流学問の位置づけや、研究者とイメージの作り手のあいだを結ぶ絆がないことなどが原因だろう。一九三〇年代には、西洋の人類学者や芸術家はオランダ植民地政府と直接の協力関係になかった場合でも、知識収集過程には関与しており、そこでは西洋人であることが即権力や権威ある地位を指していた。今日、その特権はほとんど失われている。バリには自前の学者がいるのだ。

バリについて書いてきた西洋の研究者のうちただひとり、世界規模で真の影響力をもち得た人がいる。アメリカの文化人類学の第一人者であり、その著作でひとつの学問的分野を丸ごと創出した人物、クリフォード・ギアツである。著作のなかでギアツは、息を呑むほど幅広い思索の数々のすべてをみごとに入り組んだ、文学性の高い散文に表現する一方、人柄としては内気で厭世的で、濃いあごひげの奥に隠れて引きこもりがちだった。彼はベイトソンとミードの影響下で一九五〇年代に先妻のヒルドレッド・ギアツと一緒に調査したのち、バリについて広範囲にわたる著作を著した。ミードはギアツ夫妻のバリ研究にかんして、彼らは「私たち自身の研究にはまったく欠けていた中景を念入りに作り上げている」と述べた[22]。

一九世紀のバリ国家やバリの闘鶏、バリの人格概念など、バリにかんするクリフォード・ギアツの主要な研究の多くはミードとベイトソンの著作の最良の部分を出発点としている[23]。ギアツの著作では、バリはほかの社会に比較されるべき一例であり、執拗なまでの儀礼の施行など、いくつもの文化的特徴を顕著に示すことによって貴重な島である。バリについて彼がいわんとすることは、観光やバリ人の自己イメージや政府の政策や島全体にたいする通俗的理解といった領域にたいしては直接のインパクトをまったくもたない。彼の仕事のなかでは、バリはあらゆる意味でもっぱら学問的なのだ。つまり、バリは進行中の経済・政治情勢や事件から切り離される。諸文化の知的研究において特別な関心の対象となるのは、文化である。このような力点の置き方自体は、悪くはない。前世代の西洋の文化人類学者たちが経験したような、植民地主義的発想と人類学的記述の相互依存といった事態を回避するからだ。いろいろな意味で、この抽象化のプロセスはマーガレット・ミードとその世代の研究者たちから刺激を受けた、文化人類学における専門化と理論的方向性の論理的帰結なのだ。

だからギアツは国際的な学界では例外的存在である。広範な読者をもつ研究者であり、その思想は一般にも影響を与えてきた。今日のバリ研究者でそれだけの支持を得た人は、彼をのぞいてまずいない。現在の学問世界はさまざまな学問領域に厳密に区分けされているからだ。インドネシアのごく小さな一部分でしかないバリは、文化人類学という学問領域においてもっとも頻繁に研究されており、バリの社会と文化のより細やかなディテールにますます強調点が置かれつつある。近年書かれたバリにかんする鋭い分析の大部分は、専門家が専門家に向けて書いたものであり、ほかの学問フィールドの専門家も自分の領域以外のものはわざわざ読む理由がないと考えるほどだ。その結果、一九三〇年代の考え方やステレオタイプに真っ向から挑戦した学問的記述さえも完全に黙殺され、ミゲル・コヴァルビアスの『バリ島』の一般向け改訂版や再版のほうが人気を博したとしても驚くにはあたらない。

一九五〇年代、六〇年代にガイドブックを通じてインドネシアが初めてバリを売り込もうとしたときには、〝神々の島〟という名称を一番あとまで残るバリの別名にしようと努めた[24]。多種多様の書物や広告キャンペーンや映画がこの主題をさらに洗練してきている。たとえばインドネシアの国営航空会社ガルーダが一九八〇年代初めに出したパンフレットは、この島が「美しすぎてこの世のものとは思えない」と語りかける。

この種のパンフレットは、ほんもののバリを観光客にみせているのだという申し立てをさかんに述べる。パンフレットはいう。休暇でバリを訪れ、「高層ホテルやセルフサービス・レストランや終夜営業のディスコのあるリゾート」に滞在するのもよいが、「すべてが容赦なく、風景の自然美や慣習や生活様式から関心をそらせる」。しかし、とパンフレットは続ける。ほんもののバリ体験はこういうつまらない、ありふれたアトラクションを越えたところにある。「ほかのどんな体験を束にしてもかなわない体験。世界で一ヵ所、そんな体験を与えてくれるところがあります。その名がまさしく魔法のオーラを運んでくれる島です」。ここでいう〝魔法〟とは、一九三〇年代の書き手たちがもてそんだ、極端で恐ろしげな経験、すなわち魔女ランダに体現されるような経験ではなく、「火山性の山々や湖や川、棚田《ライス・テラス》、巨大な榕樹《バンヤン》、椰子《やし》の木立が安らいでいるような、それから平和な村々や市場のあいだをひっそりと抜けるくねくね道に日がまだら模様を落としているような、恵みと海の接吻を受けた場所……」を指している。「どこまでも優美な娘たち」やヒンドゥー教とともに、山々から海岸《ビーチ》、バリの芸術的生活へと目録は延々続く。

ここに挙げたような宣伝は、なかなか巧妙にバリをパッケージ化してのけ、観光客に何を体験すべきか教えている。火葬儀礼を始めとする儀礼を列挙し、舞踊、ウブッドや伝統芸術の中心カマサンの絵画、金銀細工、石の彫刻などの芸術的愉しみをかいつまんで説明する。このような宣伝広告は、標準的な観光スケジュールを簡略に述べた「訪問すべき特別な場所」の簡便な目録を提供してくれるのだ。ムンウィのタナ・ロットの、海岸のまぎわの岩場にある海の寺院、中部バリの「象の洞窟」、タンパック・シリンの聖なる泉（そこにあるスカルノの館は言及されないが）、サヌール沖の「ウミガメの島」、サンゲェの「モンキー・フォレスト」、そして景色のよい村々やバリの「母なる寺院」ブサキを始めとする寺院の数々がそれにあたる。

場所や経験を切り縮め、簡略化して容易にアクセスできるようにするのが観光の本質だ。六ページ分の美しい文章で「バリの必須項目」をいってもらうことができるのなら、日常生活のずっと退屈な部分についての込み入った詳細《ディテール》や、あるいは第三世界の国の生活の否定的側面など、誰が聞きたがるだろう?

こうしてバリの楽園イメージは抗しがたい、確実な勢いでどんどん累積していく。「何千年もの歳月、楽園は不変のままでした」とバリ・ビーチホテルの広告はいう。「もっとよくなる以外には」と。かくして、植民地期の遺物である東洋《オリエント》のさらなるステレオタイプが広告代理店によって温存される。インドネシアや、ヨーロッパ、アメリカ、オーストラリアなどの代理店は、バリ観光にたずさわる各種のホテルや航空会社のために仕事をしているのだ。

バリの「魔法のようで」「永久不変の」性質に関心を向ける以外にも、これらの広告は常套句や賛辞を掘り出してくるにこと欠かない。「楽園はバリで始まり、そして終わる」とは、ガルーダ航空の〝ご予算自由のバリ〟パンフレットのなかの文句である。これは島のあらゆる側面を誉めそやすもので、そこには「バリの最高の財産」、つまり「純粋かつ愉快な流儀をもち、精神性の高い」「温和で調和を愛する人々」バリ人も入っていた。この精神性が高く調和を好むバリ人というのは、かつてのステレオタイプにあった、神秘的な東洋と微笑みかける気さくな太平洋の島民両方の典型である。「何千年も変わることのなかった楽園」というのが真実ではないとしても、観光イメージが五〇年以上も変わらないのはほんとうだ。ただひとつちがうのは、これらのいい回しやイメージがヨーロッパ人ではなく、インドネシア人たちの手になるものだということだ。

楽園という主題の一大変種は、エリート観光の目的地としてのバリという発想を売り込む、過去三、四年のガルーダ航空のキャンペーンである。バリとジャカルタの観光当局は、一九八〇年代初期に大衆観光《マス・ツーリズム》が頭打ちになったとみえた頃、エリート観光誘致のための最善策を練り始めた。そのあとに続いた宣伝キャンペーンは、デビッド・ボウイが食事をしたり、ロナルド・レーガンが宿泊したり、ミック・ジャガーが泳ぎにいったりした場所などをテレビコマーシャルで流し、「富豪と有名人がみたバリ」と題するものだった。キャンペーンの焦点となったのは、伝統的なバリの芸術と工芸品を用いてデザインされ、装飾された高級リゾート、ヌサ・ドゥアである。「ヨルダンのフセイン国王は感激のあまり、予定の二倍も長くこちらに滞在されました」とキャンペーン用小冊子はいう。うっとりするほど美しく撮影された景観と快適な設備をみせられれば、富豪と有名人がしたように私たちもやってみたくなる。上流向けのリゾート地の外に出てみたくなったら、エアコン付きの車でさっとウブッドに連れていってもらえる。そこではバリの芸術生活に感銘を受けたあまり、「エリザベス女王陛下がご自分のコレクションにと絵画をお買い求めになりました」。

こうしたあらゆる広告において、バリはきわめて上品に描かれている。舞踊劇〈バロンとランダ〉の、自分に刃を突き刺すクリス・ダンサーの写真さえ使われなくなり、『悪霊の島』といった題名は完全にカットされた。シドニーやサンフランシスコのゲイたちのサブカルチャーのなかでさえ、同性愛の場面はもはやバリのイメージには含まれなくなり、むき出しの胸や『バリの罪』などあからさまに性的なイメージも影をひそめた。

性的イメージの痕跡は少し残っているが、それは島の非公式の宣伝のなかだけだ。折に触れインドネシアの入国管理官が強制退去させはするものの、バリの定住外国人《エックスパトリエート》コミュニティにはよく知られた同性愛者がまだ何人もいる。とくにエイズ騒ぎ以来、ヒッピーのもち込んだ肝炎などの病気に加え、西洋人が新型の不純物をバリにもってきかねないと政府が気をもむようになってから、強制退去も頻繁になった。バリで最初のエイズ死は一九八八年に起こっている。[25]

ソフトコアのポルノ映画、『エマニュエル夫人2 *Emmanuelle II*』では、バリは国際色豊かな乱交パーティの背景のひとつとして登場し、〈ケチャッ〉(モンキー・ダンス)の合唱が、バリに渦巻いているはずの原始的熱情を刺激的かつリズミカルに演出する。クタのビーチ・シーンには小規模ながらジゴロ商売もあり、西洋人やバリ人の若者の噂では、島を訪れるおおぜいのオーストラリア人の単身女性でおおむねもっている、という話だ。オーストラリアの新聞によるリポート、「バリのために泣かないで」[26]は、「たいていの場合初めて海外ですごす休暇」で、「そうとは名乗らないジゴロたち」、つまり〝クタ・カウボーイたち〟と「激しい恋に落ちる」若いオーストラリア人について報じている。こうした風評に数字上の根拠があるのかどうかははっきりしないが、旅行代理店の報告書によれば、バリの場合、男性にたいして女性客の占める割合がたいていの旅行先よりも高いという。土産物業界では、ウブッドの北部出身の木彫り師たちが巨大なペニスをもつグロテスクな人形を大いに愉しみつつ彫っているが、それはただ滑稽なだけの代物だ。バリは国際観光におけるマニラやバンコクの評判には並ぶべくもなく、さいわいなことにオーストラリアやヨーロッパで広く宣伝されているアジアのセックス・ツアーの旅程には入っていない。

黒魔術は今でもたまに取り上げられることがある。主に西洋の〝ホラー〟小説のジャンルにぴったりという理由からだ。一例として挙げられるのは、グラハム・マスタートンの小説『死のトランスDeath Trance』[27]である。この本は古いタイプのバロンの面を写したとても素敵なカバー写真がついており、あるランダの面の力がいかにしてアメリカに暗黒勢力を運んできたかを書いている。

バリ・イメージのエロティックで呪術的な側面は、インドネシア側の計画策定者のピューリタニズム、プラス反植民地主義を通じて排斥されてきた。バリのほうでは、各種の改革派宗教団体がこの過程に荷担した。彼らは、トランスや闘鶏のような、センセーショナルな行動がバリ宗教の特色だとしても、そういうことが宗教のほかの面に不利に働くような態度をあおるのであれば、最小限にとどめるか、やめてしまうべきだと主張してきた。[28]インドネシア人やバリ人のもっともな関心事は、自分たちの国が国際社会の笑いものになったり、西洋の飽くなき食欲を満たすための性的骨董品の一種とみられたりしないようにすることだった。むき出しの胸や同性愛者のバリといった昔のイメージは、島を外国人の関心に応える受動的な客体《オブジェクト》にしてしまうと彼らは考える。一方、彼らの関心は、バリ人の益になると彼らが考えたものを表現することにある。バリ人が幸福に微笑んでいる人々の集まりで、いつでも観光客のニーズに応じる用意があるというふうにみせることが、バリ人にとっての利益を最大化する道だ。バリのエロティックで呪術的なイメージが生き残っていることは、一般化された東洋《オリエント》のイメージがしぶとく残っていることの証左といえる。

バリ文化への脅威

政府観光当局がバリの一般向けマーケティングからエリート観光に的を絞った宣伝活動へと転換したことは、観光の否定的な影響と考えられるものからバリを守るために編み出された一連の戦略のひとつである。観光が文化への脅威だという観念に内在するのは、観光が、文化を規定しうる大きな勢力だとする考え方だ。ところが、バリでは農業部門が観光収入の二倍以上にあたる。バリ人のほとんどがいまだに〝伝統的な〟稲作中心の生活を営んでいるとして、それでも彼らは観光に文化的に依存しているといえるのだろうか？たいていのバリ人からすれば、基礎的なレベルで自分たちの文化がどのように組織されるかを観光が左右したりすることはない。だが、観光はバリの文化がとるべき方向性について、公の議論が展開される舞台《アリーナ》ではあるのだ。だからバリの宗教や芸術をめぐる重要な決断は、バリ人もしくはジャカルタの政府関係者が観光に言及する形で下す。たとえ、観光が西洋の影響を拒む際の否定的な参照点としてしか扱われないとしても。

一九七〇年代初期には、〝文化観光《カルチュラル・ツーリズム》〟がバリ文化を〝守る〟ための主な戦略だった。それは政府当局が管理する仕方で観光客をバリの文化的生活に触れさせることが、全当事者にとって有益だとする発想である。エリート観光への移行からみてとれるのは、観光客数の多さからくる重圧が文化観光の利点を台無しにしており、そこでもっと洗練された、選り抜きの集団を惹きつけることでしか、必要とされるバリ文化の正しい評価は生まれないと観光計画策定者の側が受けとめているということだ。不幸にして、このキャンペーンの背後にある論理にはひとつまちがいがある。それは富と名声が、趣味のよさやインドネシアの多様な文化伝統の開拓につながると考えた点だが、これが的を得ていないことは国際的に数多くの例が証明するところだ。

特定の観光戦略がうまくいくかどうかといった問題を越えて、いったい何が文化を構成するのか、文化への脅威とは正確には何なのかという、より深刻な問題がある。バリの文化は今では、観光を売り込む人々やインドネシア政府の諸機関が提示するイメージとほぼ一致をみている。バリのサービス産業に関与するさまざまな集団は、芸術家、踊り手、演奏家や職人ともども、このイメージどおりのバリ文化を守ることに既得権益がある。バリにいながら、バリ文化という観念に異議をとなえようなどとまともに考える人はまずいないだろう。観光には反対し、伝統の守り手だと自分で思っている人々でさえ、この観念は支持しているのだ。

このような公の議論において、〝文化〟とは文化人類学者が広く定義しているような、〝意味あるふるまい〟と同じものではない。むしろ、フォーマルな宗教活動や芸術活動といった、もっと限定された考え方を指す。今日の文化人類学者にとって文化は多くのことを意味するし、通常、ありふれた実践から大事な公的儀礼行為にいたるまで人々の生活に意義を与えるようなあらゆる活動を含んでいる。

したがって、たとえばクリフォード・ギアツのような人々にとっては、文化は社会のモデルとして機能する規範だが、さらに社会生活のためのモデルでもある。他方、文化を生活の過程、つまり何世代にもわたって積み上げられながら、継承されるにつれ微妙に変えられてゆく習慣と知識の集積と考える人々もいる。観光の文脈で公的におこなわれている文化の議論は、きわめて皮相的なレベルに限られている。バリ人、その他のインドネシア人や観光客によって公に語られる文化は、親戚と仲たがいしたり、お金を借りるかどうか決めたり、オートバイを買ったり、ラジオを聴いたりすることではなく、サロンを身につけたり、火葬をとりおこなったり、伝統に則った様式で踊ったりすることなのだ。

観光がバリ文化を破壊するか否かという問題は、一九七〇年代の観光計画にかかわったすべてのグループが議論を戦わせた一大トピックだった。公式非公式の論議の底に横たわっていたのは、観光が目にみえる文化の記号を変化させるはずだという観念である。脅威と保存が二大キーワードで、それは一九六〇年代までのあいだはバリ文化が何千年も本質的に変わらなかったという前提を利用していた。問題は今日的なもののようにも聞こえるが、これらの議論はコヴァルビアスなどの文筆家が、ズボンをはいたりトタンで屋根をふいたりするバリ人たちは自文化の破壊に手を貸しているといって気をもんでいたことを蒸し返しているだけなのだ。

一九七〇年代には、観光をひとつの小エリアに限定することでバリの生き残りが保証されることになっていた。種々の計画において、クタ、サヌール、ウブッドを三地点とする〝観光トライアングル〟というものが案出された。政府は観光の悪影響をこれらのエリア内に押しとどめることができ、大半のバリ人は洋式の服装や悪い作法や自由意志的な流儀をそっくりまねて〃近代化〃しようとする欲求から守られるというわけである。

観光の封じ込め計画でさえ、バリ文化をめぐる不安をぜんぶ鎮めることはできなかった。一九七一年に世界銀行のプランナーたちは、一九八三年までにバリの「文化を顕示するものはおそらく消滅しているであろう」と不吉な予言をした。「しかし」、と彼らはなぐさめた。「バリはそれでもなおロマンティックなイメージを保つことができ、やはり緑豊かで麗々しい園として評価されうる」[29]。観光という目的のためには、島のロマンティックなイメージが持続しさえすれば、バリの文化のほうはどうしても必要というわけではないことになる。

インドネシア人、わけてもバリ人は、ここまで冷静沈着ではいられなかった。文化的発現は、自然環境よりも観光にとって重要だと彼らは信じていた。そこでとった公式の対応策は、観光協会の設置と、観光のフローを〃文化観光《カルチュラル・ツーリズム》〃にふり向ける試みだった。そういう、旅行者とバリ人の親しい交流が双方に恩恵をもたらす事例をクタ観光が提供するとみる向きもあった[30]。ただ残念ながら、一九八〇年代のクタの急速な発展で、そんな恩恵への望みも絶たれてしまった。

文化観光とは、観光客がバリ文化を身近に体験することと、種々の公的機関による観光規制とが組み合わさったものだ。一九七〇年代の初め以降、この政策の最初の徴候が出始めた。宗教当局そして行政当局がそれぞれ、ほぼ同時期に寺院や官公庁のまえに英語の看板を立てたのだ。寺院のまえの看板は、ふさわしくない服装（半ズボンやその他露出度の高い服）の者は入ることを許されず、同様に、生理中の女性も入ってはいけないと宣告するものだった。ユダヤ教や一部のキリスト教の聖典にもあるように、生理中の女性がいると神聖な場所が穢《けが》れるとバリ人は信じていたからだ。生理中の女性にかんする禁止事項は盛り込まれていないものの、官公庁用の掲示は、半ズボン姿や靴を履いていない人、あるいは一般にだらしない服装の人の立ち入りを禁じていた。これらの掲示の背後にある考えは、多くの観光客が島全体を一大休暇《ホリデー》センターとみなし、ここではできるだけくだけた格好をすべきだと思っている、しかし観光客には地元民の常識を尊重してもらうべきだ、との判断に基づいていた。

こうした掲示は、観光を取り締まる試みを一番わかりやすく示すものにすぎない。観光計画《プランニング・》策定機関《オーソリティー》は主だった観光ビジネス関係者すべてに免許を与えることで観光産業のさまざまな部分を監督し、文化担当の役人は舞踊家や演奏家に観光客向けの興行を認可する。バリ文化を保存するために考え出されたメカニズムには、バリの舞踊や音楽を聖と俗に類別し、聖なる舞踊と音楽の商業化は禁じるという決定がある。観光計画策定機関もバリ人の芸術家、音楽家や舞踊家も、商業化が芸術の水準を落とし、仕事の宗教的純粋性をそこなうもので、これが自分たちの文化への主たる脅威だと考えているのだ。

この商業化への危惧は、ひとえに官僚だけの問題ではない。それは大部分のバリ人にとっての一般的な問題でもあった。バリ人は、観光客をバリ人の生活のある部分からは完全に閉め出しておくべきかどうか、あるいは公演や儀礼にたいする観光客のアクセスを広げたほうがいいのかどうか、といった点をめぐって立場が分かれていた。主要な観光エリアの場合、儀礼を主宰するのに完全なプライヴァシーを保てるバリ人はほとんどいない。ふつう、人々は出会った観光客を結婚式その他の儀礼に喜んで招待するが、寺院での儀礼の最中にツアー・バスが乗りつけ、二、三〇人の客が式次第のただなかを通って誘導されていくようなときには、文句をいったり、眉をひそめたりすることもよくあった。こういうことがあると、バリ人は観光客ばかりでなく、儀式に観光客を連れてきたバリ人ガイドたちにも怒りの矛先を向ける。たいていのバリ人は、親族による儀礼の私的な部分と火葬に付される火葬塔や柩の行列のような公的な見せ場とのあいだに釣り合いがとれるよう努めている。後者では、わいわいがやがやして混み合った、バリ人のいう〈ラメ〉、つまりにぎやかな状態が大事なのだ。儀式がにぎやかだったら、成功といえる。その儀式は大規模の公的参加と認知を得た事業であり、群集は儀礼のダイナミックなエネルギーに貢献したということになるからだ。

いくらかなりとも感受性を備えた観光客とバリの外からきたインドネシア人は、こうした状況について バリ人に同情を示すし、商業化への危惧を共有する。国でもっとも名の通った反体制派と考えられている英雄的ジャワ人詩人、W・S・レンドラは、国際観光業のなかではモノとなるバリ人の宿命を嘆き悲しむ詩を書いた。[31] 観光案内書や紀行文は同じアプローチをとって〝ほんものの〟バリがまだ残っているからとなぐさめ、バリ文化の弾力性のおかげでどんなマイナスの影響もバリ人はどうにか阻止してゆける、と口当たりのよい口上を述べている。[32] その裏づけに、半裸だったりお粗末な格好をしたりした観光客が、儀礼の行列がおごそかに進むなか日光浴をしたり、安物アクセサリーを値切ったりしている写真を掲載する。[33]

こうした健全な感傷も、バリ文化が強靱なのは観光があればこそで、観光があるにもかかわらず、ではないのだという肝心のポイントを外している。観光は、バリ文化とは何かということをそれまでそんな定義が必要とされなかった文脈のなかで定義する。そしてインドネシアのなかでのバリ人アイデンティティを規定するものでもある。バリ人とその他のインドネシア人は、〝われわれ〟バリ人／インドネシア人‐対‐〝彼ら〟観光客という図式で、観光を語るのだ。[34]

観光のおかげでバリ人は、自文化について思いをめぐらせる。文化の成員というものは、無意識のうちに自分の文化を学び表現するのがふつうだ。文化は成長の過程でともにあったもの、つまり習慣の問題だからだ。バリ文化はといえば、長年研究対象とされてきた。一世紀以上にわたって、種々のバリ人は自分たちの文化や宗教の諸側面を説明しつつ、よそ者たち——まず最初はオランダ人学者と行政官僚、のちには観光客——に向かって申し立てをしてこなければならなかった。この明晰化のプロセスは、バリ人としての文化的アイデンティティにたいするプライド意識を生み、またヒンドゥー教、カースト、祭司の儀礼、舞踊など、文化の本質的側面といえるようなものを他者にうまく理解してもらえるような仕方で要約する能力をつちかいながら、バリ人が自分自身の文化を意識してこなければならなかったことを意味する。観光はこの、文化を客観化するプロセスの一要素にすぎず[35]、近頃ではそのプロセスに、インドネシア政府が観光に負けず劣らず大きな役割を果たしている。文化・芸術活動を官僚的に記述し、支援できるようにするため、正式な合理化と基準《クライテリア》を政府が求めるからだ。インドネシア政府は近代化と社会変化のあらゆるマイナス面を観光や観光客と同一視し、伝統という肯定的思想がバリ人の持続的な集団アイデンティティに匹敵すると考えた。バリ人の利害の守り手という自己認識によって、政府の活動と動機は至誠のものとなった。

政府の主たる関心はおそらく社会的コントロールだろう。行政面では、政府は文民と軍という二重の官僚機構によって動いている。軍隊は国家の防衛者であると同時に社会がきちんと統括されるように保証するという、二重機能を社会のなかで担うと自負している。したがってジャカルタの中央行政から地方レベルの役場に至る社会のあらゆる階層で、文民官僚と並んで仕事をする軍官の姿がある。

バリがかつて共産主義者の牙城だったという世評、人口密度の高さ、すぐれて国際的なプロフィール、そしてジャワに近接することなどはすべて、政府がこの島を注視する理由になる。村落での活動は、とりわけ国政選挙の時期が近づくとつぶさに監視され、ときには政府に批判的と目されかねない公演や新聞記事などが地方当局の検閲を受ける。

しかしたいていの場合、軍が全住民を直接取り締まる必要はない。社会の要職にあるバリ人は、政府の官僚機構や軍でキャリアを積むことが自分の地位昇進になると悟ったため、政府の政策に自分の利害のあることを知っており、不満が公に表明されたりしないようにするのだ。大部分、バリ人は国家の位階秩序に組み入れられてきた。たとえば陸軍の参謀長はバリ人の〈ブラフマナ〉である。この種のことがらを厳密に判断するのは不可能だが、いろいろな意味で、バリ人の大半はジャワ人を含む他の多くのインドネシア人よりもスハルトの「新秩序政府」に忠誠を尽くしており、異議をとなえる可能性もより低い。

観光の勝ち組、負け組

観光はバリで唯一の経済活動ではない。公式の統計によると、一九八〇年代には観光はバリの経済活動の約二〇パーセント、最大でも三〇パーセントを占めたとされる。一方、州の歳入の四五パーセント弱は農業、とくに稲作による。[36] ただし稲作はバリに限ったことではないが、観光はバリに限る。バリで金持ちになるか貧乏人になるかを完全に左右するのが観光というわけではないが、観光はバリ人の生活にみられる不平等を強調するし、バリ人の強い関心の的となっている文化活動をあと押しするものでもある。観光はホテル経営者や土産物店《アートショップ》所有者、観光ガイドなどのあらたな中産階級、つまりメルセデス・ベンツやビデオといった成功の消費シンボルに手が届く集団を創出した。観光はまた何千というほかのバリ人たちにも、その他のさまざまな分野で生活の糧を与え、バリで貧しいということが観光収入の欠如に結びつけられるまでになった。貴族層の人々にとって、観光は直接間接に自分たちの公的アイデンティティを支えてくれる。そしてほかの身内が地方政府や国政で得た役割を補完するものでもある。

一九七〇年代にウブッドが観光地としての評判を徐々に築き上げるうち、デンパサールとウブッドを結ぶ道路沿いにアートショップが立ち並ぶようになった。アートショップはバリの訪問客にあらゆる種類の土産物を提供してくれるところだが、一方、ウブッドに向かう北への旅程を楽しいものにしてくれた、魅力的な水田をすっかりみえなくしてしまった。最近ではアートショップが固定したシステムの一部となっている。典型的なアートショップにあるような土産物一切がかつて安く手に入ったデンパサールの小さな露店のほうは、新しいが面白味のない市場の建物の上階に追いやられて商売上がったりになってしまった。

アートショップのオーナーは通常、もっとも目にとまりやすい、よって売れ筋の型《スタイル》を探しては、絵画や彫刻の製作を大量に注文する。近年この業界にはさまざまな流行があったが、一番最近のものは果物やバナナの木をかたどった、色鮮やかなペンキ塗りの木彫りだ。一九七〇年代初めには絵や彫刻が一点あたり数ドルで買えたものだが、今では彫刻の最低価格が二〇～三〇オーストラリア・ドル［訳注　約一三〇〇～一九五〇円］、絵なら一〇〇オーストラリア・ドル［訳注　約六五〇〇円］以上で売られている。島を席巻しつつある日本人観光客の群れが円を気前よく落としていくにつれ、これらの価格もみな急速に釣り上がっている。

この種の観光客向け土産物市場は、それを扱う店の総称にもかかわらず、高尚芸術《ハイ・アート》という意味での芸術《アート》とはほとんど無縁である。国際的な学界に認められているようなバリのアーティストが、アートショップ向けに創作することはめったにない。アートショップはふつう絵の売価の二〇パーセントから三〇パーセント、ときにはもっと少額しか製作者に支払わない。したがって、彼らは安い労働力による作品の迅速な大量生産と模倣《コピー》に依存しているのであり、バリ人アーティストが尊ぶような、絵画を製作するのに必要とされる緩慢なインスピレーションなどといったものに頼ったりはしない。残りの取り分はアートショップのオーナーと〝お客〟を連れてきてくれたガイドへの手数料として渡る。アートショップの数があまりに多いため、売り上げの最低三〇パーセントをガイドに払い戻す同意なしでは競争できないのだ。

ツアー・ガイドたちは、バリで最高に羽振りのいい中間層の一員として勢いをつけてきた。ツアー・ガイドになるための主な資格は英語、日本語やその他バリの観光客が話す主要言語のどれかに堪能であることだ。インドネシアの資金不足の教育制度では英語を学習するのもむずかしいことを考えると、この資格は得がたいもので、それだけに珍重される。ツアー・ガイドは大きなホテルや旅行会社に下積み仕事で雇ってもらうことから始め、システムの内で出世していくことが多い。ガイドとして彼らはアートショップのオーナーや観光業界の主だった人物などと関係を築く。自分を観光業の中堅どころに押し上げてくれるような提携関係をもつということだが、観光からの収入の道が同じようには開かれていない仲間の村人や近所の人からやっかみ半分の視線を受けることもままある。デワ・グデ（仮名）は、プロのツアー・ガイド業がどうすればずっと繁盛していられるかという一例である。宮廷《プリ》出身者の彼には教育を受けたという強みがあり、これをもちまえの機転と魅力で、外国人旅行者のグループを相手にするのに必要な技能へと磨き上げた。勉強がよくできたにもかかわらず、彼はインドネシアの大学教員の宿命である安月給と不確かな将来よりは、英語と日本語の能力のほうが家族をはるかによい条件で養えると考えた。大学講師になるチャンスを邪魔するような官僚政治の弊害があと押しした選択でもある。ツアー・ガイドの仕事のおかげで、彼は〈プリ〉の敷地の一角をゲストハウスとして整えることができた。他方、ものすごいインフレ状態のデンパサールの不動産市場で土地を買い家を建て、義理の妹やおおぜいの甥姪にその扶養家族まで含めた拡大家族を食べさせてもいた。このようにして、近代的なバリ式宮殿をまさにいっぱいにしてしまうはみ出し拡大家族に大きな貢献をしてきたのだった。この繁栄ぶりの代償は周囲の村人からの嫉妬で、彼らはデワ・グデと地元のアートショップの主人とのつながりを容赦なくあざ笑った。その主人は平民で、相続した土地と芸術家ネットワークと鋭い起業家の才覚を駆使して、村の大きな経済勢力の一員にのし上がった一族の出だったからだ。

観光を基盤とするこの中間層には、ほかにレストラン経営者や観光向けの興行で定期的に相当な額を集められる人々が含まれる。もっと大きなホテルのオーナーや支配人はバリ人のなかでも最富裕層ではあるが、かなり数が少ない。こうした非常に規模の大きいビジネスは、ジャカルタに本拠を置くインドネシアの会社か外国の投資家が所有していることが多い。この中間層の成長は、〝もてる者〟と〝もたざる者〟のあいだの格差を生み出した。それはバリ人の眼からみれば、政府の計画に約束され、そして観光客たち自身の散財ぶりがたっぷりみせつけてもいる観光客のドルを手に入れる能力があるか否かの問題だった。もたざる者とは、なんといっても英語が話せない人々である。村人たちには稲作を中心にほかにもいろいろな収入の道があるが、観光客の落とすドルは安易な金とみなされており、ツアー・ガイドの羽振りのよさはバリ人の大部分があこがれてやまない到達点なのだ。観光産業はバドゥン、ギアニャール地域に集中しているのだが、この地域に日帰りで通うか、クタなどの中心地に移住するかして、観光に一枚加わろうとバリ中から若者がやってくる。そのうえ、大人数を雇い入れるホテルのオーナーらがひとつの村の出身者のネットワークを利用するという方針をとることも多いため、人々はサヌール、ヌサ・ドゥアやクタに村落集団の一員として一時的に移動する結果になった。

観光へのアクセスを示す位階秩序《ハイアーラーキー》のなかには、「あなた私の絵葉書買うね。私あなたに安くするよ」とまくしたてる土産物の行商人が山ほどいる。連中はちょっとした観光グッズを地元の生産者から仕入れ、島中を旅して売りさばきながら、かろうじて最低限の必要言語を修得することでなんとか糊口をしのいでいる。行商人たちは多くの場合女性で、クタやサヌールの海岸にいる観光客や、寺院、モンキー・フォレスト、コウモリの洞窟など標準的な観光旅程にある場所から出てきた観光客を不意打ちにしてたまには荒稼ぎすることもある。残念ながら、儲けの多い取引きなどめったにあることではなく、こうした商売人の大半は観光地までいく交通費などの諸経費や規模の大きい競争相手のため、微々たる取り分を手にするばかりだ。

北部や東部のより辺鄙《へんぴ》な村からきている行商人の場合、儲け話にありつくことはまずなさそうだ。彼らはインドネシアでの「緑の革命」の結果、稲作慣行が大きく変化したことによってしわ寄せを受け、いき着く先が行商だったということが多い。一九六〇年代の終わりと一九七〇年代に、第三世界諸国は生産量を増やすため稲の新しい多収穫品種に切り替えることを奨励された。膨大な人口に供給するだけの食糧をもたないインドネシアのような国にとってこうした品種の稲の導入は成功で、国家全体としては米を輸入する状態から基本的ニーズを満たせる状態に転換を果たすことになった。ところが、この成功が均等に分配されたわけではなかった。稲の収穫方法が変わったために、稲の成長と収穫のある段階でかかわっていた人々がお払い箱となり、家計を補うためには規模の小さな小売りか食糧販売か観光客向けの行商人といった商売にくら替えしなければならなかったのだ。[37]

インドネシアの大都市向けのりっぱな作物を栽培する果樹園を始めることでうるおった人たちもいる。これは水稲耕作が向かない地域で格段の成功を収めた。果樹生産者のなかには書類上は百万長者の人もいたが、残念ながら果物は定期的に葉枯れ病の被害に遭って壊滅してしまうので、彼らはあくまでつかのまの百万長者だった。[38]

観光客の側が、バリも貧しい第三世界の国の一部だということを忘れてしまうのはかんたんだ。ほかの誰も使いようがない土地にあまり望まれない品種の作物を育て、生存線ぎりぎりでどうにか生活している山間部の貧しい村人や、毎日漁に出てわずかな漁獲高を得、それすらも東アジアのハイテク漁船との競争のせいでますます減っているような北部の人々など、観光収入に縁のない人たちに観光客が会うことはない。北部バリには、もはや漁業では食べていけるだけの収入を稼げないため、仕事にありつけるときには一日約一ドルで日雇い労働をやってみる人もいる。労働力はあり余っていたが、石油の国際価格の下落とともに国家経済が下降線をたどってからは、仕事がどこにでもあるという状況ではない。人々の多くはぼろをまとって暮らし、裸を隠すこともできないので誰に出くわすのも恥ずかしいというみじめなありさまだ。

南部バリの穀倉地帯、バドゥン－タバナン地域でさえ、生活は保証されない。地域住民の大部分は今も稲作に依存しているため、彼らの主たる関心が向く先は観光客やその動静ではなく、高い収穫を上げるのに必要な水やその他の要件が整うかどうかという点だ。全体としてはインドネシアは国内の米生産を増加するのに成功しており、したがって、かつては定期的に西ジャワやロンボックなどの地域を襲っていた飢饉もさいわい今では過去の話となっている。それでも、稲作農民にとって収穫はつねに微妙な問題なのだ。モンスーンの降らす雨が遅れると、棚田を伝い落ちていく水供給の複雑なバランスが崩れてしまいかねない。灌漑システムのさらに下方に住んでいる人たちは自分たちの水田を満たすのにちょうど足りるだけの水しか得られない。今は稲の新品種の導入で一年あたりの収穫回数が増え、もっと多くの水が必要になっているのでなおさらだ。緑豊かな熱帯性気候のこの島のようなところにしては奇妙なようだが、水は希少品である。そのうえ稲の新品種は従来のタイプの稲よりも害虫や病気に弱く、政府が補助金を出している肥料と農薬の大量供給に頼っている。なにかひとつのこと――肥料の値上がりや補助金の打ち切り、新種のウイルスなど――が起こればたちまち農民が乞食に落ちぶれてしまう状況にある。

一般的には、貧しくてもなんとか間接的に観光の恩恵にあずかった人たちもいる。バリ社会のさまざまな集団が観光によって豊かになるにつれ、ほかの人もその富の分け前にあずかるという、ある種の〝トリクルダウン効果〟があった。日常レベルでいえば、もっとも顕著な例として、路上や市場に小さな屋台《ワルン》を出し、ありとあらゆる食べ物や物品を売る女性の数が増えたことが挙げられる。ほかにうるおったのは家族や村や氏族集団《クラン》のために儀礼を施行する各種の祭司、とりわけ成功を収めた一族と昔からの絆がある祭司たちだった。

観光から間接的に恩恵をこうむった以外には、祭司職と宗教的リーダーシップの型《パターン》は観光の影響をあまり受けず、これまでどおりだった。その一例は霊媒師のジェロ・タパカンである。このバンリの山地出身の、小柄な中年の未亡人の生活史は、よく〝民俗的療法士《フォーク・ヒーラー》〟と呼ばれる人々にありがちな社会移動の型《パターン》を踏襲している。今では比較的成功しているが、彼女の丸顔には農民生活の労苦が刻まれ、その闊達な知性は酸いも甘いもかみわけた者の棘を含む。一九六〇年代には彼女は貧しい旅商人で、どうにか食べていくために故郷の村から遠く離れた土地へ旅に出ざるをえなかった。この間《かん》に重い病気をしたが、その結果、〝狂気〟の期間という形で神の霊感を受けたのだった。このことから彼女は霊媒師兼療術師となり、彼女のもとには、病を癒してもらったり、憑依《トランス》を通じて神々や祖先の指示を仰いだりするために、バリ中から人がやってくるようになった。ジェロ・タパカンは、広い顧客層や自分の能力にたいする名評判を慎重に築き上げながらも、自分を神の御心のたんなる道具として提示するなど、農民の純朴さと抜け目のない起業家としての才覚がないまぜになった人物だ。顧客層の広がりにともない比較的成功を収めたことで、一族の屋敷は改修され、親族のためのかなり大きな儀礼を主宰できるようになった。とはいえ、金持ちとはとてもいえない。たとえば観光産業では成功の証となるような消費財には手が届かないからだ。

彼女のような上昇パターンは、申し訳程度の安心感しか与えなかった。たいていのインドネシア人のように、彼女も、地位のごくわずかな変化、たとえば急に人気が落ちたりすることで、すぐさまとのひどい窮乏状態に突き落とされるとわかっている。ほかの伝統的療術師は彼女の成功を嫉妬の目でみており、ゴシップをいいふらして名まえに泥を塗ろうとしていた。そして数年まえには、彼女の診療を引き継ぐことになっていた息子が癌にかかって不幸な死を遂げた。村々に住むインドネシア人の大半と同様、彼女の家族の社会移動への道は、国家が貧しいために一億七千万の人口を教育できないことや、教員や役人が不十分な収入を補うためにする、つまらない汚職のせいで閉ざされてしまう。彼女の生涯はバリにおける伝統の存続やバリ社会内部でどの程度の社会移動があるかということと、そればかりかその社会移動があてにならない性質《たち》のものだということも指し示している。[39]

一九八〇年代バリの芸術と伝統

芸術家や舞踊家が観光に乗じてどれくらい得をしたかはいろいろだった。人によっては、観光旅程の一部として連日上演される〈ケチャッ〉(モンキー・ダンス)や〈バロンとランダ〉舞踊の公演で定収入を得た。より専門性の高いアーティストや演技者の運不運は、英語能力、年齢、外国人にたいする態度やコネしだいで変わる。

イダ・バグス・マデ・トゴッは、観光向けの芸術シーンに迎合しなかった一流アーティストの一例である。トゴッ(一九一三〜八九)は温和で気取らないブラーマンで、世間から離れた自分の住まいの外にある生活のプレッシャーをいつも不思議がっているようにみえた。ブラーマン特有の、学究肌で瞑想的な態度の背後に、対人関係における思いやり深さや、自分の知識、芸術、ストックしてある説話などについて語るときにみせる興奮が隠されていた。彼は一九三〇年代に絵を描き始め、グレゴリー・ベイトソンとも知り合いだった。いろいろな意味で彼の人生は、口頭でまたは絵を通じて物語を語る欲求と、高位祭司になるべく育てられ、共同体の精神的指導者として受けた修練のあいだで板ばさみになっていた。その務めにはふさわしくないと感じたため修練を続行することに気が進まず、彼は芸術にエネルギーを注いだ。ベイトソンとミードによれば、イダ・バグス・トゴッがふさわしくないと感じる気もちの一端は「ほかのブラーマンの妻を盗むという重大なカースト規則違反をした」青年期に由来する、カーストと地位《ステータス》への並々ならぬ執着からくるものだった[40]。

彼は海外でも作品を展示し、その芸術性を認めた各国政府から数々の賞を授与された。しかし彼が絵を描いたのは、宗教的アイデンティティを表現するためだった。そして、さまざまな種類のバリの伝統的語りや儀礼生活のイメージなどから出てきた物語によって形而上学的な問題を表現する必要に迫られてのことでもあった。彼の絵の主題は、観光客がたやすく認知することも理解することもできないものだった。観光市場向けの絵画にあふれ返っている、凡庸な踊り子や鳥や魚や悪霊や緑したたる風景ではなかったからだ。しかも短時間では絵を仕上げなかったので、売り物の作品を大量に描くことはなかった。細部へのねばり強い注意と製作過程にたいする冥想的な態度のため、彼の作品は入り組んだ大作で、当然観光絵画の通常の価格帯を越えるものになった。後年にはすでに年をとりすぎていて、たとえその気があったとしても、故郷のバトゥアンから北方のウブッドまで、作品を売るために足を運ぶことはできなかった。

彼に会いに訪れた観光客のほとんどは、バリ芸術にかんする種々の研究によって広まった彼の名声に惹かれてきたもので、みながみな、必ずしも購入目的ではなかった。おまけに彼の家族には（先代が賭博で田を全部手放したため）相続した資産がなかったから、名高いアーティストであるにもかかわらず、彼は同郷人たちの成功ぶりの足元にもおよばない始末だった。

したがって経済力、影響力のあらゆる意味において、イダ・バグス・トゴッが自分のカーストゆえに平民たちより目にみえる形で高い地位を占めることはなかった。それどころか、村の平民一族のなかにはアートショップのオーナーとしての収入でもっと豪勢に暮らしている者もいた。ただ、〈ブラフマナ〉の地位がもたらす特典がひとつはあった。イダ・バグスが昔からの〝教え子《シシャ》〟、つまり祭司の家の儀礼依頼人となっている何百という人々の忠誠と尊敬を地域周辺のいたるところから集めていたことである。そして、まさかのときや儀礼の際にはこれがじつに貴重な資源だったのだ。

それにひきかえ、やはりバリの偉大なアーティストでクルンクンの芸術家村カマサン出身の若き平民、イ・ニョマン・マンダラ（生年一九四六）の場合、頼みになるのは自分の才能だけだ。ニョマンは真面目で温厚な画家で、その作品は磨き抜かれた完成の域に達しており、カマサン村を知らしめた五〇〇年におよぶ絵画の伝統のなかでもひときわ目を引くものだった。彼の優雅な作品は国際的にも評価されてきた。その才能を用い、彼は自宅で村の子どもと十代のための芸術塾を続けている。この塾は、彼の考えでは次世代に絵画の伝統を生かしておくためのものだった。その目的に応じて少額の政府援助を受けることもよくあったが、あてにできる伝統的な顧客や蓄財がない以上、生活スタイルは質素をきわめている。彼と妻が次々に重い病気にかかって生活の苦しさは増した。カマサンは月並みな観光ルートからはずれているという不利な条件にあるため、ガイドやアートショップは彼の塾の作品を無視してしまう。この市場を欠いては、ニョマンの仕事と塾の将来も定かでない。カマサン村の窮状は、観光による富の大半が生み出されるギアニャールやデンパサール地域の外にある数多くの村の典型例といえる。

舞踊家は、画家よりもうまく観光に対処できることが多い。画家の場合と同じように、技術的にはたいしたことがなくても頻繁に観光向け興行をする人と、儀礼その他の活動で必要とされるような専門人の舞踊家とみなされる人とのあいだには、はっきりした区別がある。後者の範疇でもっとも成功した踊り手はおそらく、イダ・バグス・トゴッと同じ村の住人だったイ・マデ・ジマッだろう。現在四十代のジマッは、一九七〇年代初めから西洋の舞踊研究者に絶賛され、観光面での成功と伝統的役割とを融合させた例でもある。

ジマッは一九七二年頃に製作された『バリ——あまたの仮面の光 *Bali: the Light of Many Masks*』[41]という映画の主人公だった。この映画は彼の技術をあますところなくみせている。彼ののびやかな、端正な容姿は、中年にさしかかった今はぼってりしてきているものの、多くのバリ関係の書物に添えられている。彼は日々の仕事を淡々とこなすが、その顔にはとどまることを知らないエネルギーと彼の踊りをきわだたせる天分のきらめきとがほのみえる。一九三〇年代以来の指折りの名ダンサーでジマッと同じ村の住人でもあったイ・ニョマン・カクルが長わずらいの末非業の死を遂げてからというもの[42]、今日のジマッは、〈トペン〉仮面劇の習熟と、古典的な〈ガンブッ〉舞踊劇の上演でみずから率いる才能豊かなプロ舞踊団によって名声を欲しいままにしてきた。過去一〇年以上にわたって彼は世界各地を旅したが、いまだに、観光客がひとりもいないような寺院の祭礼や王家の結婚式でも同じように踊りを披露する。

ジマッの名評判はインドネシアの計画策定局の文化観光ネットワークを通じて広がった。文化観光《カルチュラル・ツーリズム》の周縁には、一九六〇年代終わりから一九七〇年代初めの、知的関心の高いヒッピーや旅行者たちの存在があった。彼らにとっては初期のバリ経験が、映画製作や島について本を書くことや学問研究、とくに音楽や舞踊にかんする研究につながったのだ。『多くの仮面の光』のような映画はこうした興味が実を結んだ結果であり、彼らは寺院や風景といったありふれた観光スケジュールから、主だった文化人を追いかける、ある種濃密な旅程に関心を移した。通にとっては、ジマッの公演について歩いたり、彼から踊りのレッスンを受けたりすることがほとんど義務《マスト》だった。旅行ガイドやウブッド内のホテル・ネットワークを通じてジマッは、ウブッドや、あるいは公演とリハーサル用の広い場所が設けてある自宅で、西洋人の客のために特別公演を催す依頼をしばしば受けてもいる。このように衆目を集めることは彼にとってありがたいような、ありがたくないようなものだった。おかげで彼の家族は裕福になったが、〝身のほど知らずの〟連中にたいしてやっかみをみせる周囲の村人たちの注目を浴びる羽目にもなった。派閥主義はバリの村落生活とは切っても切れない一面といえる。兄弟間の対抗意識を文化的に助長したり、情報収集の基本手段としてゴシップに頼ったり、まさにおおぜいの人間がくっつき合ってたがいの生活にくちばしを突っ込みながら暮らしているという事実の産物である。ジマッにとっては、観光面での成功が村の派閥争いの種になることを意味したのだった。

研究者というものは、外国人だろうとインドネシア人だろうと、特定の芸術家や舞踊家を宣伝する仲介役を務める傾向がある。舞踊学校や演劇研究グループは、学問とパフォーマンス、そしてバリ人舞踊家の海外への売り込みといったもののあいだにあるギャップを埋めるのにとりわけ役立った。バリの演劇と音楽にかんする世界的な研究は一九三〇年代までさかのぼるため、現代の研究者たちが出かけていくのも、当時の研究の中心地ギアニャールということになる。というわけで、舞踊と音楽の学徒たちは前途ある才能に出会うのだが、それはたったひとつの地域に限られたことだった。ジマッとその仲間はバリ演劇の実例をもっと広範に鑑賞してもらえるようにと、海外の諸機関の後援で巡業した。奨学金に続いては、より商業色の強いスポンサーがつき、ヨーロッパ、日本やその他の地域へ旅することになった。

ジマッの評判が高まったのは、バリ舞踊の研究と普及を目的とする政府主催の団体ができたばかりの頃だった。一九七〇年代以降、政府の運営する国立舞踊アカデミー（ＳＴＳＩ）がバリで活動しており、公的な文化活動領域でしだいに存在感を増してきていた。アカデミーはバリ文化の研究、保存、永続化にかかわるほかの多くの公的組織とも密接な関係にあった。

教授《ティーチング》と調査にかんしてアカデミーがすることの大部分は、村に本拠を置くジマッのような舞踊家の活動とは無関係におこなわれた。村落ベースの舞踊専門家の多くは、アカデミーやその他の政府機関による公的世界から排除されているところがあった。これは特定の政策のせいというよりも、むしろ国家の運営する組織がもつ官僚的要件のなせる技だった。大学だろうと公共事業の事務所だろうと、政府機関に勤務する者は公務員に含まれる。したがってどんな政府組織の場合も、基本的に給与と地位は学歴に連動する。村落ベースの演じ手たちは、年配者だとなおさら、学校にいったことがなかったり、もっとも基礎的な公教育しか受けていなかったりした。そのため彼らの地位や彼らが生徒に教えるべき内容に見合った職位はおろか、まったくの最低給を上回るような職につくことさえ不可能だったのだ。

アカデミーその他の公的機関は、バリ文化とは何かを規定したり、それに向けた政府の政策を実施したりするうえで主要な役割を果たすエリート官僚層を生み出した。彼らは古くから芸術的伝統のあるバリの村や地域出身の青年男女である場合が多く、だからバリの伝統からまったく乖離した存在ではない。伝統的背景とアメリカの大学の博士号を含む公教育を合わせもつことで、彼らは両方の世界の最良のものを手にする、恵まれた位置に身を置いている。

アカデミーはバリにおける芸術と、そして文化全体の将来を象徴する存在だ。宗教分野でこれに匹敵するのは、バリの宗教がとるべき方向性を議論し、援護し、決定する公私の団体である。世界のどこでも同じだが、文化というものは政府の承認と後援に依存する。そしてその後援を取り付けることができるのは、伝統的な面でも近代的な面でも適任者である人々、何を伝統とみなすかという点にかんして実状を把握しつつ、同時に伝統を近代世界で活用するような資格も専門知識も備えている人々である。

バリにおける文化の性格を方向づける、あるいは少なくともコントロールしようとする公的機関が存在するからといって、バリ文化が正しく〝伝統的〟でないということにはならない。現在と過去のバリ文化のあいだに実際横たわる大きな差異は、今ではバリ文化がより自覚的に文化として認識されているという点である。だがそのために真実味が薄れたわけではないのだ。

伝統エリートたち

王侯や祭司などバリの旧支配者層は、バリの文化的楽園でかつてもっていた地位を守ろうと、いろいろ策を弄した。彼らの多くは大学出で、国際的に資格もあれば認められてもおり、バリの外に仕事もある近代的バリ人だった。だが集団としては、伝統にたいして健全な尊敬の念を抱き続けている。結局、それが自分たちの身分を主張するよすがでもあるのだった。

かつての王家の家長たちは、一九三〇年代に築いた富や観光収入の獲得、そして汎インドネシア規模のエリート層の一員であることを通じてその地位を多少なりとも保全してきた。このような一族は役割分業によって成功を収めることが多い。ひとりがジャカルタで国会議員となり、もうひとりがホテル・チェーンとアートショップを所有し、三人目が引き続き諸儀礼を支え、昔からのパトロンークライアント・ネットワークを維持するといったぐあいにだ。

ダラム・プマユン（生年一九二〇頃）はそうした家の出である。彼は植民地期、ポスト植民地期を通じてクルンクンの統治者であり、死後クルンクンの民衆から神といわれたデワ・アグン・オコ・ゲッグの長男である。一九六五年に父が没したあと、ダラム・プマユンと、彼の同腹の兄弟で、かつての政治指導者であり国政の頭でもあったチョコルド・アノムら主だった王子たちは、伝統的な王の果たすべき役割と王に与えられる尊敬とをたがいに分かち合った。

ラトゥ・ダラムとして知られるダラム・プマユンは、その地位から想像されるようなりっぱな御殿をもってはいない。彼とその近親者および数人の使用人は、崩れ落ちかけているような風情の、雑然と広がった王族の住まいが建ち並ぶなかで、涼しく葉の茂った中庭ひとつに住まっている。宮殿の片隅で、宮廷に関係する慣習と信仰の膨大な蓄積を父から教えられたこの人は、座って聖像や仮面を彫ったり、願いごとや助言を求めにくる臣民の訪問を受けたりしている。彼はやせた男で、年で白くなった頭を短く刈り込み、父親のように短い口髭をたくわえ、卵形の顔が糖尿病でますますほっそりしている。そのひかえめな所作は宗教に捧げる修道生活を選んだ者に似つかわしい。

一九八〇年に彼は王家の祭司、〈バガワン〉に任命された。ゲルゲルの王に代々伝わる称号、ダラムを名乗ったのはこのときである。この称号は彼の出自とその家の重要性を示すものだが、今回の選択は論議を呼んだ。クルンクンの王家の一員の存命中に用いられたことはそれまでなかったからだ。彼の称号使用は、バリのその他の王侯や祭司の称号の価値が濫用のせいで低下したという事実により正当化された。

祭司として聖別されることにより、ラトゥ・ダラムはバリでの生活を世俗的な面と宗教的な面とに分離することを選んだ。それは世俗的な面が観光もしくは近代国家インドネシアにおけるバリの役割にますます深入りするようになった頃である。彼と妻たちは種々の儀礼の施行を監督し、一九七九年の、〈エカダサ・ルドラ〉として知られる百年に一度の災厄祓い儀礼の再演に重要な役割を果たした。これが一九六三年の儀礼施行にたいしての、新秩序政権側の応答のようなものだった。ラトゥ・ダラムの任務についてクルンクン内部の認知度は変わらず高かったが、クルンクンの外では、他の王家や祭司一族、宗教関連の諸団体などが彼の重要性をしぶしぶ認めているくらいだ。

ラトゥ・ダラムにたいする大衆からの支持の大部分は、伝統の保持に基づいている。人々は今もクルンクンの王の臣下とみられたいと願う。なぜなら、臣下として彼らも旧王国の地位《ステータス》にあやかることができるからだ。クルンクンの王家がラトゥ・ダラムの指導の下に大がかりな儀礼を催すときには、バリの津々浦々から人々が資材と労働力を提供し、クルンクンの王位となんらかの形でどこかつながっていることを確認したり、今なお臣下として断固伝統に忠実であることを誇示したりし、王家の儀礼のもたらす精神的恵みや儀礼に付随する飾り物を手に入れようとするのだった。

芸術の重要な庇護者《パトロン》でありウブッドの君主でもあったチョコルド・スカワティの、一九七九年にとりおこなわれた火葬は、家長をうやまうと同時に一族の名声と威信が確実に誇示されるようにするという、共通の目標に向かって旧王家がいかに結束を固められるかを示す見本だった。海外の映画撮影チームが儀礼の費用を負担した結果、祭儀は正真正銘のみものだった。それと同じように、デンパサールの偉大な旧統治者、チョコルド・プムチュタンが一九八六年に火葬に付されたときも、家族が観光から得た財産（彼らは大きなホテルなどのビジネスを経営している）に加えて、広範囲におよぶプムチュタン一族の忠実な援助や尊敬を集めた故人の息子たちが地方政府に占めていた要職などのおかげで、儀礼は、諸王の最後の世代であり、王家の儀礼の忠実なる守護者であり、一九三〇年代以降は機にさとい政治家でもあった人物の地位にふさわしい壮麗なイベントとなった。このような火葬のたびに、こんどこそ最後の王家の火葬だろうという噂が飛びかうが、火葬はときとともにますます規模が大きく豪華さを増しているようにみえる。

一九八八年までバリの州知事を務め、近年最高の成功を収めた指導者、イダ・バグス・マントラ博士は〈ブラフマナ〉の成功例である。一九七八年から一〇年間の知事在職期間に、この長身でふっくらした、感じのいい人物がバリ島のいっそうの繁栄と本格的な観光ブームを取り仕切った。彼の家族は過去一世紀以上にわたり精神力と呪術の中心として根強い評判を守ってきたサヌール一帯の出身である。一族の本拠は今も堂々たるたたずまいの伝統的な祭司の屋敷として保存されており、周囲の村や観光開発区域からはやや離れたところに、ひかえめながらもいかめしく、そのりっぱさをみせつけている。マントラは、バリ宗教のアイデンティティを強化する方法はインドのルーツに戻ることだと考えた革命世代に属し、インドで教育を受けた。そののち大学の講師となり、一九五〇年代、一九六〇年代は、世界的なヒンドゥー教の支部としてバリの宗教を呈示することでその地位を高めようともくろむバリ人の諸団体に奉仕した。彼は大学行政で徐々に出世し、文化教育省の事務局長を務めたのち、州知事に就任した。在任期間にはバリ島に綱紀粛正を敷き、他の多くの公務員たちの生活につきまとう汚職とは無縁という評判だった。

マントラはたいていのバリ人より抜きん出て背が高く、存在感も大きかった。それがバリの近代史上もっとも人気の高い公的指導者に数えられる彼の役回りを強化してもいた。彼はスハルトの新秩序政府発足時の紛争停止プロセスの一環として一九六七年にバリに任官されたジャワ人、スカルマン知事の後任を務めた。ジャワ人知事がバリ人と交替したことは、ジャワの文化的影響がバリを席巻するのではないかと危惧していたバリ人にとって、バリ人アイデンティティ強化の観点から望ましい兆候だった。これはアカデミックな経歴やヒンドゥー教への関心をもつマントラが積極的に強調した点でもあった。マントラ知事は舞踊アカデミーのような文化志向の団体の活動や、伝統工芸品にたいする政府機関の後援をつねにあと押しした。たとえば新しいヌサ・ドゥアのホテル群にカマサン村の伝統絵画を用いるなどしている。彼の在任期間中最大のイベントに数えられるのは、一九七九年の〈エカダサ・ルドラ〉儀礼の主宰だった。このときスハルト大統領は、みずから列席することでバリの儀礼や宗教、文化がインドネシア国家の理想である〝多様性のなかの統一〟にとっていかに重要であるかを身をもって示した。

マントラ知事の統治はちょうど観光発展のあらたな時代が幕開けする頃に終わった。一九八〇年代の終わりからは、新しい開発プロジェクトが数も規模も急激に大きくなってきた。バリ人は観光が強烈なものになりつつあることに、あらためてプレッシャーと脅威を感じている。彼らがとりわけ懸念しているのは、他の島々からこの島の富の分け前にあずかろうとインドネシア人がバリに移住してくることである。ただし、バリ人はこうした観光発展により文化が本質的に脅威にさらされるとは考えていない。一九三〇年代のバリへの郷愁《ノスタルジア》にこだわるごく少数の観光客と定住外国人《エックスパトリエート》だけが、バリの時間を凍りつかせ、あの想像上の黄金時代にいつまでもとどめるべきだと主張しているにすぎないのだ。その言い分は、黄金時代がほんのわずかな少数者のための黄金時代でしかなかったという事実を無視している。文化は長い歴史的経過をたどった末に、バリ人の生活にとっての重要課題になった。一九世紀後半から今日にいたるまで、バリ文化の強力なイメージは、あらゆる面でバリ人アイデンティティの中心にあったのだ。植民地時代のバリ・イメージは、主に帝国主義政策と西洋のもつ東洋観の結果創出されたものだった。だがインドネシア共和国の一員となってから、こうした考え方や姿勢はバリにふさわしいものではなくなった。その代わり、一九五〇年代以降のバリ人とそれ以外のインドネシア人は、観光開発によってバリを近代化し、同時にバリの伝統を守り続けるための手段として、楽園のなかの楽園という一九三〇年代のバリ・イメージを守ったのだ。だからバリは純粋に近代的だともいえる。国際的な観光産業に与する一方で、世界的な尊敬を集める宗教と芸術の伝統があるからだ。バリ人はオートバイやファックスをもっているが、それと同時に、憑依のセアンスに入ったり、ブラーマン高位祭司から聖水を押し頂いたりする。ここに矛盾は何もない。なぜなら伝統と近代とは、複雑な社会の二つの側面にわれわれが与える名まえだからだ。

バリの社会変化の向く先は、今や観光ではなく、国家経済とインドネシア政府の要請で決まってくる。この社会変化のなかで、バリのイメージはバリの社会構造と経済的繁栄に重要な役割を果たし続けるだろう。ただし、そのどちらとも取りちがえてはならない。今日保たれているバリ・イメージとバリの伝統は、バリ文化のいろいろな参加者にとってそれぞれちがったものを表象する。その文化にとっての大きな脅威は、イメージそれ自体ではなく、そのイメージを創り上げてきた歴史的力がどんなに多種多様なものだったかということを当事者が忘れてしまうことなのだ。

訳者あとがき

本書は、Adrian Vickers, *Bali : A Paradise Created*, Penguin Books Australia, 1989の全訳である。一見しておわかりのように、原題は英国の詩人ミルトンの『失楽園』(Paradise Lost)をもじったものだが、直訳してもそのニュアンスは伝わらないので、訳書のタイトルは『演出された「楽園」――バリ島の光と影』とした。

本書の内容をかいつまんで表現するなら、バリという、今や世界屈指のリゾート地と化した場所をめぐって錯綜するイメージの集積を、根気よくときほぐす試みといったところだろう。ここでその成立過程を解き明かしている紋切り型の楽園イメージは、日本の旅行ガイドブックやツアーパンフレットにもあふれ返っている。だが、「楽園」バリの創出に先だって、蛮行や狂気がこの島の象徴とされていた事実は日本人にあまり知られていないかもしれない。

バリにまつわるヨーロッパ人側のイメージの変遷は、各時代に固有の政治・経済状況を背景としつつ、冒険家、商人、植民地官僚、学者、宣教師などさまざまな立場の人々の思惑や野心が交錯した結果といえるが、本書の重要な貢献は、そこにバリ人自身の描き出す自己イメージを重ねてみせたところにある。非ヨーロッパ世界の一遇にあるバリがヨーロッパ列強の支配下にくだったという一見単純な歴史的事実の裏には、それぞれがこだわりの対象とする文化イメージの拮抗があり、互いが互いを他者化するプロセスがあった。さらに興味深いのは、オランダ支配下のバリで、現在にいたるまで強い影響力をもち続ける芸術の島、文化豊かな楽園という華やかなイメージが生成される一方で、一般のバリ人が経験しつつあった社会秩序の徹底的改変やそれがもたらす動揺・苦難をていねいに描き出している点である。後者の変化は、バリの過去にかんして忘れられがちなもうひとつの事実、一九六五年～六六年の共産主義者大量虐殺にいたった背景とも深いかかわりがある。

一九六〇年代末以降のバリのあゆみは、現在のバリ、つまり年間一二〇万人を超える観光客が海外からおし寄せる一級の観光地としてのバリにいたるまでの道すじだったといってよいだろう。しかしその道のりもまた、けっして平坦なものではない。本書の初版が出て以降の観光関連の動きを以下に簡単に紹介しておこう。

第5章の終わりに登場するイダ・バグス・マントラ氏率いる州政府は当初、地元民の生活や地域文化にたいする観光の影響を最小限にとどめる観光政策を打ち出していたが、一九八〇年代末からしだいに方針が変わっていく。とくに一九八六年にングラ・ライ国際空港に国外の航空会社の直接就航が認可され、一九八八年に「観光ゾーン（kawasan wisata）」が一五地区に拡大した頃から、銀行自由化政策の影響も加わり、ホテルなど観光分野への資本投下が急増した。マントラ氏に続いて州知事に就任したイダ・バグス・オコ氏は、観光開発プロジェクトの推進に熱心なことで知られた。九〇年代初頭には星付きホテルの建設ラッシュが始まり、続いて大規模リゾート開発、ゴルフコース建設など大型プロジェクトが次々に公表される。この頃から観光開発のゆくえについて、バリ人のあいだから危惧の声が上がりはじめた。

一九九五年七月にシドニーで開かれた「バリ研究ワークショップ」に出席した折、バリのNGOで活躍している青年たちや若手研究者と知り合う機会を得たが、そこで強く印象づけられたのは、彼らが共通してもっている、ある種の焦燥感だった。当時は、外国資本と首都ジャカルタにベースを置く国内資本による大規模プロジェクトの数の多さと進行のペースの早さゆえに、急速な環境破壊が進み、観光産業と地元民のあいだに生活用水の獲得競争が起こるなどさまざまな問題が浮上しつつあった。観光の発展は多くのバリ人も望んでいることではあったが、もはや自分たちの手ではコントロール不能な段階にまで来ていることを察知し、憂慮していたのだった。折しも、一九九五年三月に日本人旅行者にコレラ発症者が続出した影響で、急増しつつあった日本からの観光客が激減し、観光という産業の脆弱さがあらわになった時期でもある。

一九九七年末からの経済危機、一九九八年の政権交代を経て、一時的に観光客の大幅な減少を経験したバリも、今はかつてのいきおいを取り戻しつつあるようにみえる。物価上昇率があいかわらず高く、庶民の生活は依然としてきびしいのだが、観光収入へのアクセスが多少なりともある人々の場合、暮らしむきは悪くないようである。都市部には大型スーパーやレジャー施設が次々にオープンし、以前にもまして大がかりな儀礼が催される。裏返せば、観光に何らかの形でかかわっている層と、観光の恩恵から完全に遠ざけられている人々のあいだの格差が広がりつつあるということだろう。地元紙『バリ・ポスト』には、連日のように観光をめぐる話題が掲載される。たんにどこで何が起こったというような報道ではなく、外国人観光客の行動パターンの分析からバリ観光の取るべき方向性を検討する論説まで、幅広い議論が展開されている。観光業界もしくは観光客向けの広報紙などでは、地元のライターが本書の内容を焼き直した記事を載せ、結局のところ一九三〇年代のバリ・イメージを再強化しているというような、いささか皮肉な現象も目につく。

＊　＊　＊

著者のエイドリアン・ヴィッカーズ（Adrian Vickers）氏はオーストラリア、ニューサウスウェールズ州のタムワースに生まれ、その後シドニーに移ってシドニー大学に進学した。同大学で一九八〇年に学士号（BA Honours）、一九八七年に博士号（Ph. D.）を取得している。インドネシア・マレーシア研究学科に提出した博士論文は、バリの伝統文学の代表的ジャンルのひとつでパンジ王子の物語を主題とするキドゥン・マラットの文献学的研究である。

ヴィッカーズ氏はこれまでシドニー大学、ニューサウスウェールズ大学でインドネシアの歴史、言語、文化などの教鞭をとり、現在はウーロンゴン大学の準教授（associate professor）として東南アジア史、歴史学理論を教えている。近年の業績としては、多数の論文のほか、ヨーロッパ人、アメリカ人、タイ人などが書いた紀行文のアンソロジー、*Travelling to Bali : 400 Years of Journeys* (Kuala Lumpur : Oxford University Press, 1994）や米国プリンストン大学でのバリ研究ワークショップの成果としてまとめられた*Being Modern in Bali: Image and Change*（編著、New Haven: Yale University Southeast Asia Studies, 1996）などがある。ここ数年は一九三〇年代の近代バリ絵画の研究、学際プロジェクト「バリの産業と文化変容」などを手がけているという。

翻訳にあたっては著者の校訂を加えたPeriplus Editions版を用い、さらに著者自身から送られてきた追加訂正を取り入れている。そのほか原著の明らかなミスプリントなどには若干修正をほどこした。文中にはさまざまな国籍の人名が登場するが、バリ人名については現地読みになるべく近いカタカナ表記とし、オランダ人名については塚原東吾氏の助言を受けたほか、J・スホルテン「ゴーダか？ハウダか？ ガウダか？―オランダ語地名・人名の片仮名表記に関する一考察」（『日蘭学会会誌』第7巻第1号、45-56頁）を参照した。地名については、すでに定着していると思われる呼び方がある場合はそちらを採用している（たとえばKarangasemはカランアッサムではなく、カランガスムとした）。訳語の選定にあたっては、永渕康之氏の『バリ島』（講談社現代新書、一九九八年）ほかも参考にさせていただいた。なお、本文で用いられているインドネシア諸島といった表現は、現在のインドネシアの領土にほぼ相当する地域を指す地理区分であるとの説明を著者から受けている。

また、原文の‘ ’でくくられた部分は会話を除いて〝 〟に変更し、バリ語もしくはインドネシア語のイタリック表記は〈 〉に、大文字で表記された語は「 」に入れた。

* * *

デンパサールにオープンしたばかりの、旅行者も足を運ぶような大型書店で平積みになっている本書をみつけたのは、バリでの二年間にわたるフィールド調査中のことである。いわゆる一般向けの読み物と本格的な学術書のはざまに位置する書物であることにまずは惹かれた。種々のガイドブック、紀行書を始めとするあまたの書物で「神々の島」「楽園のなかの楽園」と形容されるバリが、たんなる観光目的の演出あるいは絵空事だというつもりはない。だが、女性の結婚と仕事を主要テーマにした調査を進めるなかで、バリの人々の生活がいかに緊張に満ちたものであるかを肌で感じるにつれ、複雑な現実の位相の一部とそれとは対照的な楽園イメージの成り立ちとを日本の読者にも紹介したいと思うようになった。

じっさいに本書の翻訳を計画したのは、大阪外国語大学の松野明久氏に勧められてのことである。その後東京大学の山下晋司教授が、新曜社との仲介の労を取ってくださった。だが翻訳作業に入ってからは、当初の予想をはるかに上回る長い時間が経ってしまった。訳者との二人三脚でこの仕事に取りくんでくださった新曜社の編集者、宮崎恵理子氏を不幸な病で失うという不慮の事態があったにせよ、ここまでの作業の遅れはひとえに訳者の怠慢のゆえである。宮崎さんにもお詫び申し上げなければならない。編集サイドのサポートを引き継いでいただいた塩浦暲氏は、遅々として進まない翻訳を忍耐づよく見守り、訳文その他についてもつねに的確な助言をくださった。心からお礼を申し上げたい。

二〇〇〇年九月

中谷文美

新曜社
演出された「楽園」
バリ島の光と影

初版第1刷発行　2000年11月10日 ©

著　者　エイドリアン・ヴィッカーズ
訳　者　中谷　文美
発行者　堀江　洪
発行所　株式会社　新曜社
〒101-0051 東京都千代田区神田神保町 2-10
電話（03）3264-4973・Fax（03）3239-2958
e-mail info@shin-yo-sha.co.jp
URL http : //www. shin-yo-sha. co. jp/
印刷　美研プリンティング　Printed in Japan
製本　光明社
ISBN4-7885-0742-0 C1026

古紙100%再生紙

著者紹介

エイドリアン・ヴィッカーズ（Adrian Vickers）

オーストラリア，ニューサウスウェールズ州のタムワース生まれ。シドニー大学で1980年に学士号（BA Honours），1987年に博士号（Ph. D.）を取得する。インドネシア・マレーシア研究学科に提出した博士論文は，バリ，ジャカルタ，オランダ，アメリカでの綿密な調査の成果である。

シドニー大学，ニューサウスウェールズ大学でインドネシアの歴史，言語，文化などの教鞭をとったのち，現在はウーロンゴン大学，歴史学・政治学プログラム準教授。近年の業績としては，多数の論文のほか，*Travelling to Bali: 400 Years of Journeys*（Kuala Lumpur : Oxford University Press, 1994），*Being Modern in Bali: Image and Change*（編著，New Haven : Yale University Southeast Asia Studies, 1996）などがある。

訳者紹介

中谷文美（なかたに あやみ）

1963年，山口県生まれ。(財）京葉教育文化センター勤務を経て，1990年オックスフォード大学社会人類学修士課程修了，1995年同大学博士課程修了，人類学博士（D. Phil.）取得。現在岡山大学文学部助教授。専門は社会人類学，ジェンダー研究。

論文に「〈女性〉から〈ジェンダー〉へ，そして〈ポジショナリティ〉へ——フェミニスト人類学の系譜」（岩波講座文化人類学第４巻『個からする社会展望』，岩波書店，1997年），“Eating Threads : Brocades as Cash Crop for Weaving Mothers and Daughters in Bali”, R. Rubinstein & L. H. Connor eds. *Staying Local in the Global Village: Bali in the Twentieth Century*, University of Hawaii Press, 1999 他がある。

索　引

▶か　行

▶さ　行

▶た 行

▶な　行

▶は　行

▶ま 行

注

注で使用する略称一覧

BKI　Bijdragen tot de Taal–, Land– en Volkenkunde van het Koninklijk Instituut voor Taal–, Land– en Volkenkunde.

KITLV　Koninklijk Instituut voor Taal–, Land– en Volkenkunde.

TBG　Tijdschrift voor Indische Taal–, Land– en Volkenkunde uitgegeven door het Bataviaasch Genootschap.

TNI　Tijdschrift voor Nederlandsch Indië.

RIMA　Review of Indonesian and Malaysian Affairs.

日本語版の読者の方へ

1 Colin McPhee, *A House in Bali*, repr. Kuala Lumpur: Oxford University Press, 1979, p.14.

2 K'tut Tantri, *Revolt in Paradise*, London: Heinemann, 1960.

3 George Hicks, *The Comfort Women: Sex Slaves of the Japanese Imperial Forces*, St Leonards: Allen and Unwin, 1995.

4 Geoffrey Robinson, *The Dark Side of Paradise: Political Violence in Bali*, Ithaca: Cornell University Press, 1995.

5 Helen Creese, "Balinese Babad as Historical Sources: A Reinterpretation of the Fall of Gelgel", *Bijdragen tot de Taal–, Land, en Volkenkunde* 147(1991): 236–60 を見よ。

序　章

1　Robert Blackwood, *Beautiful Bali*, Melbourne: Hampden Hall, 1970, p. 1.

2　Colin McPhee, *A House in Bali*, Kuala Lumpur: Oxford University Press, 1979, p. 18（大竹昭子訳『熱帯の旅人――バリ民族音楽紀行』河出書房新社，1990.）

3　Hickman Powell, *The Last Paradise*, London: Jonathan Cape, 1930, p. 6.

4　Dirk van Hogendorp, *Bericht van den Tegenwoordigen Toestand der Bataafsche Bezittingenin Oost–Indië en den Handel op Dezelve*, 2 nd edn, Delft: Roelofswaert, 1800, vol. 1, p. 191.

5　Helen Eva Yates, *Bali: Enchanted Isle*, London: Allen & Unwin, 1933, p. 19.

6　Dan Davies–Moore, 'The Girls of Bali', *Inter–Ocean* 9(1928): 485–9.

7　Elliot Napier, *Sydney Morning Herald,* 20 Oct. 1934 掲載の紀行文。オーストラリア人のアジア・イメージについての近刊の論文の中からこの引用を与えてくれたことについて，David Walker と John Ingleson に感謝する。

第 1 章

1　一部のバリ・イメージの分析については，James A. Boon, *The Anthropological Romance of Bali*, Cambridge: Cambridge University Press, 1977; Henk Schulte Nordholt, *Bali: Colonial Conceptions and Political Change 1700–1940, From Shifting Hierarchies to 'Fixed Order'*, Rotterdam: Comparative Asian Studies Programme 15, 1986, p. 3 を見よ。バリにかんするヨーロッパ人の資料の無批判な要約は，Willard A. Hanna, *Bali Profile: People, Events, Circumstances, 1001–1976*, New York: American Universities Field Staff, 1976 にある。Boon にたいする私の主な批判は，彼がバリという観念の連続性を強調している点にある。私自身は諸イメージに大きな変容があったとみているが，彼の分析にはそういう説明がない。

2　デ・ハウトマンの“発見”については，G. P. Rouffaer & J. W. IJzerman, *De Eerst Schipvaart der Nederlanders naar Oost–Indië onder Cor-*

nelis de Houtman, 1595–1597, vols 7, 25, 32, The Hague: Lindschoten Vereeniging, 1915, 1925, 1929 を見よ。Rouffaer & IJzerman でも引用されている雑誌の中の一冊については，Aernout Lintgensz, 'Bali 1597', *BKI* 1(1856): 203–34 を見よ。

3 のちの版ではより多くのイメージが事物の図解を組み合わせており，さらに意味がつけ加わった。デ・ハウトマンによるバリの表象をドイツ人とイギリス人が詳述したものに沿った分析については，Boon の *Anthropological Romance*, pp. 10–19 を見よ。ヨーロッパにおける宗教対立とバリの関係については，James A. Boon, *Other Tribes, Other Scribes*, Cambridge: Cambridge University Press, 1982, pp. 156–77 を参照。

4 A. Vickers, 'The King of Bali', in W. Eisler(ed.), *Terra Australis: The Furthest Shore*, Sydney: Art Gallery of NSW, 1988, pp. 51–2 も参照のこと。

5 バリとオランダの比較については，Boon, *Anthropological Romance*, pp. 15–16 を見よ。

6 A. van der Kraan, 'Human Sacrifice in Bali: Sources, Notes, and Commentary', *Indonesia* 40(1985): 89–121,とくに pp. 92–5 に翻訳されている。van der Kraan が正しく指摘しているように，これらの事例は必ずしも寡婦の供犠ではなかったが，ほとんどの文献では"寡婦供犠"として知られるようになった。そこで私はこの語をバリ語の二種類の言葉，〈マベラ mabèla〉(死者への忠誠の証としての自刃)と〈マスティア masatia〉(忠誠の証として葬儀の薪の火に身を投げること)の訳として使っている。van der Kraan　はこの二つの語を混同している。

7 P. A. Leupe, 'Het Gezantschap naar Bali onder Gouverneur–Generaal Hendrik Brouwer in 1633', *BKI* 5(1859): 1–71.

8 奴隷貿易の規模と影響については，Henk Schulte Nordholt, Macht, Mensen en Middelen: Patronen van Dynamic in de Balische Politiek ± 1700–1940(unpub. MA thesis), Amsterdam: Vrije Universiteit, 1980; A. van der Kraan, 'Bali: Slavery and Slave Trade', in A. Reid(ed.), *Slavery, Bondage and Dependency in Southeast Asia*, St Lucia: University of Queensland Press, 1983, pp. 315–40 を参照。また奴隷制の最初の記録と

バリについては，Jan Wisseman Christie, ‘Negara, Mandala, and Despotic State: Images of Early Java’, in D. G. Marr and A. C. Milner(eds.), *Southeast Asia in the 9th to 14th Centuries*, pp. 65–73, Singapore: Institute of Southeast Asian Studies/Research School of Pacific Studies, Australian National University, 1986, p. 71 を見よ。奴隷制に言及していないことが，Boon の *Anthropological Romance* の最大の短所である。

9 バタヴィアのバリ人については，C. Lekkerkerker, ‘De Baliers van Batavia’, *Indische Gids* 40(1918): 409–31; van der Kraan, ‘Bali: Slavery and SlaveTrade’ を見よ。

10 Jean Gelman Taylor, *The Social World of Batavia: European and Eurasian in Dutch Asia*, Madison: University of Wisconsin Press, 1983を参照。中国人の都市としてのバタヴィアについては，L. Blussé, *Strange Company: Chinese Settlers, Mestizo Women and the Dutch in VOC Batavia*, Dordrecht: Foris, 1986 を見よ。

11 Lekkerkerker, ‘De Baliers van Batavia’, p. 415 を見よ。

12 A. Kumar, *Surapati: Man and Legend*, Leiden: Brill, 1976, p. 366 を見よ。

13 前掲書，p. 19. Lekkerkerker, ‘De Bailers van Batavia’も見よ。

14 François Valentijn, *Oud en Nieuw Oost Indien*, vol. III, pt 2, Dordrecht: J. van Braam, 1726, pp. 252–9. valentijn(1666–1721)については，Rob Nieuwenhuys, *Oost–Indische Spiegel*, Amsterdam: Querido, 1978, pp. 48–53 と Jörg Fisch, *Holtands Ruhm in Asien*, Stuttgart: Steiner, 1986 を見よ。

15 H. J. de Graaf, ‘Goesti Pañdji Sakti, Vorst van Boelèlèng’, *TBG* 83, 1(1949): 59–82.

16 Schulte Nordholt, Macht, Mensen en Middelen, pp. 49–54 を見よ。

17 Valentijn, *Oud en Nieuw Oost Indien*.

18 前掲書.

19 主人夫妻のかたわらにいる Surapati のポートレートとおぼしきものについては，Blussé, *Strange Company*, p. 180 を見よ。

20 Kumar, *Surapati* を見よ。

21 前掲書，pp. 35–7.

22 A. Kumar, 'Javanese Historiography in and of the "Colonial Period": A Case Study', in A. Reid & D. Marr(eds.), *Perceptions of the Past in Southeast Asia*, Singapore: Heinemann/Asian Studies Association of Australia, 1979, pp. 187–206.

23 A. Reid, *Europe and Southeast Asia: The Military Balance*, Townsville: James Cook University, Centre for Southeast Asian Studies Occasional Paper no. 16, 1982, p. 4 を見よ。

24 Raffles とその仲間，政治経済学への彼らの負債については，H. M. J. Maier, Fragments of Reading: The Malay Hikayat Merong Mahawangsa(diss.), Leiden University, 1985, Alblasserdam: Kanters を見よ。Raffles とバリについては，Boon, *Anthropological Romance*, pp. 20–4 を見よ。

25 Raffles が村落を社会組織の基盤として重視した点については，A. D. A. de Kat Angelino, *Staatkundig Belied en Bestuurszorg in Nederlandsch Indië*, 2 vols, The Hague: Nijhoff, 1929–30: vol. II, pp. 28–34 を参照。政治経済学者について，そして彼らとカール・マルクスの関係についての一般的批評は，M. Foucault, *The Order of Things*, London: Tavistock, pp. 221–6, 253–63(渡辺一民・佐々木明訳『言葉と物――人文科学の考古学』新潮社，1974.)にある。政治経済学者がマルクスのインド観にどのように影響を与えたかについては，Edward Said, *Orientalism*, London: Routledge & Kegan Paul, 1978, pp. 153–6(今沢紀子訳『オリエンタリズム』平凡社，テオリア叢書，1986；平凡社ライブラリー，1993.)，S. N. Mukherjee, 'The Idea of Feudalism: From the Philosophies to Karl Marx', in E. Leach et al.(eds.), *Feudalism: Comparative Studies*, Sydney: Sydney Studies in Society and Culture 2, pp. 25–39 を参照。

26 Sir Thomas Stamford Raffles, *The Historyof Java*, Kuala Lumpur: Oxford University Press(repr.), 1965 [1817], vol. II, app. K(ccxxxi). 1814 年の北部バリへの英国遠征については，P. L. van Bloemen Waanders, 'Bijdragen tot de Kennis van het Eiland Bali', *TNI* 2(1868): 370–410,とくに p. 389 を見よ。

27 前掲書，p. ccxxxii.

28 前掲書，p. ccxxxv.

29 Said, *Orientalism* を見よ。

30 [H. A.]van den B[roek], ‘Verslag Nopens het Eiland Bali’, *De Oosterling* 1(1835): 158–236. P. H. van den Kemp, ‘Het Verblijf van Commissaris van den Broek op Bali’, *BKI* 50(1899): 331–91 を合わせて参照のこと。Boon, *Anthropological Romance*, pp. 24–30 も見よ。

31 ‘A Short Account of the Island of Bali’, in J. H. Moor(ed.), *Notices of the Indian Archipelago*, London: Frank Cass, 1968 repr., p. 91.

32 Rodney Needham, *Sumba and the Slave Trade*, Clayton: Monash University, Centre of Southeast Asian Studies Working Papers, 1983. p. 40. Needham が他のソース同様，1814 年のイギリスによる北部バリ遠征を奴隷制廃止の意図からくるものとしていることに注目してほしい。たしかにそれも動機の一部だったかもしれないが，バリ人が東ジャワのイギリス領に侵入したことが，バリ人領主が他のラジャや(とくに南スラウェシの)スルタンと共謀しているのではないかという疑いとあいまって，Raffles の思考に大きな影響を与えたのだった。

33 前掲書，pp. 23–7.

34 Saïd Hassan による 1824 年の未公刊レポート。van der Kraan, ‘Bali’に引用，訳出されている。

35 M. C. Ricklefs, *A History of Modern Indonesia*, Macmillan: London, 1980, pp. 66–100 を見よ.

36 この着想は Henk Schulte Nordholt との会話から得た。彼の博士論文，Een Balische Dynastie: Hiërarchie en Conflict in de Negara Mengwi 1700–1940, Vrije Universiteit te Amsterdam, Haarlem: Multi–Print Noord, 1988, p. 154 を参照のこと。またこのことは C. Lekkerkerker によっても(それほど直接的な表現ではないが)強く示唆されている。彼の‘Het Voorspel der Vestiging van de Nederlandsche Macht op Bali en Lombok,’ *BKI* 70(1923): 198–322 では，とくに p. 321 でラジャたちがのちになってそんな条項に署名はしていないと語っていることに注目している。V. E. Korn の収集した未公刊の史料では，条約のうさんくさい性格についてのコメントがある。これらの条約はすべて同じ形式で，アラビア数字の同じ日付で，おそらくは批准されていないものだった(Korn Collection of the *KITLV*,

no. 267)。

37 Lekkerkerker, 'Het Voorspel', p. 249–52 を見よ。

38 バリでの Lange については, Aage K. Nielsen, *Leven en Avonture van een Oostinjevaarder op Bali*, Amsterdam: Querido, 1928; Henk Schulte Nordholt, 'The Mads Lange Connection: A Danish Trader on Bali in the Middle of the Nineteenth Century', *Indonesia* 32(1981): 17–47 を参照。

39 W. P. Wietzel, *De Derde Militaire Expeditie naar het Eiland Bali in 1849*, Gorinchem: Noorduyn, 1859. p. 68.

40 前掲書, p. 39.

41 前掲書, p. 34.

42 Schulte Nordholt, 'The Mads Lange Connection', pp. 40–5; Hanna, *Bali Profile*, pp. 41–9 を見よ。戦争についてのほかの記述については, I Putu Geria, *Rusak Buleleng*, Dénpasar: Balimas, 1957 と P. J. Worsley, *Babad Buleleng: A Balinese Dynastic Genealogy*, The Hague: Nijhoff, 1972 を見よ。

43 P. L. van Bloemen Waanders, 'Aanteekening omtrent de Zeden en Gebruiken der Balinezen', *TBG* 8(1859): 105–279, pp. 113–14, van der Kraan, 'Bali', p. 321 に訳出。ファン・ブルーメン・ヴァーンデルスについては, Boon, *Anthropological Romance*, pp. 130–4 を参照。

44 マレー国家にかんする同様のコメントについては, A. C. Milner, *Kerajaan: Malay Political Culture on the Eve of Colonial Rule*, Tucson: University of Arizona Press, 1982 を見よ。

45 R. Nieuwenhuys(ed.), *H. N. van der Tuuk. De Pen in Gal Gedoopt*, Amsterdam: S. A. van Oorschot, 1962, p. 130.

46 とくに彼の, 'Schetsen van het Eliand Bali', *TNI* 7(1878): 85–130, 165–213, 325–56, 405–30; 8(1879): 36–60, 104–34, 286–305, 365–87; 9(1880): 1–39, 102–32, 195–221, 401–29; pt II: 1–18, 81–96 を見よ。

47 A. van der Kraan, *Lombok: Conquest, Colonization and Underdevelopment, 1870–1940*, Singapore: Heinemann, 1980 を見よ。

48 Weitzel, *De Derde Militaire Expeditie*, p. 10.

49 H. J. E. F. Schwartz, 'Dagverhaal ... Kloengkoeng 1898', 'Rapport ... Bangli

1899', 'Dagverhaal ... Tabanan en Badung 1899', 'Rapport [Karangasem]', *TBG* 43(1901): 108–23, 124–31, 132–58, 554–60; 'Aanteekeningen omtrent het Landschap Gianjar', *Tijdschrift van het Binnenlandsch Bestuur*, 19(1900): 166–89. オランダ人の専門家は，バリの国家組織やそれがどのように変わるべきかについて，単一的な見方をしてはいなかった。というのも，バリ国家は実際それぞれ異なる組織の仕方をしていたからである。各国のうち，領土を基盤とする度合がもっとも高かったのはギアニャールであり，国としてのまとまりを維持するうえで，王家の資産を核とする結びつきや田への依存度がもっとも大きかったのがバンリだった。V. E. Korn, *Het Adatrecht van Bali*, The Hague: Naeff, 1932, pp. 227 & 289. Cf. Clifford Geertz, *Negara: The Theatre State in Nineteenth–Century Bali*, Princeton: Princeton University Press, 1980(小泉潤二訳『ヌガラ——19世紀バリの劇場国家』みすず書房，1990.)を見よ。

50 Participant's report of the chief of staff of the expedition, Nordholt, *Bali: Colonial Conceptions*, p. 5 に引用。

51 前掲書.

第2章

1 バリに関係するこの種の書き物の代表作は，Willard A. Hanna, *Bali Profile: People, Events, Circumstances, 1001–1976*, New York: American Universities Field Staff, 1976.

2 Soewito Santoso, *Ramayana Kakawin*, New Delhi: International Academy for Indian Culture, 1983, p. 39.

3 前掲書，p. 659(筆者が訳文を修正).

4 こうした宮殿の詳細については，Aernout Lintgensz, 'Bali 1597', *BKI* 1 (1856): 203–34 を参照。G. P. Rouffaer & J. W. IJzerman, *De Eerst Schipvaart der Nederlanders naar Oost–Indië onder Cornelis de Houtman, 1595–1597*, vols 7, 25, 32, The Hague: Lindschoten Vereeniging, 1915, 1925, 1929 も見よ。カパルの王宮の面影をとどめているものとしては，屋敷付き寺院があり，「ジェロ・カパル寺院」または「パンチョラン寺院」となっている。P. J. Worsley, 'E 74163' *RIMA* 18/1(1984): 64

-109を見よ。

5 ゲルゲル朝のモデルの中核ともいうべきマジャパイトからのムスリムの墓石については，M. C. Ricklefs, *A History of Modern Indonesia*, London: Macmillan, 1980, p. 4を見よ。

6 Santoso, *Ramayana Kakawin*, p. 38.マジャパイトの先例についてはClifford Geertz, 'Centers, Kings, and Charisma: Reflections on the Symbolics of Power', in *Local Knowledge: Further Essays in Interpretive Anthropology*, New York: Basic Books, 1983, pp. 121–46(梶原景昭他訳『ローカル・ノレッジ――解釈人類学論集』岩波書店，Selection 21, 1991; 岩波モダンクラシックス，1999)を見よ。

7 「世界王」のイメージとその背後にある文学的伝統については，P. J. Zoetmulder, *Kalangwan: A Survey of Old Javanese Literature*, The Hague: Nijhoff, 1974; O. W. Wolters, *History, Culture and Region in Southeast Asian Perspectives*, Singapore: Institute for Southeast Asian Studies, 1982を参照。植民地期以前のバリの国家にかんする主要な研究としては，Clifford Geertz, *Negara: The Theatre State in Nineteenth–Century Bali*, Princeton: Princeton University Press, 1980(小泉潤二訳『ヌガラ――19世紀バリの劇場国家』みすず書房，1990)がある。

8 ローカライゼーションの概念については，Wolters, *History, Culture and Region*を見よ。

9 Zoetmulder, *Kalangwan*, pp. 234–324を見よ。

10 これらの発展の詳細については，A. J. Bernet Kempers, *Monumental Bali: Introduction to Batinese Archaeology/Guide to the Monuments*, The Hague: van Goor Zonen, 1977, pp. 40–57を見よ。D. J. Stuart–Fox, Pura Besakih: A Study of Balinese Religion and Society,(unpub. diss.), Australian National University, 1987. pp. 307–9もさらに参照。

11 Herman Kulke, 'The Early and Imperial Kingdom', in D. G. Marr & A. C. Milner(eds.), *Southeast Asia in the 9 th to 14 th Centuries*, Singapore: Institute of Southeast Asian Studies/Research School of Pacific Studies, Australian National University, 1986, pp. 1–22を見よ。

12 J. G. de Casparis, 'Pour une Histoire Sociale de l'Ancienne Java Princi-

palement au Xème s', *Archipel* 21(1981): 125-54,とくに pp. 137-40 を見よ。

13 この点については V. E. Korn, *De Dorpsrepubliek Tenganan Pagringsingan*, Santpoort: Mees, 1933; James Danandjaja, *Kebudayaan Petani Desa Trunyan di Bali*, Jakarta: Pustaka Jaya, 1980; そして Danker Schaareman, *Tatulingga: Tradition and Continuity*, Basel: Wepf, 1986 を見よ。

14 〈バンジャル〉をどう定義するかという概念上の問題については，J. & F. Guermonprez, 'The Elusive Balinese Village', paper given at the *KITLV* Indonesia Workshop, Balinese State and Society, April, 1986 を見よ。ただし Guermonprez は，V. E. Korn が *Adatrecht van Bali*, The Hague: Naeff, 1932, pp. 94 & 129 の中で明確にしている〈バンジャル〉と強制労働の関係を考慮に入れていない。

15 Cf. B. J. Haga, 'Bali Aga', in *Adatrechtbundels* XXIII, s'Gravenhage: M. Nijhoff, 1924, pp. 453-69.

16 Santoso, *Kakawin Ramayana*, p. 47.

17 Raechelle Rubinstein, 'The Brahmana according to Their Babad', in H. Geertz (ed.), *State and Society in Bali*, Leiden: KITLV Press, 1991, pp. 43-84.

18 これはニラルタによって筆写され，のちにロンボックで再度筆写された詩 *Sumanasântaka* の文書の日付である。Leiden University Library Oriental Manuscripts Collection(LOr)5015; Cf. LOr 5040(1544 年とされている，*Krusyana* の同じロンボック・コレクションのもの)。ニラルタのほかのテキストを用いて日付を同定することには大きな問題がある。とりわ　け *Nirartha Prakreta*, ed. and trans. by R. M. Ng. Poerbatjaraka, *BKI* 107(1951): 201-25 の場合がそうである。このテキストの奥付の情報からはニラルタが本当に書き手かどうかは定かでないが，これは 1459 年という日付になっている。この文書がスラバヤで書かれたという Poerbatjaraka の考えは誤りである。H. I. R. Hinzler, 'The Usana Bali as a Source of History', in Taufik Abdullah(ed.), *Papers of the 4 th Indonesian-Dutch Historical Conference*, vol. 2, Yogyakarta: Gajah Mada University

Press, 1986, pp. 124–62; H. I. R. Hinzler, 'The Balinese Babad', in Sartono Kartodirdjo (ed.), *Profiles of Malay Culture*, Jakarta: Ministry of Education and Culture, 1976, pp. 39–52 を参照。

19 P. A. Leupe, 'Schriftelijk Rapport Gedaan door den Predicant Justus Hernius', *BKI* 3 (1856): 250–62 (Korn, *Het Adatrecht*, p. 39 n に引用)は，バリの主要な祭司として〈スングー　sengguhu〉祭司に言及している。このレファレンスを示唆してくれた Henk Schulte Nordholt に感謝する。ジャワのテンガー地域に今も残るヒンドゥー祭司がバリの〈スングー〉のものとほぼ同じ儀礼テキストを用いるという事実からも〈スングー〉の重要性が確認できるかもしれない。R. Hefner, *Hindu Java: Tengger Tradition and Islam*, Princeton: Princeton University Press, 1985 を見よ。

20 Th. Pigeaud, *Java in the 14 th Century: A Study in Cultural History*, 5 vols, The Hague: Nijhoff, 1960–63, vol. IV, pp. 259–61.

21 バリにおけるカーストの複雑さにかんする議論としては，James A. Boon, *The Anthropological Romance of Bali*, Cambridge: Cambridge University Press, 1977, pp. 146–64 をさらに参照のこと。

22 バリの儀礼についてもっとも幅広く研究を発表した学者は，故 C. Hooykaas である。たとえば彼の *Agama Tirtha: Five Studies on Balinese Religion*, Amsterdam: North Holland Publishing Company, 1964, そして *A Balinese Temple Festival*, The Hague: Nijhoff, 1977 を見よ。さらに David J. Stuart–Fox, *Once a Century: Pura Besakih and the Eka Dasa Rudra Festival*, Jakarta: Sinar Harapan and Citra Indonesia, 1982; Ny I Gusti Agung Putra, *Upakara–Yadnya*, Denpasar: Masa Baru, 1982 を見よ。

23 R. M. Ng. Poerbatjaraka, 'De Calon Arang', *BKI* 82 (1926): 110–80. バリ文化を形成するうえで病や厄払いが果たした役割については，Barbara Lovric の近年の数々の研究が主題としている。

24 バリの法律については，P. L. van Bloemen Waanders, 'Aanteekening omtrent de Zeden en Gebruiken derBalinezen', *TBG* 8 (1859): 105–279, とくに pp. 201–66 を見よ。

25 Boon, *The Anthropological Romance*, pp. 10–19 を見よ.

26 Anthony Reid, 'Low Population Growth and Its Causes in Pre–Colonial Southeast Asia', in Norman G. Owen (ed.), *Death and Disease in Southeast Asia: Explorations in Social, Medical and Demographic History*, Singapore: Oxford University Press, 1987, pp. 32–47 参照。彼はバリの人口として60万人という数字を出しているが，1800年に約50万人としている人口統計からさかのぼって考えると，つじつまが合わない。Kim Streatfield からの情報(L. Connor, 'In Darkness and Ligh: A Study of Peasant Intellectuals in Bali' (diss.), University of Sydney, 1982, p. 87 に引用)。1830年代に70万人，その後1845年に72万人，1849年に89万2500人，1874年に90万人まで増加という数字はこの査定を裏づけると思われる。

27 実際に象を所有したと明言しているバリ人王は1人しかいないが，ほかの多くは小型のティモール・ポニーを飼っていた。中でも黒や赤のポニーは，王家の特別な馬とされていた。P. J. Worsley, *Babad Buleleng: A Balinese Dynastic Genealogy*, The Hague: Nijhoff, 1972, p. 159 と H. de Graaf, 'Goesti Pañdji Sakti, Vorst van Boelèlèng', *TBG* 83, 1 (1949): 59–82, とくに pp. 76–7 を参照。de Graaf の引用している古文書は *KITLV* の西洋マニュスクリプト・セクションに保管されている(box 8, H 1005). Lintgensz, 'Bali 1597'は馬の数を1000としている。

28 H. van den Brook, 'Verslag Nopens het Elland Bali', *De Oosterling*, 1 (1835): 158–236, とくに pp. 200–2 のコメントを見よ。

29 〈パンジ〉物語，とりわけ Malat として知られるものについては，A. Vickers, 'The Desiring Prince: A Study of the Kidung Malat as Text' (unpub. diss.), University of Sydney, 1986 を見よ。

30 S. O. Robson, *Wangbang Wideya: A Javanese Pañji Romance*, The Hague: Nijhoff, 1971, p. 113.

31 前掲書，p. 59.

32 Boon, *Anthropological Romance*, pp. 197–202 を見よ。私が Boon のここでの分析に異を唱えたいのは，〈パンジ〉物語のロマンスの主題についての議論があまりに還元的だということである。これは Boon がかつての Rassers の著作に過度に依存していることからくるものだ。

33 この詳細は，のちのバリ人自身の記述がバリの王を多く省いたことによってあいまいにされてきた。*Babad Gumi*（Gedong Kirtya MS 808 A）と呼ばれるテキストには日付と名まえのリストが記されている。このテキストは，I Déwa（Dalem）Seganing を 1623 年没，I Déwa Pemayun と I Déwa Ketut を 1632 年没，そして I Déwa di Madé を 1638 年没としている。ところが後年のバリの資料を用いた記述では，I Gusti Agung Maruti が I Déwa または Dalem di Madé に反旗を翻したとしている。cf. Stuart–Fox, ‘Pura Besakih’, p. 148.

34 この 19 世紀版にかんしては，Worsley, *Babad Buleleng*; de Graaf, ‘Goesti Pañdji Sakti’を見よ。

35 Henk Schulte Nordholt, Macht, Mensen en Middelen: Patronen van Dynamic in de Balische Politiek ± 1700–1840（unpub. MA thesis）, Vrije Universiteitte Amsterdam, 1980, pp. 32–54 を見よ。

36 グスティ・アグンが殺されたという 1687 年の書簡に基づくオランダ人の報告については，de Graaf, ‘Goesti Pañdji Sakti’と de Graaf の古文書ノートを参照。バリの *Babad Gumi* では，グスティ・アグンはその年戦いに敗れただけで，殺されてはおらず，1691 年には再び Ngurah Jelantik の援護を得てクルンクンの王と戦っていたと記す。

37 クルンクンの建設に関係する〈パンジ〉物語については，C. C. Berg, ‘Kidung Harsa–Wijaya: Tekst, Inhoudsopgave en Aanteekeningen’, *BKI* 88（1931）: 1–238.

38 ムンウィの歴史については，Schulte Nordholt, Een Balische Dynastie: Hiërarchie en Conflict in de Negara Mengwi 1700–1940（diss.）, Vrije Universiteit, 1988, Haarlem: Multiprint Noord.

39 R. van Eck, ‘Schetsen van het Eiland Bali’, *TNI* 7（1878）: 85–130, 165–213, 325–56, 405–30; 8（1879）: 36–60, 104–34, 286–305, 365–87; 9（1880）: 1–39, 102–32, 195–221, 401–29; pt II: 1–18, 81–96, pt II, vol. 7, pp. 34–41 と de Graaf のノートを見よ。

40 W. Byvanck, ‘Onze Betrekkingen tot Lombok’, *De Gids* 16（1894）: 134–57, 299–337; A. van der Kraan, *Lombok: Conquest, Colonisation and Underdevelopment*, Singapore: Heinemann, 1980 を見よ。

41 I Madé Kanta(個人的会話).

42 Stuart–Fox, 'Pura Besakih'; Vickers, 'The Desiring Prince', app. 2.

43 征服の日付については，S. O. Robson, *Wangbang Wideya*, p. 53 の中のバリ人による記念，そして，J. Kats, 'Een Balische Brief uit 1768 aan de Gouveneur van Java's Noordkust', *Feestbundel Koninklijk Bataviaasch-Genootschap 150–jaarig Bestaan* 2 vols, Weltevreden: Kolff, 1929, vol. I, pp. 291–6 を見よ。

44 Van Eck, 'Schetsen', section III, p. 349 & XII, p. 212.

45 もっとくわしくは，Nordholt, Macht, Mensen en Middelen, pp. 32–48 を見よ。

46 Robson, *Wangbang Wideya*, p. 117.

47 Alfons van der Kraan, 'Bali: Slavery and Slave Trade', in A. Reid(ed.), *Slavery, Bondage and Dependency in Southeast Asia*, pp. 315–40, St Lucia: University of Queensland Press, 1983 の中の奴隷制の議論も参照のこと。

48 P. de Kat Angelino, 'Over de Smeden en Eenige Andere Ambachtslieden op Bali', *TBG* 61 & 62(1921–2): 207–65 & 370–424 を見よ。

49 著書 Negara の中で Geertz が見過ごしている王家の儀礼の物質的側面については，A. Vickers, 'Writing Ritual: The Song of the Ligya, or The Killing of the Rhinoceros' in H. Geertz (ed.), *State and Society in Bali*, Leiden: KITLV Press, 1991, pp. 85–136 を見よ。

50 P. L. van Bloemen Waanders(with P. J. Veth), 'Bijdragen tot de Kennis van het Eiland Bali', *TNI* 2(1868): 370–410.

51 Schulte Nordholt, Macht, Mensen en Middelen, pp. 63–106 を見よ。

52 Vickers, 'The Desiring Prince', app. 2.

53 Robson, *Wangbang Wideya*, p. 137.

54 前掲書.

55 Cf. James J. Fox, 'The Great Lord Rests at the Centre: The Paradox of Powerlessness in European–Timorese Relations', *Canberra Anthropology* 5/2(1982): 22–33.

56 この日付にかんしては，van Eck, 'Schetsen', pt III,p. 346 を見よ。

57 R. Friederich, *The Civitisation and Culture of Bali* (trans. R. Rost), New Dehli: Susil Gupta, 1959, p. 117 を見よ。

58 これらの数字は R. S. Fiske の *Krakatau 1883* にたいする T. Simkin のレビュー *RIMA* 19/1(1985): 215–17 にもとづいている。

59 土砂崩れについては Worsley, *Babad Buleleng*, pp. 237–8 を見よ。ほかの数字については，M. Le baron P. Melvill deCarnbee, 'Essai d'une Description des Îles de Bali et de Lombok', *Le Moniteur des Indes Orientales et Occidentales*, La Haye, Belinfante Frères, 1846–7, pp. 87–92, 160–80, 252–62, 280–94, 331–8, 380; van den Broek, 'Verslag', p. 183; Schulte Nordholt, Macht, Mensen en Middelen, p. 147 を見よ。

60 Dubois letters, 12 August 1828, no. 73, Arsip Nasional Republik Indonesia, Bali 4/11.

61 Van den Broek, 'Verslag', p. 176; J. Olivier, *Land– en Zeetochten in Nederland's Indië, 1817–1826*, Amsterdam: Sulpke, 1827, vol. I, p. 450(注番号不祥).

62 Dubois letters, 12 August 1928, no. 73, 30 September 1828, no. 88 & 9 November 1928 (番号不祥).

63 A. Vickers, 'The Writing of Kakawin and Kidung on Bali', *BKI* 138(1982): 493–5 を見よ。テキストは C. C. Berg, Kidung Pamañcangah: De Geschiedenis van het Rijk van Gelgel, Santpoort: Mees, 1929 によって編集されている。

64 A. Vickers, 'A Balinese Illustrated Manuscript of the Siwaratrikalpa', *BKI* 138(1982): 443–69.

65 Schulte Nordholt, Macht, Mensen en Middelen, p. 99 を見よ。シンガポールとバリの交易については，Wong Lin Ken, 'The Trade of Singapore 1819–68', *Journal of the Malayan Branch of the Royal Asiatic Society* 33(1960)を見よ。

66 アヘン消費の数字については，P. L. van Bloemen Waanders, 'Aanteekeningen oretrent het Zeden en Gebruiken op Bali', *TBG* 8(1859): 105–279, とくに p. 187; そして'T', 'Bali en Lombok', *TNI* 2(1874): 439–55 を見よ。

67 ムンウィの移り変わる起源については，たとえば Friederich, Civilisation

and Culture, p. 113; Schulte Nordholt, Macht, Mensen en Middelen, pp. 17–72を見よ。

68 H. H. Noosten with W. F. Stutterhelm & I Gusti Gedé Lanang, 'De Historische Maskers van Poera Panataran Topèng, te Blahbatoe(Bali)', Djåwå 21 (1941): 1–26.これらの仮面は明らかにジャワ人の風貌で，ブラフバトゥの王家の祖先がジャワから運んできたものという言い伝えに一致する。

69 Deborah Dunn, Topeng Pajegan: The Mask Dance of Bali(unpub. diss.), Union Graduate School, 1983; Elizabeth Young, Topèng in Bali: Continuity and Change in a Traditional Dance Genre(unpub. diss.), University of California at San Diego, 1980を見よ。

70 バリの王族の系譜一般をめぐる議論にかんしては，Worsley, *Babad Buleleng* とH. I. R. Hinzler, 'The Balinese Babad'を見よ。

71 Schulte Nordholt, 'Een Balische Dynastie', p. 114.

72 デンパサールのサウンガリン一族と，プムチュタン一族で彼らに匹敵するI Madé Kemongingについては，Korn, *Het Adatrecht*, p. 288.

73 Radèn Sasrowijoyo, *Serat Purwacarita Bali*, Batavia: Landsdrukkerij, 1868.

74 Van Bloemen Waanders, 'Aanteekeningen', p. 140. 彼はトリワンサもしくは上位3カーストの数が国内の6434世帯のうち750であったこと，村落，国家そして潅漑事業の役人が1400世帯に及んだこと，一方，王の使役を務めた平民〈プンガヤ〉3300世帯，奴隷は700世帯であったとも記している。ギアニャールの数字は*Geguritan Rereg Gianyar* (Hooykaas–Ktut Sangka manuscript copying project no. 3844 from Blahkiuh, pp. 3, 37–44)から出ている。このテキストは当時のクルンクンのルバ一族の重要メンバーとしてI Pagehの名を挙げている(2,29)。Ktut KrutukはI Pagehの直系子孫の1人だったようである。

75 C. J. Grader, 'Brajoet: De Geschiedenis van een Balisch Gezin', Djåwå 19 (1939); J. Hooykaas–van Leeuwen Boomkamp, *De 'Goddelijk Gast' op Bali: I Bagoes Diarsa, Balisch Gedicht en Volksverhaal*, Bandoeng: Nix, 1949; C. Hooykaas, *The Lay of Jayaprana: The Balinese Uriah*, London: Luzac, 1958; C. Hooykaas, *The Balinese Poem Basur: An Introduc-*

tion to Magic, The Hague: Nijhoff, 1978; A. Vickers, 'Writing Ritual'; P. J. Worsley, 'Een Blik in het Balische Volksleven', paper given at the Balinese State and Society Workshop 1986; そして Putu(Barbara)Davies, Bali as if Seen Through a Key Hole: The Gaguritan Japatuan(unpub. B.A. Hons. thesis), University of Sydney, 1988.

76 平民の移動の一例としては Vickers, 'A Balinese Illustrated Manuscript'を参照。

77 Vickers, 'Ritual and Representation in Nineteenth–Century Bali', *RIMA* 18 (1984): 1–35 を見よ。

78 Schulte Nordholt, 'Een Balishe Dynastie', p. 126.

79 Van der Kraan, *Lombok*, p. 37.

80 Geertz, *Negara*, p. 11 に描写。

第3章

1 Introduction to W. van Hoëvell, 'Scientific Researches on the Islands of Bali and Lombok', *Journal of the Indian Archipelago and Eastern Asia* 2(1848): 151–9. van Hoëvell についてのより詳しい情報は，Rob Nieuwenhuys, *Oost–Indische Spiegel*, Amsterdam: Querido, 1978, pp. 98–I 07 にある。

2 Van Hoëvell, 'Scientific Researches': pp. 152 & 159.バリにかんする彼の主な論文は，'Eenige Mededeelingen omtrent het eiland Bali van Abdullah bin Mohamad el Mazrie', *TNI* 7(1845): 140–201; *Nederland en Bali, eene stem uit Indië tot der Nedertandsche Volk*, Groningen: Oomkens, 1846; *Reis over Java, Madura en Bali in het Middenvan 1847*, 3 vols, Amsterdam: van Kampen, 1849–54 である。

3 このドイツロマン主義の伝統とブラーマンの賞揚については，James A. Boon, *Other Tribes, Other Scribes*, Cambridge: Cambridge University Press, 1982, pp. 217–25 を見よ。

4 'Een Uitstapje naar het Eiland Bali', *TNI* 7(1846): 1–56.

5 A. van der Kraan, 'Human Sacrifice in Bali: Sources, Notes and Commentary', *Indonesia* 40(1985): 89–121,とくに pp. 107–11 と 116–17 を見よ。

6 R. Friederich, *The Civilisation and Culture of Bali* (trans. E. R. Rost), Calcutta: Susil Gupta, 1959, p. 2.

7 Letters to Resident Mayor, 5 Aug. 1846 & 18 Aug. 1847, Lange–Mayor 往復書簡, Koninklijk Instituut voor Taal–, Land– en Volkenkunde, Western Manuscripts archive H 1081.

8 J. Jacobs, *Eenigen Tijd onder der Baliërs: Een Reisbeschrijving*, Batavia: Kolff. 1883, pp. 10–11.

9 Letter to the Netherlands Bible Society, 3 Jan. 1870, R. Nieuwenhuys (ed.), *H. N. van der Tuuk: De Pen in Gal Gedoopt*, Amsterdam: S. A. van Oorschot, 1962, p. 130 に引用。

10 Letter to the Netherlands Bible Society, 23 Sept. 1870, 前掲書に引用, p. 134.

11 前掲書, pp. 74–5.

12 Letter to R. C. D'Ablaing, 20 October 1881, p. 158.

13 前掲書, p. 145.

14 Jacobs, *Eenigen Tijd*, pp. 10–11.ファン・デル・トゥークはこの考えをのちに改めたようである。なぜなら後年は女性の“家政婦”を雇ったからだ。

15 たとえば宣教師問題についての彼の論評を見よ。前掲書，pp. 210–16.

16 Sander L. Gilman, 'Black Bodies, White Bodies: Towards an Iconography of Female Sexuality in Late Nineteenth–Century Art, Medicine and Literature', pp. 223–61, in Henry Louis Gates Jr. (ed.), *'Race', Writing, and Difference*, Chicago: The University of Chicago Press, 1986.

17 Jacobs, *Eenigen Tijd*, pp. 129, 135 & 146. 好色な行為にふけりやすいアジア人の性癖について，他のヨーロッパ人の論評は Rana Kabbani, *Europe's Myths of Orient*. London: Pandora, 1986,とくに pp. 50–66 にある。

18 Letter to J. L. A. Brandes. Nieuwenhuys, *H. N. van der Tuuk*, p. 180 に引用。

19 リーフリンクの報告書と続いて起こった戦争については，A. van der Kraan, *Lombok: Conquest, Colonization and Underdevelopment*, 1870–

1940, Singapore: Heinemann,1980, pp. 31–2 を見よ。

20 F. A. Liefrinck, *Bali en Lombok: Gescriften*, Amsterdam: de Bussy, 1927, p. 312(1886–7 に出版された論文から).

21 A. D. A. de Kat Angelino, *Staatkundig Belied en Bestuurszorg in Nederlandsch–Indië*, 2 vols, The Hague: Martinus Nijhoff, 1920–30, vol. II, p. 30 を見よ。

22 Henk Schulte Nordholt, *Bali: Colonial Conceptions and Political Change*, Rotterdam: Comparative Asian Studies Programme, 1986, p. 3 をさらに参照のこと。Liefrinck は *Bali en Lombok*, p. 9 ではっきりと Raffles に言及しており，バリにおける稲作にかんするこの論文全体がバリの慣行をジャワでオランダがすでに定着させたものに添わせる意図をもっている。

23 Schulte Nordholt, *Bali: Colonial Conceptions* p. 32 に引用。

24 Willard A. Hanna, *Bali Profile: People, Events, Circumstances, 1001–1976*, New York: American Universities Field Staff, 1976 を見よ。さらに M. Picard, 'Tourisme Culturel' et 'Culture Touristique': Rite et Divertissement dans les Arts du Specracle à Bali(Thèse de doctorat de 3 ème cycle, EHESS), Paris, 1984, pp. 56–8 を参照。

25 観光用の広告，Wim Bakker, Bali Verbeeld, Delft: Volkenkundige Museum Nusantara, 1985, p. 30 より。

26 Picard, 'Tourisme Culturel' et 'Culture Touristique', pp. 71–2 に引用。このパンフレットには日付がない。だが Yates はのちに同じタイトルでバリにかんする本を書いた。Picard, p. 56 では，オランダの観光協会が出した最初の観光パンフレットが 1914 年，それから 1920 年代初めにさかのぼるとしている。

27 "二重論 dualism" と "多重論 pluralism" にかんしては，de Kat Angelino, *Staatkundig Belied* と J. S. Furnivall, *Netherlands India: A Study of Plural Economy* Cambridge: Cambridge University Press, 1939(南太平洋研究會訳『ファーニヴァル蘭印經濟史』実業之日本社，1942)を参照。

28 V. E. Korn, *Het Adatrecht van Bali*, The Hague: Naeff, 1932. 論評は，James A. Boon, *The Anthropological Romance of Bali*, Cambridge: Cam-

bridge University Press, 1977, pp. 52–4. オランダの行政姿勢の他の側面についてはSchulte Nordholt, *Bali: Colonial Conceptions* を見よ。

29 バリで宣教活動を再開することに反対したV. E. Kornの論文のタイトルは，'Bali is apart...is fijner bezenuwd den eenig ander deel van Indie', *Koloniaal Tijdscrift* 14(1932): 44–53である。

30 *Come to Java*, Batavia: Official Tourist Bureau, そして *To Java by the Royal Packet*, n. p., Koninklijk Paketvaart Maatschappij. Anne O'Brien(個人的会話)によると，オーストラリアの最低賃金については1907年の裁定で2ポンド2シリングという数字がある。コモンウェルス統計局によれば，1910年〜11年のオーストラリア人の平均収入は4ポンド2シリング1ペンスであった。入手可能な統計からみる限り，続く10年のあいだ賃金はさほど変化していないようである。

31 Miguel Covarrubias, *The Island of Bali*, New York: Alfred A. Knopf, 1937, repr. Kuala Lumpur: Oxford University Press, 1972(関本紀美子訳『バリ島』平凡社，1991)，その後も版を重ねている。

32 Jane Howard, *Margaret Mead: A Life*, London: Harwill, 1984, p. 187.

33 Hickman Powell, *The Last Paradise*, London: Jonathan Cape, 1930, p. 3.

34 この実例については，Powell, *The Last Paradise*. Covarrubias, *Island of Bali* とA. S. Wadia, *The Belle of Bali*, London: Dent, 1936, p. 16を参照。

35 Hanna, *Bali Profile*, p. 105.

36 このホテルについては，Louise Koke, *Our Hotel în Bali*, Wellington: January 1987を参照。

37 Hanna, *Bali Profile*, p. 104.

38 Bakker, *Bali Verbeeld*, pp. 28–31.

39 Paul Fussell, *Abroad: British Literary Travelling Between the Wars*, Oxford: Oxford University Press, 1980.

40 バリにかんするこうしたものやその他の観光ガイドブック，旅行書の文献一覧は，A. Vickers, 'Bali: Tourism and Travel, 1918–1970', *Bali Arts and Culture Newsletter* 8(December 1984): 4–16を見よ。

41 Krause, *Bali: Volk, Land, Tanze, Feste, Temple*, Hagen: Folkwang Verlag, 1920(2 vols), 2 nd edn 1921–22(1 voL); Dutch trans. 1926, French

trans. 1930.オランダ人ライターの Karl With と共著。

42 Krause については H. & W. Mabbett が近年編集し翻訳した彼の本を参照のこと。それまで未発表だったバリの写真がたくさん含まれている。*Bali 1912*, Wellington: January 1988.

43 *Bali 1912*, p. 10 から，W. Mabbett の翻訳による。

44 Ernst Drissen, *Vastgelegd voor Later: Indische Foto's (1917–1942) van Thilly Weissenborn*, Amsterdam: Sijthoff, 1983.

45 Dan Davies–Moore, 'The Girls of Bali', *Inter–Ocean* 9 (1928): 485–9, とくに p. 485.

46 これらの映画についてはユトレヒト映画財団のカタログから取ったが，製作者の W. Mullens についての情報はない。

47 著者不明，'Balinese Folk–Lore on the Screen', *Inter–Ocean* 8, 11 (Nov. 1927): 638–9.

48 Johan Fabricus, *Eiland der Demonen*, Amsterdam: De Muiderkring, 1948.

49 G. Gorer, *Bali and Angkor: Looking at Life and Death*, London: Michael Joseph, 1936, Howard, *Margaret Mead*, p. 181 に引用。

50 Spies については Hans Rhodius, *Schönheit und Reichtum des Lebens: Walter Spies (Mater und Musiker auf Bali 1895–1942)*, The Hague: Boucher, 1964; Hans Rhodius and John Darling, *Walter Spies and Balinese Art*, Zutphen: Terra, 1980 を参照。John Stowell は Spies の決定的伝記を書き上げているところであり，Spies の人生と影響力の記述にかんしては彼に多くを負っている。

51 文脈を離れて Rhodius, *Schönheit und Reichtum*, p. 359 に引用されているが，本来は弁護のための長い弁論の一部であった (Margaret Mead – Gregory Bateson fieldnotes, Manuscripts Division, Library of Congress より)。そこではバリ人の年齢を測ることが不可能だという説明がなされた。告訴理由は未成年者との性交だったから，裁判ではそれが重要な要因だったのである。

52 Rhodius の本にあるコメントの分析については，James A. Boon, 'Between–the–Wars Bali: Rereading the Relics', in George Stocking (ed.), *The*

History of Anthropology IV, Madison: University of Wisconsin Press, 1986, pp. 258–46 を参照。

53 R. Goris & Walter Spies, *The Island of Bali: Its Religion and Ceremonies*, Batavia: Koninklijk Paketvaart Maatschapij, 1931.

54 Hanna, *Bali Profile*, p. 105.

55 Covarrubias による論評は Covarrubias, *Island of Bali*, p. 391,そして彼のフィルモグラフィーは John Darling, in Leonard Leuras & R. Ian Lloyd, *Bali: The Ultimate Island*, Ringwood: Viking, 1987, pp. 238–41.

56 彼の *Le Théâtre et Son Double*, Paris: Gallimard, 1964 を見よ。

57 Koke, *Our Hotel*.

58 Walter Dreesen, 'Albumblatt für Vicki Baum, *Merian*, special Bali issue 10/31, Hamburg: Höffmann und Campe, n. d.

59 ドイツ語では原題が Life and Death on Bali となっていた。英語での出版は，London: Bles, 1937, repr. , London: Michael Joseph, 1973. Kuala Lumpur: Oxford University Press, 1978（金窪勝郎訳『バリ島物語』筑摩書房，1997.）

60 前掲書，p. 9.

61 前掲書.

62 前掲書，p. 19.

63 前掲書，p. 502.

64 前掲書，p. 503.

65 初版は London: Faber & Faber, 1938, 再販は Kuala Lumpur and Jakarta: Bhratara, 1973.序文を書いたのは有名な東洋学者，Arthur Waley だった。Beryl de Zoete が道ならぬ三角関係にはまった相手である。Alison Waley, *A Half of Two Lives*, London: Weidenfeid & Nicolson, 1982（井原眞理子訳『ブルームズベリーの恋——アーサー・ウェーリーとの愛の日々』河出書房新社，1992）を見よ。バリ文化にかんする Spies の他の論文のうちいくつかは，Rhodius, *Schönheit und Reichtum* の補遺として再出版されている。

66 W. F. Stutterhelm, 'Een Nieuwe Loot aan een Ouden Stem', *Elsevier's Gëillustreerede Maandschrift* (1934): 391–400.

67 R. Bonnet, 'Beeldende Kunst in Gianjar', *Djåwå* 16(1936): 60–71; そして R. Goris and P. L. Dronkers, *Bali: Atlas Kebudayaan/Cults and Customs/Cultuurgeschiedenis in Beeld*, Jakarta: Government of the Republic of Indonesia, 1953?, p. 159 の中の論文。

68 バリ博物館については，Th. Resink, 'Het Bali Museum' *Djåwå* 18(1938): 73–82 を見よ。博物館の委員会には芸術家でありエンジニアでもあったレジンク自身とグラーデル，旅行業者のド・ブリュン・コップス，シュピース，ボネ，ホリスそしてバドゥンのレヘントだったサトリアの領主が入っていた。

69 1930 年代の西洋人パトロンとバリ人アーティストとのあいだの交流についての Hildred Geertz の調査からくわしい情報を得た。さらに Bakker, *Bali Verbeeld* を見よ。

70 Philokalos, 'De Keerzijde', *Djåwå* 16(1936): 139.

71 Bonnet in Goris & Dronkers, *Bali*, p. 159. Claire Holt, *Art in Indonesia: Continuities and Change*, Ithaca: Cornell University Press, 1967, pp. 173–4, 180, 185 & 187 も見よ。

72 たとえば A. Forge, *Balinese Traditional Paintings*, Sydney: Australian Museum, 1978 を見よ。

73 H. I. R. Hinzler, *Catalogue of Balinese Manuscripts...The Balinese Drawings from the van der Tuuk Collection*, 2 vols., Leiden: Brill, 1986–7.

74 Bonnet, 'Beeldende Kunst" ; cf. Bakker, *Bali Verbeeld*, p. 26; H; Paulides, 'Oude en Nieuw Kunst op Bali, Tegen den Achtergrond van het Westen', *Cultureel Indië* 2(1940): 169–85; J. Kats, 'Moderne Beeldende Kunst op Bali', *Maandblad voor Beeldende Kunsten* 14, 3(1937): 67–73 と H. F. E. Visser, 'Tentoonstelling van Hedendaagsche Balische Schilder– en Beeldhouwkunst', *Maandblad voor Becldende Kunsten* 14, 11(1937): 321–30 も参照。

75 Maurice Horn, *The World Encyclopedia of Cartoons*, New York: Chelsea House, 1980, p. 173 を見よ。

76 *Island of Bali*, p. xvii.

77 前掲書，p. xx.

78 前掲書，p. xxi.

79 Letter of Rose Covarrubias in Rhodius, *Schönheit und Reichtum*, p. 278.

80 *Island of Bali*. p. xxv.

81 前掲書，p. 7.

82 前掲書，p. 11.

83 前掲書，pp. 172–81.

84 前掲書，p. 46.

85 前掲書，p. 160.

86 Rhodius & Darling, *Walter Spies and Balinese Art*, p. 71 に引用された書簡。

87 Rhodius, Schönheit und Reichtum, p. 359 に引用。

88 Howard, *Margaret Mead*, p. 154. さらに James A. Boon, 'Mead's Mediations: Some Semiotics from the Sepik, by way of Bateson, and on to Bali', in E. Mertz & R. Parmentier (eds.), *Semiotic Mediation*, pp. 333–57, New York: Academic Press, 1985 を見よ。

89 Howard, *Margaret Mead*, p. 186.

90 'Hands off Love', app. in Maurice Nadeau, *The History of Surrealism*, Harmondsworth: Penguin, 1978.

91 Howard, *Margaret Mead*, p. 186.

92 Jef Last, *Bali in de Kentering*, Amsterdam: De Bezige Bij, 1955, p. 138.

93 Howard, *Margaret Mead*, p. 193.

94 Margaret Mead, *Blackberry Winter: My Earlier Years*, New York: William Morrow, 1972, p. 230（和智綏子訳『女として人類学者として――マーガレット・ミード自伝』平凡社，1975.）

95 Rhodius, *Schönheit und Reichtum*, p. 365 に引用。

96 ミードと人類学のあらたなプロフェッショナリズムについては，James Clifford, *The Predicament of Culture*, New Haven: Yale University Press, 1987, p. 30 を参照。

97 Mead, *Blackberry Winter*, p. 223.

98 Howard, *Margaret Mead*, p. 191.

99 前掲書，p. 190.

100 Margaret Mead, *Blackberry Winter*, p. 232.

101 'The Arts of Bali', in Jane Belo (ed.), *Traditional Balinese Culture*, pp. 331–40, New York: Columbia University Press, 1970 (初版 1940).

102 Frank Clune, *To the Isles of Spice*, Sydney: Angus and Robertson, 1940, p. 317 に引用。

103 Gregory Bateson & Margaret Mead, *Balinese Character: A Photographic Analysis*, New York: New York Academy of Sciences, 1942; Gregory Bateson, 'Bali: The Value System of a Steady State', *Steps to an Ecology of Mind*, St Albans: Paladin, 1973 (佐藤良明訳『精神の生態学』思索社, 1990.) に採録，初版 1949, pp. 80–100.

104 *Balinese Character*, p. 36.

105 Jane Belo, *Rangda and Barong*, New York: Augustin, 1949; *Trance in Bali*, New York: Columbia University Press, 1960.

106 Mead, *Blackberry Winter*, p. 231; Howard, *Margaret Mead*, p. 201 を見よ。

107 Bateson, 'Bali: The Value System of a Steady State'.

108 Gregory Bateson, 'An Old Temple and A New Myth', in Belo, *Traditional Balinese Culture*, pp. 11–36.

109 E. Wolf, *Europe and the People without History*, Berkeley: University of California Press, 1982, そして Johannes Fabian, *Time and the Other: How Anthropology Makes its Object*, NewYork: Columbia University Press, 1983 を見よ。

110 Linda Connor とのインタビュー。Howard, *Margaret Mead*, p. 404 に引用。

111 前掲書，p. 209.

112 Rhodius & Darling, *Walter Spies*, pp. 45–9.

113 初版は London: Victor Gollancz, 1947, 再版は Kuala Lumpur: Oxford University Press, 1979.

114 これらロジャーズ，ハマースタインのヒット作はそれぞれ 1956 年(ウォルター・ラング監督作品，20 世紀フォックス)と 1958 年(ジョシュア・

ローガン監督作品，サウス・パシフィック・エンタープライズ，20世紀フォックス）に映画化された。

115 Merian C. Cooper and Ernest Schoedsack (dir.), RKO, 1933.

116 この，いわゆる“ネグリチュード”の側面については，Clifford, *Predicament of Culture*, pp. 177–9を見よ。André Bretonやその他すぐれたシュールレアリストたちは自分たちのプリミティヴ・アートコレクションにインドネシアの彫刻も含めていたことに注目してほしい。

117 Edward Ludwig (dir.), Republic.

118 Boston: Little, Brown and Co., 1946.

119 Hildred Geertzからの情報。彼女は夫のCliffordとともに1957〜8年に島にいた数少ない西洋人だった。

120 John Coast, *Dancing out of Bali*, London: Faber and Faber, 1954, p. 201.

121 前掲書，p. 203.

122 Harry Tugend. (dir.), Paramount, 1952. 脚本を手がけたFrank Butlerは，『世界一周』(Round the World, London: Fisher Unwin, 1924)を書いたFrank Butlerと同一人物かもしれない。この本にもバリの章がある。

123 Bob Hope & Bob Thomas, *The Road to Hollywood: My Love Affair with the Movies*, London: Alien, 1977, p. 228に引用されたあらすじ。

124 このくだりはアメリカ版には含まれていないが，アメリカ版のほうはバリ人の踊り子と一緒に映ったホープとクロスビーの写真を載せている。サンピの死はあきらかに嫉妬深い夫のしわざだった。

125 J. L. Swellengrebel et al. (eds.), *Bali: Studies in Life, Thought and Ritual*, The Hague: van Hoeve, 1960; *Bali: Further Studies in Life, Thought and Ritual*, The Hague: van Hoeve, 1969.

126 Belo, *Traditional Balinese Culture*.

127 Colin McPhee, *Music in Bali: A Study on Form and Instrumental Organisation in Balinese Orchestral Music*, New Haven: Yale University Press, 1966. Carol J. Oja, *Colin PcPhee: Composer in Two Worlds*, Washington: Smithsonian, 1990.

128 *Art in Indonesia: Continuities and Change*, Ithaca: Cornell University Press, 1967.

129 Rhodius, *Schönheit und Reichtum*.

130 Rhodius & Darling, *Walter Spies*.

131 選択的記憶のより深淵な側面や，バリ・イメージの攪乱や不適合については Boon, 'Between–the–Wars Bali' を参照。

第4章

1 G. Bateson, 'Bali: The Value System of a Steady State', in *Steps to an Ecology of Mind*. St Albans: Paladin, 1973, pp. 80–100（佐藤良明訳『精神の生態学』思索社，1990.）にも引用。

2 興味深いことに，これを最初に書きとめた研究者は植民地官僚である V. E. Korn だった。彼の書き方は 40 年後の学問状況を先取りしている。V. E. Korn, *Het Adatrecht van Bali*, The Hague: Naeff, 1932, p. 337.

3 この比喩はインドネシア人研究者の Tauffik Abdullah が有名にしたが，最初にバリに関係づけて用いたのは Korn である。V. E. Korn, *Het Adatrecht van Bali*, p. 335.

4 'Grenzen der Vroegere Vorstenrijken op Bali（1922）', *Adatrechtbundels* XXIII, The Hague: Nijhoff, 1924: 24–5 を見よ。

5 これらの変化やその他の変化の詳細については以下を見よ。Korn, *Het Adatrecht;* Henk Schulte Nordholt, Een Balische Dynastie: Hiërarchie en Conflict in de Negara Mengwi, 1700–1940,（unpub. diss.）Vrij Universiteit te Amsterdam, 1987, pp. 205–306.

6 Schulte Nordholt, 'Een Balische Dynastie,' p. 240.

7 前掲書，p. 267.

8 これは A. A. Pañji Tisna の小説，『スケルニ：バリの少女』（*Sukreni Gadis Bali*, Jakarta: Balai Pustaka, 再版 1965）に描かれたバリ像である。

9 Katharane Mershon, *Seven Plus Seven: Mysterious Life–Rituals on Bali*. New York: Vantage, 1971, p. 330 の中の彼のコメントを見よ。

10 D. J. Stuart–Fox, Pura Besakih: A Study of Balinese Religion and Society,（unpub. diss.）, Australian National University, 1987, pp. 348 ff を見よ。

11 Korn, *Het Adatrecht*, p. 341 に引用。Shulte Nordholt, *Bali: Colonial Conceptions and Political Change 1700–1940*, Rotterdam: Centre for Asian

Studies, 1986, pp. 36–7 にならって翻訳。

12 Mershon, *Seven Plus Seven*, p. 330.

13 Henk Schulte Nordholt, 'Temple and Authority in South Bali 1900–1980', paper given at the 6 th European Colloquium on Indonesian and Malay Studies, Passau, June 1987.

14 Mershon, *Seven Plus Seven*, pp. 257 ff.

15 Stuart–Fox, 'Pura Besakih'; Schulte Nordholt, *Bali: Colonial Conceptions* をさらに参照のこと。

16 Heather Sutherland, *The Making of a Bureaucratic Elite*, Singapore: Heinemann, 1979; Schulte Nordholt, 'Een Balishe Dynastie', pp. 211–12 を見よ。

17 諸王がみずからの地位を地主に変えていったプロセスについては，以下を見よ。Schulte Nordholt, 'Een Balische Dynastie', pp. 267–80.

18 Geoffrey Robinson, 'State, Society and Political Conflict in Bali, 1945–1946', *Indonesia* 45(April 1988): 1–48,とくに p. 45, n. 123.クルンクンの人が何人も著者に語ったように，デワ・アグンの土地所有についてまともな数字をはじき出すのは不可能である。公式のサーヴェイが実施されるたびに，彼は臣民に自分の土地を彼らの名まえで申告するよう命じるからだ。Korn, *Het Adatrecht*, p. 331 は，植民地下の"再編成"によってクルンクンの水田のほぼ 6 分の 1 が代々の所有者の手を離れた状況に触れている。

19 Schulte Nordholt, *Bali: Colonial Conceptions*, p. 41 を見よ。

20 当時バロンの面の作成が増加したことについて以下を見よ。Schulte Nordholt, 'Een Balische Dynastie', p. 242.

21 Hans Rhodius, Schönheit und Reichtum des Lebens: Walter Spies(Maler und Musiker auf Bali 1895–1942), The Hague: L. J. C. Boucher, 1964, p. 205.

22 Tjokorda Gde Agung Sukawati with Rosemary Hilbury, *Reminiscences of a Balinese Prince*, Hawaii: University of Hawaii Southeast Asian Studies, 1979, pp. 13–15.

23 Lempad の生涯については，次の映画を参照。John Darling & Lorne Blair,

Lempad of Bali, Australian Broadcasting Corporation/Australian National University Production, 1980.

24 伝統絵画と近代絵画の諸派については以下を参照。G. M. Sudarta, *Seni Lukis Bali dalam Tiga Generasi*, Jakarta: Gramedia, 1975; A. Forge, *Balinese Traditional Paintings*, Sydney: Australian Museum, 1978; A. Vickers, 'Gusti Madé Deblog: Artistic Manifestations of Change in Bali', *RIMA* 14, 2(1980): 1–47; H. Rhodius & J. Darling, *Walter Spies and Balinese Art*, Zutphen: Terra, 1980; D. J. Stuart-Fox, 'Pelukis Kerambitan yang Terlupakan', *Bali Post*, 9 August, 16 Aug., 23 Aug., 1981; Wim Bakker, *Bali Verbeeld*, Delft: Volkenkundig Museum Nusantara, 1986; H. I. R. Hinzler, *Catalogue of Balinese Manuscripts...the Balinese Drawings from the van der Tuuk Collection*, 2 vols, Leiden: Brill, 1986–7.

25 'Goesti Njoman Lempad – by J[ane]B[elo]', in Mead – Bateson fieldnotes, Library of Congress.

26 19世紀初頭の例については，John Guy, *Palm–Leaf and Paper: Illustrated Manuscripts of India and Southeast Asia*, Melbourne: National Gallery of Victoria, 1982, p. 72, 19世紀半ばの例については，A. Vickers, 'A Balinese Illustrated Manuscript of the Siwaratrikalpa', *BKI* 134(1982): 443–69,そして19世紀最後の10年間の例については，H. I. R. Hinzler, *Catalogue of Balinese Manuscripts*.

27 Mead – Bateson fieldnotes, Ubud, 8 Feb. 1938, Bangli, 21 Feb. 1938, Library of Congress.

28 A. Vickers, The Desiring Prince: The Kidung Malat as Text(unpub, diss.), University of Sydney, 1986を見よ。

29 G. Bateson & M. Mead, *Balinese Character: A Photographic Analysis*; Bateson–Mead fieldnotes, Library of Congressを見よ。Batesonによるバリ絵画の分析については，'Style, Grace, and Information in Primitive Art', *Steps towards an Ecology of Mind*, St Albans: Paladin, 1972. この分析をバトゥアンの画家たちの論評に照らして再解釈することについては，Batesonの見解と1930年代のバトゥアン絵画にかんするHildred Geertzの未公刊の論文に依っている［訳注：この作品はすでに出版されている。

H. Geertz, *Images of Power: Balinese Paintings Made for Gregory Bateson and Margaret Mead,* Honolulu: University of Hawaii Press, 1994.]。

30 Vickers, 'Gusti Madé Deblog'. Gusti Madé は 1985 年に他界した。

31 Korn, *Het Adatrecht*, p. 176; Schulte Nordholt, *Bali: Colonial Conceptions*.

32 Report in the *Javansche Courant* 44(5 Juni 1917), Lekkerkerker, *Bali en Lombok: Overzicht der Literatuur omtrent deze Eilanden tot Einde 1919*, Rijswijk: Blankwaardt en Schoonhoven, 1920, p. 400 に引用。ほかの事例は以下に議論されている。Schulte Nordholt, 'Een Balische Dynastie', p. 223, n. 62.

33 この事例にかんする記録とそこにまつわる多くの問題の包括的な議論については，以下を参照。Jean–François Guermonprez, Les Pandé de Bali: La Formation d'une《Caste》et la Valeur d'une Titre, Paris: École Française d'Extrême–Orient, 1987,とくに Appendix C.

34 Korn, *Het Adatrecht*, p. 175; Anak Agung Gedé Putra Agung, 'Balinese Kingship under the Colonial Period: Education, Patron–Clients, and Social Mobility, 1908–1938', paper given at the Balinese State and Society Workshop, 1986 を見よ。

35 Anak Agung Putra Agung, Perubahan Sosial dan Pertentangan Kasta di Bali Utara 1924–1928,(unpub. M A thesis)Universitas Gajah Mada, 1974, p. 18.さらに以下を参照。I Gusti Ngurah Bagus, 'Surya Kanta: A Kewangsan Movement of the Jaba Caste in Bali', *Masyarakat Indonesia* 2, 2 (1975): 153–62; *Pertentangan Kasta Dalam Bentuk Baru pada Masjarakat Bali*, Dénpasar: Universitas Udayana, 1969.

36 これについての包括的な説明は以下を見よ。Putra Agung, 'Perubahan Sosial'.

37 バリ語で書いたもっとも近代的な著者は，キルティヤ（文書館）の雇用者だった Gede Srawana(I Wayan Bhadra の仮名)である。彼の *Mlancaran ka Sasak* はもともとキルティヤの雑誌 *Djataju*(1935–9)に連載された(Dénpasar: Yayasan Saba Sastra Bali, 1978 に採録)。1930 年代から 1950

年代にかけて，彼はバリの文学や宗教についてオランダ語とインドネシア語で多くの論文やブックレットを書いた。インドネシア語で執筆したバリ人作家のうち傑出しているのは，ブレレンのラジャの息子，A. A. Pañji Tisna である。

38 ウブッドとナショナリストの弁護士 R. P. Singgih のつながりについては以下を参照。Sukawati, *Reminiscences*, p. 13. Singgih は自分の“バリの印象”についてみずから編集していた雑誌に書いている。*Timboel* 3 (1929): 201–2, 213–14, 223–4, 247–9, 278–80, 296–7. ナショナリストとしての Singgih については以下を参照。John Ingleson, *The Road to Exile: The Indonesian Nationalist Movement 1927–1934*, Singapore: Heinemann, 1979.

39 Goris の後継者，Hooykaas はジャワ人のナショナリストでブディ・ウトモとタマン・シスワの創始者，Ki Ajar Dewantårå の友人だった。Hooykaas はジョグジャカルタで教師をしていたときバリ人貴族層の子弟もおおぜい教えた。

40 George Sanford Kanahele, The Japanese Occupation of Indonesia: Prelude to Independence (unpub. diss.), Cornell University, 1967.

41 日本支配の終焉と独立闘争の始まりについてくわしくは以下を見よ。Robinson, ‘State, Society and Political Conflict’, p. 36, Nyoman S. Pendit, *Bali Berjuang*, Jakarta: Gunung Agung, 1954 (再版 1979).

42 この推定については Robinson, ‘State, Society and Political Conflict’, p. 2.

43 Pendit, *Bali Berjuang*.

44 ププタンにたいする Tan Malaka の関心について情報を与えてくれた Helen Jarwis に感謝する。ププタンの役割についての今日的見解は，以下を見よ。Pramoedya Ananta Toer, *Jejak Langkah*, Jakarta: Asta Mitra, 1986, pp. 158–85.

45 Guermonprez, *Les Pandé de Bali*. pp. 104–5; Pendit, *Bali Berjuang*, p. 373 と Robinson, ‘State, Society and Political Conflict’, p. 22 も見よ。ここで Nengah Merta とあるのは Metra のミスプリントだろうと思われる。ただしスルヤカンタのロンボック代表に Nengah Merta という人物はいた。

46 Sukawati, *Reminiscences*, pp. 37–9.

47 Robinson, 'State; Society and Political Conflict', p. 43 を見よ。

48 Gregory Bateson & Margaret Mead, *Balinese Character: A Photographic Analysis*, New York: New York Academy of Sciences, p. 102, ill. 1.

49 *Patah Tumbuh Hilang Berganti*(*Kumpulan Riwayat Hidup Pahlawan P. K. R. I. Gianyar*), Denpasar: Markas Cabang Legiun Veteran Repubik Indonesia Gianyar, 1979, pp. 28–9 & 80–1.

50 Clifford Geertz, *Peddlers and Princes: Social Change and Economic Modernisation in Two Indonesian Towns*, Chicago: University of Chicago Press, 1963 に引用。変わりゆく経済的役割にかんしてのここでの私の議論は，すべて Geertz の分析に依っている。

51 前掲書，p. 133.

52 Sutèja については　Robinson, 'State, Society and Political Conflict' と Max Lane, Wedastera Suyasa in Balinese Politics, 1962–1972: From Charismatic Politics to Socio–Educational Activities(unpub. B. A. Hons thesis), Department of Indonesian and Malayan Studies, University of Sydney, 1972 を見よ。

53 彼らは Partindo のバリ人メンバーだった。M. Picard, 'Tourisme Culturel' et 'Culture Touristique': Rite et Divertissement dans les Arts du Spectacle à Bali,(these de doctorat de 3 ème cycle)EHESS, Paris, 1984, p. 61 を見よ。

54 Jef Last, *Bali in de Kentering*, Amsterdam: De Bezige Bij, 1955 を見よ。

55 John Hughes, *The End of Sukarno: A Coup that Misfired, A Purge that Ran Wild*, Sydney: Angus and Robertson, 1968, p. 179 を見よ。

56 氏族集団(クラン)組織については，James A. Boon, 'Balinese Temple Politics and the Religious Revitalization of Caste', in A. L. Becker & Aram A. Yengoyan(eds.), *The Imagination of Reality: Essays in Southeast Asian Coherence Systems*, pp. 271–90, Norwood: Abtex, 1979 を見よ。Boon の出発点は以下の，バリにおける宗教変化についての重要な論文である。Clifford Geertz, '"Internal Conversion" in Contemporary Bali' in *The Interpretation of Cultures*, New York: Basic Books. 1973, pp. 170–192.

(吉田禎吾他訳『文化の解釈学』岩波書店，岩波現代選書，1987.)さらに Anthony Forge, 'Balinese Religion and Indonesian Identity', in J. J. Fox et al.(ed.), *Indonesia: Australian Perspectives*, Canberra: Research School of Pacific Studies, Australian National University, 1980, (pp. 221–34) を参照。

57 Sri Reshi(I Gusti)Anandakusuma, *Pergolakan Hindu Dharma*(2 vols), Klungkung: Satya Hindu Dharma Indonesia を見よ。Sri Reshi 自身，これらの団体のひとつで重要な人物だった。Angkatan Muda Hindu Dharma のその他の支援者には，Sutèja, PNI の I Gusti Putu Metra，小スンダ列島の前知事，I Gusti Bagus Oka，かつてのゲリラ組織のリーダーで，伝統バリ文学の指折りの専門家でもある I Gusti Bagus Sugriwa，そして PNI 左派で Sutèja の宿敵，Wédastra Suyasa が含まれていた。改革派の政治的側面については Lane, 'Wedastera Suyasa'を見よ。

58 Sukawati, *Reminiscences*, pp. 63–8 を見よ。

59 描写は Anna Matthews, *The Night of Purnama*, New York: Jonathan Cape, 1965 に，写真は Windsor P. Booth, Samuel W. Matthews, & Robert Sisson,'Bali's Sacred Mountain Blows its Top', *National Geographic* 124, 3(1965): 436–58 にある。

60 1950 年代のバリ政治の分析については，Lane, 'Wedastera Suyasa'と I Gusti Ngurah Bagus, 'Bali in the 1950s: The Role of the Pemuda pejuang in Balinese Political Processes' in H. Geertz (ed.), *State and Society in Bali,* Leiden: KITLV Press, 1991, pp.199–212 を見よ。

61 Rex Mortimer, *The Indonesian Communist Party and Land Reform*, Monash University, Centre of Southeast Asian Studies, Monash Papers on Southeast Asia no. 1, 1972, pp. 16, 31.

62 前掲書，pp. 52–3.

63 Sukawati, *Reminiscences*, p. 79. バリにおける殺戮の記述で公刊された主なものとしては，Hughes, 'Frenzy on Bali' in *The End of Sukarno*, pp. 173–83 がある。

64 Hughes, *The End of Sukarno*, p. 181 に引用。

65 Sukawati, *Reminiscences*, p. 80.

66 R. A. F. Paul Webb, 'The Sickle and the Cross: Christians and Communists in Bali, Flores, Sumba and Timor, 1965–7', *Journal of Southeast Asian Studies*, 17, 1(1986): 94–113,とくに p. 98.

67 Hughes, *The End of Sukarno*, p. 179 に引用。殺戮にかんするバリ人インフォーマントからのさらなる情報は Michael van Langenburg, Helen Jarvis, Margo Lyon との個人的会話によって補足している。彼らはいずれも 1966 年にバリを訪問した。

68 Hughes, *The End of Sukarno* は約 8 万という数字を出しているが，信頼できる筋からの，たった 2 週間のうちに 4 万人が殺されたという情報も載せている。

69 氏名不詳のバリ人，前掲書，p. 176 に引用。

第 5 章

1 1950 年代のバリにかんする Last の報告の劇的な開幕として，Jef Last, *Bali in de Kentering*, Amsterdam: De Bezige Bij, 1955, p. 7. Last はその会合の席にいた。

2 J. D. Legge, *Sukarno: A Political Biography*, Sydney: Allen and Unwin, 1972, p. 136 と John Ingleson, *The Road to Exile: The Indonesian Nationalist Movement, 1927–1934*, Singapore: Heinemann, 1979, pp. 216–22 を見よ。

3 Legge, *Sukarno*, pp. 149–80.

4 "劇場国家" という言葉はバリについて *Negara: The Theatre State in Nineteenth Century Bali*, Princeton: Princeton University Press, 1980 (小泉潤二訳『ヌガラ——19 世紀バリの劇場国家』みすず書房，1990)の中で Clifford Geertz が用いた。Geertz のインドネシアでのフィールドワーク経験は，1950 年代以降である。Benedict Anderson の'The Javanese Idea of Power', in C. Holt(ed.), *Culture and Politics in Indonesia*, pp. 1–69, Ithaca: Cornell UniversityPress, 1968 も同様に "伝統的" インドネシアがスカルノ時代に形成されたという説を取る。いずれの論文も，彼らが分析しようとしていたバリおよびジャワの資料のみならず，その製作の背景にあるインドネシアの状況ゆえに出てきたものと解釈すること

ができる。

5 Legge, *Sukarno*, pp. 358–84 を見よ。

6 S. Supomo, 'The Idea of Majapahit in Later Javanese and Indonesian Writing', in A. Reid & D. Mart(eds.), *Perceptions of the Past in Southeast Asia*, pp. 171–85, Singapore: Heinemann, 1979 を見よ。

7 前掲書.

8 Legge, *Sukarno*, pp. 24 & 52.

9 Lee Man–Fong, *Lukisan–Lukisan dan Patung–Patung Kolleksi Presiden Sukarno dari Republik Indonesia*, Tokyo: Toppan, 1964.

10 Claire Holt, *Art in Indonesia: Continuities and Changes*, Ithaca: Cornell University Press, 1967, pp. 200–54, Popo Iskandar, *Affandi: Suatu Jalan Batu dalam Expressionisme*, Jakarta: Akademi Jakarta, 1977 を見よ。

11 Holt, *Art in Indonesia*, p. 184 を見よ。

12 Last, *Bali*, p. 46.

13 Cokorda Gedé Agung Sukawati with Rosemary Hilberry, *Reminiscences of a Balinese Prince*, Honolulu: University of Hawaii, Southeast Asia Publications, 1979.

14 Ruby Sue Orenstein, Gamelan Gong Kebyar: The Development of a Balinese Musical Tradition (unpub. diss.), University of California at Los Angeles, 1971.

15 Willard A. Hanna, *Bali Profile: People, Events, Circumstances, 1001–1976*, New York, American Universities Field Staff, 1976, p. 113 にコメントされている。

16 Colin McPhee, *A House in Bali*, Kuala Lumpur: Oxford University Press, 1979, p. 90 (大竹昭子訳『熱帯の旅人――バリ島音楽紀行』河出書房新社, 1990.)

17 Hanna, *Bali Profile*, p. 112 を見よ。現代バリについての Hanna の主たるインフォーマントは Anak Agung Gedé Agung であった。よってこの本にあるスカルノ観は一面的で右寄りでもある。

18 Anna Mathews の本, *The Night of Purnama*, London: Jonathan Cape,

1965 はバリの観光復興の段階とみることができるかもしれない。とはいえ，バリの空気に漂う脅威がまだ強い頃である。

19 バリのサーフィン映画の最初の 1 本は，*Tracks* 誌の創刊者，David Elfick と Albert Falzon の製作した *Morning of the Earth* である。

20 ここで概略を示した観光発展プロセスのもっと詳しい内容は，M. Picard, 'Tourisme Culturel' et 'Culture Touristique': Rite et Divertissement dans les Arts du Spectacle à Bali', (thèse de doctorat de 3 ème cycle) EHESS, Paris, 1984, pp. 83 ff で検討・分析されている。

21 Ibu Gedong やバリのその他の"個性派", 重要人物の横顔については, Putu Setia, *Bali Menggugat*, Jakarta: Grafiti Pers. 1986（鏡味治也・中村潔訳『プトゥ・スティアのバリ案内』木犀社，1994）を見よ。

22 M. Mead, *Blackberry Winter: My Earlier Years*, New York: William Morrow, 1972, p. 239（和智綏子訳『女として人類学者として——マーガレット・ミード自伝』平凡社，1975.）

23 主要な本, 論文は, Geertz, *Negara* と彼の *The Interpretation of Cultures*, New York: Basic Books, 1973（吉田禎吾他訳『文化の解釈学』岩波書店，岩波現代選書，1987）の中の諸論文である。

24 たとえば，Elyanianus Katoppo, *Bali, Pulau Kahjangan* [Bali, Island of the Gods], Bandung: Ganaco, 1950, 2nd ed. 1958; *Indonesia: An Invitation*, Bandung and The Hague: Ministry of Information, Republic of Indonesia and W. van Hoeve, 1956 の中のバリ・セクション; *Bali: Island of the Gods*, Jakarta: Ministry of Information, Republic of Indonesia, 1957; *Bali: Where, What, When, How*, Jakarta: Nitour, 1958; *Bali and her Temples*, Jakarta: Ministry of Information, Republic of Indonesia, 1961; Abdul Hakim, *Dari Pulau Bunga ke Pulau Dewa* [From the Flower Island (Flores) to the Island of the Gods (Bali)], Jakarta: P. T. Pembangunan, 1961: Ananda, *A Handy Guide for Java, Madura and Bali*, Jakarta: Kinta, 1962; *Bali: Island of Temples and Dances*, Jakarta, Ministry of Information, Republic of Indonesia, 1962, (other edns 1963, 1967); *Tourist Guide Book: Djakarta, Bogor, Bandung, Jogiakarta, Surakarta, Bali*, Jakarta: Executive Command, 10 th Anniversary of the 1 st Asian–African

Conference, 1965. 同じくこの時期にもう少し学問的な出版物として，R. Goris and P. L. Dronkers, *Bali: Atlas Kebudayan Cults and Customs/ Cultuurgeschienis in Beeld*, Jakarta: Dept of. Information of the Republic of Indonesia, 1953[?] も出ている。Dronkers はインドネシアの国籍を取得したもうひとりのヨーロッパ人である。

25 Trinarce Films, 1975(Sylvie Kristel 主演).

26 *Sydney Morning Herald*, 20 Aug. 1985. 筆者は Janet Hawley(バリやそこに住んだオーストラリア人についての目配りのきいた，広く読まれている特集記事を何本も書いている)。

27 London: Sphere, 1986.

28 バリでの闘鶏の禁止については，see M. Picard, 'En Feuilletant le《Bali Post》: a Propos de l'Interdiction des Combats de Coqs à Bali', *Archipel* 25(1983): 171–80 を見よ。1950 年代の闘鶏禁止については，C. Geertz, 'Deep Play: Notes on the Balinese Cockfight', in *The Interpretation of Cultures*, pp. 412–56 を見よ。

29 Picard, 'Tourisme Culturel', p. 95 に引用。

30 前掲書. さらに I Gusti Ngurah Bagus(ed.), *Bali dalam Sentuhan Pariwisata*, Dénpasar, 1975 も見よ。

31 Picard, 'Tourisme Culturel', p. 448 の補遺にテキスト再録。

32 前掲書.

33 前掲書，p. 428,そして Leonard Leuras & R. Ian Lloyd, *Bali: The Ultimate Island*, Ringwood: Viking, 1987, p. 226.

34 Picard, 'Tourisme Culturel'. Picard の分析は，ここで示せるラフな概要よりもはるかに網羅的かつ繊細である。

35 インドネシアの他地域で観光がいかに文化的・宗教的合理化を早めたかについては，Toby Alice Volkmart, 'Great Performances: Toraja Cultural Identity in the 1970 s', *American Ethnologist* 11(1984): 152–69 を 参 照。

36 1981 年のバリの統計資料については，W. Donald McTaggart, 'Some Development Problems in Bali', *Contemporary Southeast Asia* 6, 3(1984), pp. 231–45 を見よ。さらに Picard, 'Tourisime Culturel', pp. 188–96 も参照のこと。K. G. Bandesa & M. Sukarsa, 'An Economic Survey of Bali',

Bulletin of Indonesian Economic Studies, 16(1980): 31–53では，観光はバリの経済活動のうちわずか2〜3パーセントにしか当たらないと論じているが，この数字は大幅に低い見積もりであり，また小規模産業(手工芸品・土産物の生産)と観光業の関係や，全面的あるいは一部観光に生計を依存している人々も多くの場合公式には観光産業とつながってはいない事実を無視している。

37 Mark Poffenberger and Mary Zurbuchen, 'The Economics of Village Bali: Three Perspectives', *Economic Development and Cultural Change* 29 (1980): 91–133を見よ。より最近の研究は，PoffenbergerとZurbuchenやその他の著述家が1970年代にこのトピックにかんして主張した農業開発観は悲観的にすぎたと述べている。Anne Booth, *Agricultural Development in Indonesia*, Sydney: Allen and Unwin, 1988を参照。

38 今のところは，バリにおいて変わりつつある農業の個別的な影響についてのくわしい研究はほとんどない。PoffenbergerとZurbuchenの作品を除いては，John Wilkinsonによる，北東バリの果樹栽培にかんする未公刊の研究があるのみである。

39 Jero Tapakanについては，Linda Connor, In Darkness and Light: A Study of Peasant Intellectuals in Bali,(unpub. diss.)University of Sydney, 1982; Linda Connor, Patsy Asch & Timothy Asch, *Jero Tapakan: Balinese Healer*, An Ethnographic Film Monograph, Cambridge: Cambridge University Press, 1986,そしてこれに付随する4本の映画,*A Balinese Trance Séance, Jero on Jero: A Balinese Trance Séance Observed, The Medium is the Masseuse: A Balinese Massage, Jero Tapakan: Stories from the Life of a Balinese Healer*を見よ。

40 *Balinese Character*, plate 10, ill. 6.

41 Karen Goodman & Wayne Lockwoodの監督・製作作品, Bioscope 1981(ただし1970年代に撮影された)。

42 Kakulの生涯と芸術については，Anna Daniel, *Bali: Behind the Mask*, New York: Knopf, 1981を見よ。